アビジット・V・バナジー／エスター・デュフロ

貧乏人の経済学

もういちど貧困問題を根っこから考える

山形浩生訳

みすず書房

POOR ECONOMICS

A Radical Rethinking of the Way to Fight Global Poverty

by

Abhijit V. Banerjee

Esther Duflo

First published by Public Affairs, 2011

わたしたちの母二人、　ニルマラ・バナジーとヴィオレーヌ・デュフロに

貧乏人の経済学◆目次

第4章　クラスで一番　104

第5章　スダルノさんの大家族　145

第2部　制度　179

第6章　はだしのファンドマネージャ　180

第7章　カブールから来た男とインドの宦官たち　209

はじめに

エスターは6歳のとき、マザー・テレサのマンガを読みました。当時カルカッタと呼ばれていた都市はすごく混雑していて、人の暮らす場所が1人1平方メートルずつしかないのだと書かれていました。それを読んだエスターは、巨大な碁盤のような都市を思い浮かべました。それが縦横1メートルずつ区切られて、そのマス目に1人ずつ人間が、駒のようにしゃがみこんでいるのです。どうしましょう、と彼女は思いました。

やっと実際にカルカッタを訪れたのは24歳、マサチューセッツ工科大学（ＭＩＴ）の大学院生になったときでした。街へ向かうタクシーから外を見た彼女は、ちょっとがっかりしたのです。どこを見ても空き地だらけ。木や草むらや、無人の歩道。マンガで赤裸々に描かれていた悲惨はどこにあるの？　人はみんなどこへいっちゃったの？

6歳のアビジットは貧乏な人がどこに住んでいるか知っていました。カルカッタの自宅の裏にある、小さな掘っ立て小屋に住んでいるのです。そこの子たちはいつも遊ぶ時間がいっぱいあって、どんなスポーツでもアビジットより上手でした。その子たちとビー玉遊びをしたら、ビー玉はぜったいにそのおんぼろショーツのポケットに収まることになります。ずるいや、とアビジットは思ったものです。

貧乏な人々を紋切り型の束に還元しようという衝動は、貧困が存在するのと同じくらい昔からあります。貧乏な人は、文学は言うにおよばず社会理論でも、ぐうたらだったり働き者だったり、高貴だったり泥棒だったり、怒っていたり無気力だったり、無力だったり自立していたりします。当然ながら、そうした貧乏人についての見方に対応した政策的な立場も、単純な図式におさまっています。「貧乏人に自由市場を」「人権を大幅に充実」「まずは紛争を解決すべき」「最貧者にもっとお金を」「外国援助が発展を潰す」等々。こうした発想はどれも、重要な真実を部分的に含んではいるのですが、希望と疑念、限界と野心、信念と混乱を抱いた実際の平均的な貧乏人にはほとんど出番がありません。貧乏人がたまに登場するのは、何やらいいお話や悲惨な話の盛り立て役としてであって、感心されたり哀れまれたりはしても、知識の源泉にはならず、何を考えたりほしがったり行なったりしているかについて、まともに話を聞いてはもらえません。

貧乏な人の経済学は、貧困の経済学と混同されることがあまりに多いのです。貧乏な人はあまり物を持っていないから、その経済的な存在について興味深いことは何もないと思われがちです。残念ながら、この誤解は世界の貧困に対する戦いをひどくダメなものにしてしまいます。単純な問題には単純な答えしか出てきません。反貧困の分野は、モノにならなかった即席奇跡の死屍累々。先に進みたいなら、貧乏人をマンガの登場人物に還元する癖を捨てて、本当にその生活を、複雑さと豊かさのすべてにおいて理解するだけの手間暇をかけるところから始めなくては。過去15年にわたり、わたしたちはまさにそれをやろうとしてきました。

わたしたちは学者で、学者の多くと同様に、理論を構築してはデータとにらめっこをします。でもこの研究の性質のため、わたしたちはまた、何年にもわたりのべ何カ月も現場にでかけ、NGO（非政府組織）活動家や政府の官僚、ヘルスワーカーやマイクロ融資家たちといっしょに働いてきました。このために貧乏な人々が住む裏道や村に出かけ、質問をして、データを探します。本書は、そこで出会った人々の親切なくしては書けませんでした。ふらりと立ち寄っただけのことが多かったのに、しょっちゅうお客として歓待してもらえました。かなりピント外れな質問をしても、辛抱強くつきあってくれました。そして多くのお話を聞かせてもらえたのです。(1)

オフィスに戻ったわたしたちは、そうしたお話を思い出しつつデータを分析し、魅了されつつも困惑して、見聞きしたことを単純なモデルに当てはめようと苦闘しました。プロの開発経済学者や政策立案者たちは（特に西洋人や西洋で訓練を受けた人だと）貧乏人の生活を考えるのに、伝統的にそうした単純なモデルに頼ってきたのです。得られた証拠を根拠に手持ちの理論を見直したり、あるいは放棄したりする必要もしばしば生じます。でも放棄するのはさいごの最後で、なぜそのモデルがうまくいかないかをズバリ理解して、それを手直しして世界を記述できないか考えようとあれこれ努力もしました。本書はそのやりとりから生まれたものです。それは貧乏な人たちがどんな暮らしを送っているかについて、一貫性のあるお話をまとめようとする試みの成果なのです。

わたしたちが注目するのは世界の最貧者たちです。貧乏な人々がいちばん多い世界の50カ国で、平均の貧困線は1人1日16インドルピーになります。(2)それ以下で暮らす人々は、自国政府の基準で貧困と見なされているのです。いまの為替レートだと、16ルピーというのは30円くらい。でもほとんどの発展途上国では物価が安いから、貧乏な人たちが自国と同じものを日本で買ったとしたら、もう少しお金がかかります――換算するとそれが120円（99セント）くらいになります。だから貧乏な人の暮らしを想像するには、日本で暮らして日々の生活に必要なものすべて（家賃以外）を1日120円で賄えるかどうか想像してみればいいでしょう。なかなかつらいでしょう――例えばインドでは、これに相当する金額で小さなバナナ15本くらいか、低質の米を1・5キロほどが買えます。それで暮らしていけますか？　でも2005年の世界では、8・65億人（世界人口の13パーセント）がまさにそれをやっていました。

驚くのは、これほど貧乏な人たちでも、ほとんどあらゆる点でわたしたちみんなと何も変わらないということです。同じ欲望と弱みを持っているのです。貧乏人は、他のみんなと比べて合理性に劣るわけでもありません――その正反対。まさに持ち物があまりに少ないからこそ、彼らは選択をきわめて慎重に考えることが多いのです。生きるだけでも、高度なエコノミストにならなくてはやっていけないのです。それなのに、わたしたちと貧乏な人々の生活は酒と肴くらいかけ離れています。そしてこれは、わたしたちの生活のなかで、みんなが当然だとして考えもしない各種の側面のおかげが大きいのです。

1日120円（99セント）で暮らすということは、情報へのアクセスが限られるということです――新聞、テレビ、本はどれもお金がかかります――だから世界の他の人々が当然だと思っているいくつかの事実をまったく知らないことがあるのです。例えばワクチンで子供がはしかにかからずにすむ、といった事実がわからなかったりします。各種の制度が自分たちのような人々を念頭においていない世界に暮らすことにもなります。ほとんどの貧乏人には月給なんかないし、ましてそこから年金が自動天引きされることもありません。いろいろ細かい但し書きのついてくるものについて判断しなくてはならないのに、細かくない記述のほうすらあまりきちんと読めない、ということでもあります。字の読めない人は、発音もできない病気をあれこれカバーしてくれない健康保険商品について、どう考えればいいでしょう？　政治体制についての唯一の体験は、いろいろ約束されても何一つ実現しないということなのに、それでも選挙に行くということにもなります。そしてお金を安全にしまっておくこともできません。銀行があなたのわずかな貯金から得られる儲けは、それを扱うためのコストに足りないから……。こんなことばかりなのです。

これが総じて何を意味するかといえば、自分の技能を最大限に活かし、家族の未来を確保するにあたり、貧乏な人はずっと多くの技能や意志力やがんばりが必要だ、ということです。そしてその裏面として、わたしたちがほとんど考えずにすむ、ちょっとした費用やつまらない障害、わずかなまちがいが、貧乏な人の人生では実に大きいのです。

貧困から抜け出すのは難しいけれど、可能性を感じさせて、ツボを押さえた手助け（ちょっとした情報やあと押し）をすると、時には驚くほどの成果が出ます。一方で、期待をはきちがえ、必要な信念が欠け、ごくわずかに見える障害があるだけで、ひどい結果になってしまいます。正しいレバーを押すだけで巨大なちがいが生じるけれど、そのレバーがどれかを見極めるのはむずかしい。何よりも、一本ですべての問題を解決するようなレバーがないのははっきりしています。

本書『貧乏人の経済学』は、貧乏な人の経済生活を理解することで生まれる、とても豊かな経済学についての本です。それは貧乏な人が何を実現できて、そのためにどこでなぜあと押しすべきかを理解するための理論についての本です。本書のそれぞれの章は、各種の障害がどこにあるかを見つける探求を描き、それを克服する方法を探しています。まずは人々の家族生活の重要側面から始めましょう。何を買うか、子供の学校をどうするか、自分や親子供の医療はどうするか？　それから、市場や制度が貧乏な人々をどう支援できるか説明します。直面するリスクに備えて、借りたり貯金したり保険に入ったりできるでしょうか？　政府は彼らのために何をしてくれて、どんなときに失望させるでしょうか？　本書を通じて、同じ基本的な問いが繰り返されます。貧乏な人は生活改善できるのか、そしていまそれを妨げているのは何？　それは取りかかる費用が高いのか、それとも続けるのに苦労するのか？　なぜそれが高くつくのか？　人々は便益がどんなものかわかるか？　わからないなら、何が学習の妨げになるのか？

『貧乏人の経済学』は結局のところ、貧乏な人の暮らしや選択が、世界の貧困と戦う方法について教えてくれることについての本です。例えばマイクロファイナンスは便利だけれど、なぜ一部の人が期待したような奇跡ではないか理解できるようにします。あるいはなぜ貧乏人が、便益より害のほうが大きいような健康保険にしか入れないのか。なぜ貧乏人の子供たちは、何年も学校に通うのに何一つ学べないのか。なぜ貧乏人が健康保険をほしがらないか。そして本書は、なぜかつて万能の解決策と言われた施策が、今日の失敗したアイデアの山に投げ捨てられるかを明らかにします。本書はまた、希望がどこにあるかもいろいろ述べています。なぜ形ばかりの補助金が、形ばかりなどでない効果をもたらせるのか。保険をもっとうまく売る方法、なぜ教育では少ないほうが成果が高いこともあるのか。なぜ成長のためにはよい職が重要か。そして何よりも、なぜ希望が必須で知識が不可欠かも明らかにし、なぜ課題があまりに大きく見えても、努力を続ける必要があるのかも明らかにするのが本書です。成功は必ずしも、見た目ほど遠いわけではないのですから。

第1章　もう一度考え直そう、もう一度

毎年、５歳の誕生日を迎える前に９００万人の子供が死にます。(1)サブサハラアフリカの女性は、出産時に死亡する確率が30分の1です——先進国では５６００分の1なのに。平均期待寿命が55年以下の国は少なくとも25カ国、そのほとんどがサブサハラアフリカにあります。インドだけでも、学童５０００万人が、ごく簡単な文ですら読めません。(2)

こんな段落を見たら、みなさんはすぐに本書を閉じて、世界貧困なんてものについて、できればきれいに忘れてしまいたいと思うかもしれません。問題が大きすぎて、手のつけようがないと思えるのです。本書でのわたしたちの狙いは、閉じずに読んでくれるよう納得してもらうことです。

ペンシルバニア大学で最近行なわれた実験は、人が問題の規模にすぐに圧倒されてしまうことを実証するものでした。(3)研究者たちは、学生たちに５ドルあげて、簡単なアンケートに答えさせました。それからチラシを見せて、世界有数の慈善団体であるセーブ・ザ・チルドレンに寄付してくれないかと言いました。チラシは2種類ありました。一部の学生（選択はランダム）はこんなチラシを見ました。

マラウィでの食糧難で、３００万人の子供に影響が出ています。ザンビアでは、極度の干ばつでトウモロコシ生産は２０００年に比べて42パーセント下がりました。結果としてザンビア人の推定３００万人が飢餓に瀕しています。アンゴラ人４００万人――全国人口の3分の1――は自分の家を追われました。エチオピアでは１１００万人以上が、いますぐ食糧援助を必要としています。

ほかの学生が見たチラシには、女の子の写真と以下の文面がついていました。

ロキアはアフリカのマリにいる7歳の少女で、とても貧しく、極度の飢餓に直面し、ヘタをすると餓死しかねません。あなたがお金をあげれば、彼女の人生はよい方向に変わります。あなたや、他の親切なスポンサーの支援により、セーブ・ザ・チルドレンはロキアの家族や他のコミュニティの人々と力をあわせて彼女に食事をさせ、教育を与え、基本医療と衛生教育を行ないます。

最初のチラシは学生平均1・16ドルの寄付につながりました。2番目のチラシでは、何百万人もの危機がたった一人の悲惨に還元されましたが、平均2・83ドルの寄付を集めました。どうも学生たちは、ロキアを助けるためなら多少の責任は負いたがっても、世界的な問題の規模に直面したら、尻込みしてしまうようです。

別の実験では学生を無作為に選び、人は一般的な情報を提示されたときよりも、同情できる被害者のほうにお金を寄付しやすいのだ、と説明したあとで、同じ2枚のチラシを見せてみました。最初のチラシ、つまりザンビア、アンゴラ、エチオピアの話を書いたほうを見せられた学生たちは、最初に警告をしなかったときとおおむね同額の寄付をしました――1・26ドルです。2枚目の、ロキアについてのチラシを見せられた学生たちは、警告の後ではたった1・36ドルしか寄付しませんでした。警告なしで仲間が寄付した額の半分以下です。学生たちによく考えるようながすと、ロキアに対しては鷹揚さが下がってしまいましたが、マリのその他全員に対する鷹揚さは増えませんでした。

この学生たちの反応は、貧困といった問題に直面したとき、多くの人が感じている典型的な気持ちを表しています。とっさの直感は、気前よくしようというものです。特にかわいそうな7歳の女の子に直面したら、鷹揚になります。でもペンシルバニア大学の学生たちと同様、ちょっと考えると、実は意味ないよ、と思ってしまいがちです。寄付したところで大海の一滴だし、その大海もダダ漏れ状態なのでしょうから。でも本書は、さらにもう一度考えてみるよう薦める本です。貧困に対する闘いがあまりに巨大だという気持ちを抑えて、貧困対策という課題を具体的な問題の束としてとらえ、それをきちんと見極めて理解すれば、一つずつ解決していけるのだと考えて欲しいのです。

残念ながら、貧困についての論争は通常はそんなふうに構築されてはいません。下痢やデング熱にどう対応するのが最高かを論じるかわりに、もっとも声の大きい専門家たちの多くは、「大問題」にばかりかまけています。貧困の究極の原因とは何か？　自由市場をどこまで信頼すべきか？　民主主義は貧困者にとってよいものか？　外国援助は役に立つのか、等々。

国連顧問で、ニューヨーク市のコロンビア大学地球研究所所長のジェフリー・サックスは、そうした専門家の一人で、いま挙げた問題のすべてに答えを持っています。貧困国が貧しいのは、暑くてあまり肥沃でなく、マラリアだらけで、しばしば陸封国だからだ。こうした土着の問題に対処できるだけの、大規模な初期投資がなくては、彼らが生産的になるのはむずかしいのだ、という理屈です。でも彼らは、まさに貧困だからこそ、そうした投資を負担できません――彼らは経済学者たちの言う「貧困の罠」に陥っているのです。この問題についてどうにかしない限り、自由市場も民主主義も、大した役には立たないはず。だからこそ外国援助が重要だ、とサックスは言います。貧困国がこうした重要な分野に投資するのを助けることで、美しいサイクルがキックスタートされ、彼らはもっと生産的になれるのだというわけです。結果として所得があがり、さらなる投資が生じ、有益なスパイラルが続くはずです。2005年のベストセラー『貧困の終焉』[4]で、もし裕福な世界が2005年から2025年まで、毎年1950億ドルずつ海外援助をおとすようにすれば、貧困はそれまでに完全になくなるはずだ、と。

でも、同じくらい声の大きい専門家で、サックスの答えは全部まちがっている、と信じる人もいます。マンハッタンの反対の端にあるニューヨーク大学からサックスとバトルを繰り広げているウィリアム・イースタリーは、『エコノミスト　南の貧困と闘う』『傲慢な援助』[5]の刊行で、海外援助反対論者としてもっとも影響力の強い人物となりました。もとゴールドマン・サックスと世界銀行のエコノミスト、ダンビサ・モヨは、近著『援助じゃアフリカは発展しない』[6]でイースタリーに同調しています。どちらも、援助はよい影響より悪い影響のほうが大きいと論じています。人々が自分で解決策を探そうとしなくなるし、地元の制度を歪ませるうえに重要度を下げてしまい、援助機関による自己延命的なロビーを作りだしてしまう、と。貧困国にとって最高の可能性は、単純な一つのアイデアに頼ることだと言います。市場が自由でインセンティブが適切なら、人々は自分で自分の問題を解決する方法を見つけられるのです。外国人からだろうと、自国政府からだろうと、施しなどいらない、と彼らは言います。この意味で、援助についての悲観論者たちは、世界の仕組みについて実はかなり楽観的です。イースタリーによれば、貧困の罠なんてものは存在しないとか。

だれを信じたらいいのでしょう？　援助で問題が解決するという人でしょうか？　それとも援助は事態を悪化させるという人？　これは抽象的に解決できる議論ではありません。証拠がいります。でも残念ながら、大問題に答えるために通常使われるデータは、あまり自信の持てるものではありません。いろいろもっともらしい小話はいくらでもあるし、どんな立場でも、それを支持する話が一つは見つかるでしょう。例えばルワンダは、大量虐殺直後の数年に大量の援助を受けて、繁栄しました。いまや経済が活況なので、ポール・カガメ大統領はだんだん同国を援助から切り離そうとしています。さてルワンダは（サックスが言うように）援助のよい可能性の例なのか、それとも（モヨが述べるような）自立性の旗印なのか？　それとも両方？

ルワンダのような個別例ではどちらとも言えないので、大きな哲学問題に答えようとする研究者の多くは多国間比較のほうがお気に入りです。例えば世界の百数十カ国のデータを見ると、援助の多い国がそうでない国より成長がはやいわけではないことがわかります。これは援助に効果がないという証拠として解釈されることが多いのですが、実は正反対のことを意味しているのかもしれません。援助は彼らが大惨事に陥るのを救ってくれたのかもしれず、援助がなければずっとひどいことになっていたかもしれないのです。とにかくわかりません。単に、大規模に憶測をしているだけなのです。

でも援助の肯定論にも否定論にもまともな証拠がなければ、どうしたらいいのでしょう——貧乏な人を見捨てるべきでしょうか？　ありがたいことに、そこまで敗北主義に陥る必要はありません。実は、答えはちゃんとあるのです——というか、本書すべてが一種の長ったらしい答えです——単にサックスやイースタリーのお気に召すような、白黒明確な大なたではないだけなのです。本書は、援助すべてがいいとか悪いとかは言いません。でも、援助の特定の事例が、何かいい結果をもたらしたか、もたらさなかったかは述べます。民主主義の有効性をうたいあげることはできませんが、現場でのやり方をかえれば民主主義の有効性をインドネシア地方部で高められる、というようなことは言えます。

いずれにしても、外国援助が役に立つのか、といったでかい問題に答えることが、ときに思われがちなほど重要かどうかも、実ははっきりしません。援助は、ロンドンやパリやワシントンで貧困者を助けたいと熱心に思っている人（そしてそれにお金を出すのが嫌でたまらない、あまり熱心でない人々）にとっては大問題です。でも正直いって、援助は毎年貧困者に使われるお金のうち、ずいぶん小さなものでしかないのです。世界の貧困者向けプログラムのほとんどは、その国自身のリソースでまかなわれています。例えばインドは、基本的にまったく援助を受けていません。2004年から2005年にかけて、インドは貧困者向け小学校教育プログラムだけで5000億ルピー（購買力平価にして310億米ドル）[7]使っています。外国からの援助がずっと重要な役割を果たすアフリカですら、2003年には援助が政府予算に占める比率はたった5・7パーセント（ほとんど援助を受けていない大国ナイジェリアと南アフリカを除けば12パーセント）でしかありません。[8]

もっと重要な点は、援助がいいか悪いかという果てしない論争のおかげで、本当に重要な話がしばしばおざなりになってしまっていることです。お金がどこからくるかではなく、どこに向かうかが重要なのです。つまり、お金を出すべき適切なプロジェクトを選ぶということです——貧しい人の食事か、高齢者の年金か、はたまた病人のためのクリニックか？——そしてそれを運用する最高の方法を見つけることです。例えばクリニックに職員を配置して運営するやりかたは、実に多種多様なのですから。

援助論争に参加している人々のなかで、貧乏人を助けられるなら助けるべきだ、という基本的な前提に本気で反対する人はいません。これはまあ当然でしょう。哲学者ピーター・シンガーは、見知らぬ人の命を救うという道徳的な義務について書いています。ほとんどの人は、池で溺れている子供を救うのに千ドルのスーツを喜んで犠牲にするという洞察(9)をもとに、そこで溺れている子供と毎年5歳の誕生日以前に死ぬ900万人の子供たちとの間に何のちがいもないはずだ、と論じます。また経済学者兼哲学者でノーベル経済学賞受賞者のアマルティア・センは、貧困が才能の許し難い無駄遣いをもたらすと述べていて、多くの人はそれに同意します。センに言わせると、貧困はお金がないというだけではありません。人間としての可能性を全開にする能力《ケイパビリティ》がないということなのです(10)。アフリカの貧しい少女は、たぶん相当に頭がよくても、せいぜい数年しか学校に通わず、世界トップの運動選手になれたはずでも、それに足るだけの栄養を摂取できず、すごいアイデアを持っていても、起業する資金はたぶん得られないでしょう。

このように無駄遣いされた人生は、確かにたぶん先進国の人々に直接は影響しませんが、でも可能性がないわけではありません。彼女はＨＩＶ陽性の売春婦になりはて、旅行中のアメリカ人を感染させて、それがアメリカに持ち帰られるかもしれず、また抗生物質に耐性のある結核菌を発生させて、それがやがてヨーロッパにたどりつくかもしれません。彼女が学校に通っていれば、アルツハイマー病の治療法を発明したかもしれません。あるいは銀行での手続きミスのために学校に行けるようになった中国の若き戴万菊《ダイ・マンジュ》のように、一大事業主となって何千人も雇うことになるかもしれません（ニコラス・クリストフとシェリル・ウーダンは彼女の物語を『ハーフ・ザ・スカイ』で語っています[11]）。そしてそうならないとしても、彼女に機会を与えないことはどう考えても正当化できません。

大きく意見の相違が出てくるのは、その先の「貧乏な人を助ける有効な方法がわかっているだろうか？」という問題に話が進んだときです。他人を助けろというシンガーの議論で暗黙の前提となっているのは、助け方はすでに知っているということです。泳げない人にとって、スーツをダメにすべきかどうかという道徳的な議論はあまり説得力がありません。だからこそ『あなたの救える命』で、シンガーはわざわざ読者が支持すべき具体的な事例の一覧を提供し、それをウェブサイトで定期的に更新しているのです[12]。クリストフとウーダンも同じことをしています。発想は簡単です。世界の問題について何を言おうと、手の届く解決策を論じなければ、進歩よりは麻痺に陥ってしまうのです。

だからこそ、外国援助全般についてあれこれ考えるよりも、具体的な問題とその個別の答えを考えるほうがずっと役に立ちます。「援助」より「支援」とでも言いましょうか。例えば世界保健機構（ＷＨＯ）によれば、２００８年にマラリアによる死者は１００万人近くで、そのほとんどがアフリカの子供たちだったそうです[13]。わかっているのは、殺虫剤処理をした蚊帳のなかで寝れば、こうした命の多くは救えたということです。研究によれば、マラリア感染の多い地域では、殺虫剤処理をした蚊帳のなかで寝ると、マラリアの症例を半減させられるとのこと。[14] では、子供たちが確実に蚊帳のなかで寝るようにする最高の方法とは何でしょう?

10ドルほどあれば、殺虫剤処理をした蚊帳を一家に届けて使い方を教えられます。政府やNGOは親たちに無料の蚊帳を配るべきでしょうか、価格補助かなんかをするから自分で買えと言うべきでしょうか? この問題に答えることはできますが、その答えは決して自明なものではありません。でも多くの「専門家」は証拠などまったく顧みず、何やら強い主張をするのです。

マラリアは伝染病なので、ある人が蚊帳のなかで寝れば、そのご近所の人が感染する確率も減ります。[15]――人口の少なくとも半分が蚊帳のなかで寝れば、蚊帳の外の人々ですら、感染確率が大きく減ります。[16] 問題は、リスク下の子供のうち蚊帳のなかで寝るのは4分の1以下だ、ということです。どうも10ドルの費用は、マリやケニアの家族の多くにとっては、高すぎるようです。利用者だけでなく近所の人に対する便益もあることを考えれば、蚊帳を割引価格で売ったり、無償で配ったりするのはよい考えに思えます。そしてまさに、ジェフリー・サックスの主張することの一つは、蚊帳の無料配布なのです。イースタリーとモヨはこれに反対します。人々は蚊帳を無料でもらったらそれを無価値と思う(そして使わない)だろう、というのです。そして使っても、蚊帳をもらうのに慣れて、蚊帳を有料で買わなくなるかもしれません。あるいは他の物も、補助なしでは買わなくなるかもしれません。すると、まともに機能する市場が崩壊します。モヨは、ある蚊帳販売業者が、無料蚊帳配布プログラムで大打撃を被った話をしています。無料配布プログラムが終わる頃には、どんな値段でも蚊帳を売っている人はいなくなってしまったのでした。

この議論を明確にするには、三つの質問に答える必要があります。まず、蚊帳の値段の全額（あるいはその相当部分）を負担しなければならない場合、人々は蚊帳なしですませようとするでしょうか？　第二に、蚊帳を無料あるいは補助金付きの価格で提供したら、みんなそれを使うでしょうか、それとも無駄遣いするでしょうか？　第三に、補助金付き価格で蚊帳を一回提供したら、その後補助金が減らされたときに、次の蚊帳を定価で買う意欲は高まるでしょうか低まるでしょうか？

これらの質問に答えるには、各種水準の補助金を受けた、似たような集団のふるまいを観察する必要があります。ここでのキーワードは「似たような」の一語です。お金を払って蚊帳を買う人と、無料でもらう人とはあまり似ていないのが普通でしょう。たぶん自腹で買う人は、豊かで教育水準が高いでしょうし、なぜ蚊帳が必要かもよくわかっているでしょう。無料でもらう人は、まさに貧乏だからNGOに選ばれたのかもしれません。でも、正反対のパターンもあり得ます。無料でもらう人はコネが豊富な人で、貧乏で孤立した人は満額を自己負担するかもしれません。どちらの場合にも、彼らがどう蚊帳を使うか見ただけでは、何も結論が引き出せません。

したがって、こうした問題に答えるいちばんきれいな方法は、医薬品分野で新薬の効果を計るのに使われる、ランダム試行をまねることです。カリフォルニア大学ロサンゼルス校のパスカリン・デュパスはケニアでそうした実験を実施し、ウガンダとマダガスカルでも同様の実験が行なわれました(17)。デュパスの実験では、ランダムに選んだ個人が、様々な水準の補助金をもらって蚊帳を買いました。ランダムに選ばれた類似の集団の行動を比較することで、彼女はさっきの質問に三つとも答えることができました。少なくとも、その実験の実施された文脈では、ということですが。

本書の第3章では、彼女の発見についていろいろ論じます。まだまだ答えの出ていない質問は残っていますが（例えばこうした実験は、補助金付きの輸入蚊帳を配ると地元生産者が被害を被るかという疑問には答えてくれません）、そうした発見はこの議論を先に進めるのに大きく貢献し、政策の対話や方向性の両方に影響を与えました。

広い一般論の質問から、ずっとせまい質問に移行することで、別の利点も生じます。貧乏な人が蚊帳にお金を出したがるか、そして無料でもらったらちゃんと使うかということがわかれば、蚊帳の最適な普及方法よりずっと多くのことがわかります。貧乏な人がどういうふうに意思決定をするのか、理解の糸口ができるのです。例えば、蚊帳の利用がもっと広がらないのは、何が障害なのでしょうか？　蚊帳の利点について情報が不足しているのかもしれず、貧乏人はそれを買えないのかもしれません。あるいは、貧乏人は目先の問題で頭がいっぱいで、将来のことなんか心配する頭の余裕がないのかもしれませんし、あるいはまったくちがうことが起きているのかもしれません。こうした疑問に答えることで、貧乏人はどこが特殊なのか、そもそも特殊なことなどあるのか、という問題を理解できるようになります。貧乏人も、他のみんなと同じような暮らしで、単にお金が少ないだけなのか、それとも極度の貧困生活には根本的に何かちがうものがあるのでしょうか？　そして特殊な点があるなら、貧乏な人が貧困にとらわれているのはそのせいなのでしょうか？

貧困にとらわれる?

蚊帳を売るべきか無料で頒布すべきかについて、サックスとイースタリーが正反対の見方をするのは、偶然ではありません。ほとんどの富裕国専門家たちが開発援助や貧困に関する問題で取る立場というのは、その人固有の世界観に左右されることが多いのです。これは蚊帳の値段と言った、厳密な答えがあるはずの具体的な問題の場合ですらそうです。ほんのちょっとだけ戯画化するなら、ジェフリー・サックスは(国連、WHO、開発援助業界の相当部分と同様に)援助額を増やしたいと思っていて、モノ(肥料、蚊帳、学校のコンピュータなど)は無料であげるべきだし、貧乏人はわたしたち(あるいはサックスや国連)が彼らにとってよいと思うことをするよう促されるべきだ、と一般に思っています。例えば、子供たちには学校で給食をあげよう、そうすれば親たちも子供を学校に通わせ続けたいと思うようになる、というわけです。

その対極にいるのはイースタリーやモヨや、共和党系シンクタンクのアメリカン・エンタープライズ研究所などのような存在で、彼らは援助に反対です。それは政府を腐敗させるからというだけでなく、もっと基本的な部分で、彼らは人々の自由を尊重すべきだと信じているからです。向こうがほしがっていないものを、無理強いしても無駄です。子供が学校に通いたがらないのは、教育を受けても意味がないからにちがいない、というわけです。

こうした立場は、単に各自のイデオロギーからくるお決まりの反応というだけではありません。サックスとイースタリーはどちらも経済学者で、二人の差の相当部分は、次の経済学的問題に対する答えのちがいからくるのです。つまり、貧困にとらわれてしまうことはあり得るのか、というものです。サックスは一部の国は地理や不運により貧困にとらわれていると信じています。そうした国は、貧乏だから貧乏なんだということです。豊かになる潜在力はあるのですが、それには現在はまっている場所から引っ張り出し、繁栄への道に送り出してやる必要があるということです。だからこそサックスは、ビッグプッシュ一発を強調するのです。これに対しイースタリーは、かつて貧乏だったのにいまは豊かな国もあり、その逆もあると指摘します。貧困の条件が永続的でないなら、貧困な国をつかまえて放さないような貧困の罠という発想はでたらめだ、ということになります。

同じ問題は個人についてもいえます。人は貧困にとらわれてしまうでしょうか？　もしそうなら、援助を一回与えることでその人を新しい道に送り出し、人生を一変させられるかもしれません。ジェフリー・サックスのミレニアム村落プロジェクトの背景にある哲学はこれです。この運のいい村の村人たちは、無料で肥料や学校給食、まともな保健クリニック、学校にはコンピュータなどいろいろもらえます。総費用は、1村あたり年額50万ドル。プロジェクトのウェブサイトによれば、「ミレニアム村落経済は自給自足農業の段階から、持続的な商業活動への移行を一定期間で遂げられる」と期待されているそうです(18)。

MTV向けのビデオで、ジェフリー・サックスと女優アンジェリーナ・ジョリーは最初期のミレニアム村落であるケニアのサウリを訪ねました。そこで二人は、ケネディという若い農夫に会います。ケネディは無料で肥料をもらい、結果として畑の収穫は以前の年の20倍になりました。その収穫からの貯金を使えば、ケネディは永遠に食いはぐれない、とビデオは結論づけていました。そこにこめられたメッセージというのはつまり、ケネディはそれまで肥料を買えない貧困の罠にとらわれていた、というものです。肥料の贈り物がケネディを解放しました。罠から脱出するにはそれしか方法がなかったという話になります。

でも懐疑派たちは反論するでしょう。肥料を使うのがそんなに儲かるなら、ケネディは肥料をちょっとだけ買い、畑のいちばん適切なところに使えばよかったのでは？ そうすれば収穫が増え、それにより収入が増えたら翌年にはもっと肥料を買えばいい。少しずつ豊かになって、いずれ畑全体に肥料を使えるようになるでしょう。

すると結局、ケネディは貧困にとらわれているのか、そうでないのか？

答えは、後者の戦略が実行可能かどうかで決まります。手始めにちょっとだけ肥料を買い、ちょっとだけ収入を増やし、その儲けを再投資してもっと収入を増やし、というのを繰り返せるものでしょうか？ 肥料は小分けでは買えないかもしれません。あるいは肥料の効き目が出るまでに何度か試行錯誤がいるかもしれません。儲けを再投資しづらいこともあるでしょう。農夫が自力ではなかなか先に進めない理由は、いろいろ考えられます。

ケネディの物語の核心に入るのは、8章までお預けとしましょう。でもこの議論は一般的な原理を理解するのに有用です。所得や財産を急速に殖やす手立てが、ほとんど投資余力のない人には制限されているのに、多めに投資できる人には急拡大するような状況では、貧困の罠が確実に発生する、ということです。一方、急成長の可能性が貧困者にとっても高く、豊かになるにつれてその可能性が下がるようなら、貧困の罠は起きません。

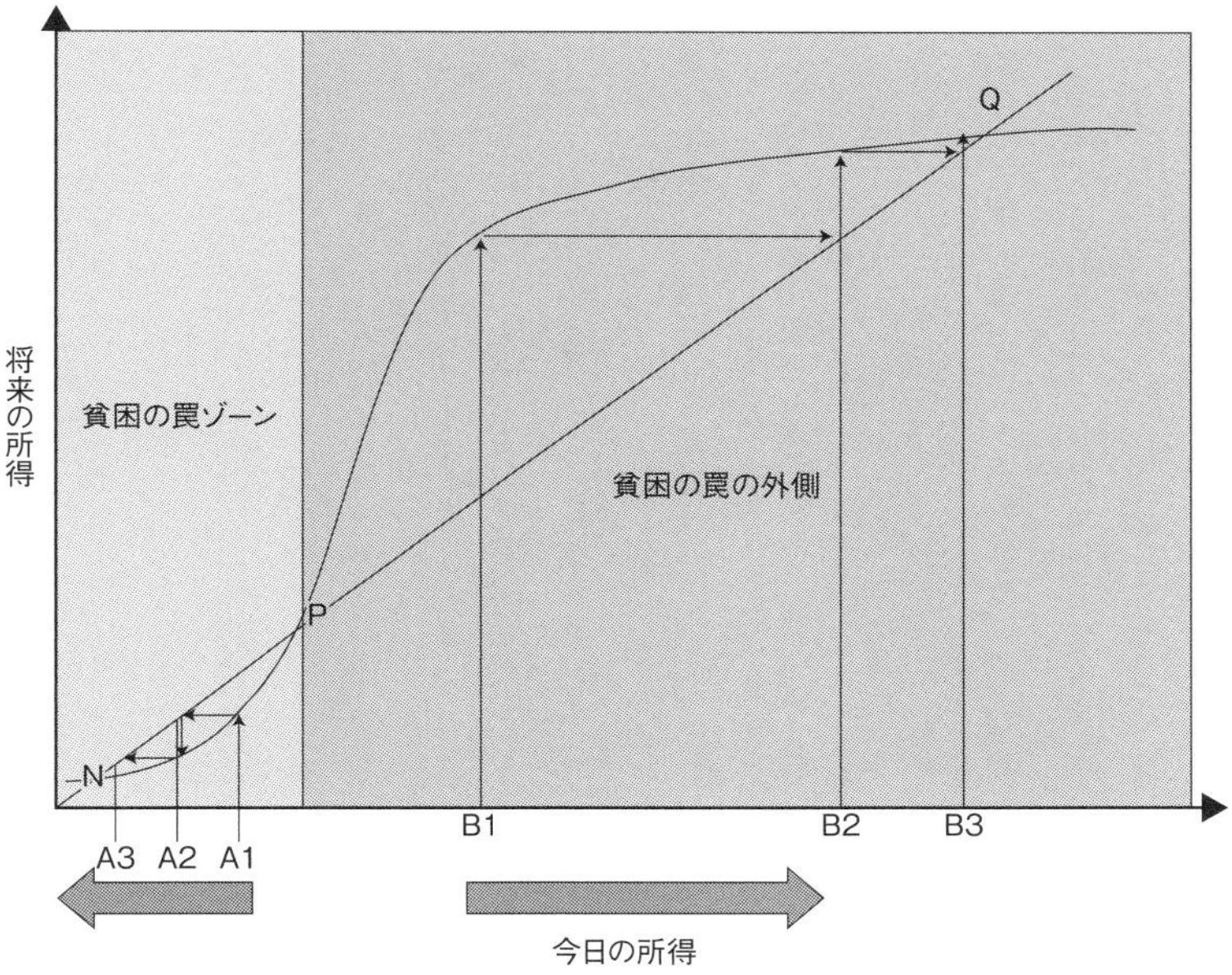

図１　S字曲線と貧困の罠

経済学者は、単純な（単細胞だと言いたがる人もいるでしょう）理論が好きだし、それをグラフで表現したがります。わたしたちも例外ではありません。この貧困の性質をめぐる論争を説明するのに役立つと思われるグラフを２つ挙げましょう。覚えておいてほしいのはグラフの形です。本書では何度もその形にお目にかかりますよ。

貧困の罠を信じている人にとって、世界は図１のようなものです。今日の所得は、将来の所得に影響します（この将来というのは、明日でも、来月でも、次世代でもかまいません）。今日の手持ちは、どれだけ食べるか、クスリや子供の教育にいくら使うか、畑用の肥料や改良種子を買えるかどうか、などを左右します。そしてこれらはどれも、明日の手持ちを左右します。

曲線の形が重要です。最初はとても平らですが、急激に立ち上がって、その後ふたたび平らになります。これを（あまりきれいではありませんが）S字曲線と呼びましょう。

この曲線のS字形が貧困の罠の源泉です。45度線上では、今日の所得は明日の所得に等しくなります。曲線が45度線より下にあるからです。これはつまり、時間がたつにつれてこのゾーンの人々はもっと貧しくなり、やがては点Nで貧困にとらわれてしまう、ということです。A1から始まる矢印は、その道筋の一つを示しています。A1からA2に進み、続いてA3、という具合です。この貧困の罠ゾーンの外から出発する人にとって、明日の所得は今日の所得より高くなります。時間がたてばだんだん豊かさも増します（少なくともある程度までは）。このもっと嬉しい運命を示すのは、B1から出発する矢印です。それがB2、B3と動きます。

でも多くの経済学者（大多数かもしれません）は、世の中はむしろ図2のようになっていると考えています。

図2は、図1の右半分にちょっと似ていますが、左側の平らな部分はありません。この曲線は、最初の頃がいちばん立ち上がりが激しく、その後だんだん平坦になります。この世界に貧困の罠はありません。最貧層は出発点での所得より多くを稼ぐので、だんだん豊かになり、やがて頭打ちになります（考えられる軌跡の一つは、A1、A2、A3と進むものです）。到達点の所得はあまり高くないかもしれませんが、ここで言いたいのは、貧乏な人を助けるのに大したものは必要ないし、あまり差ができるわけでもない、

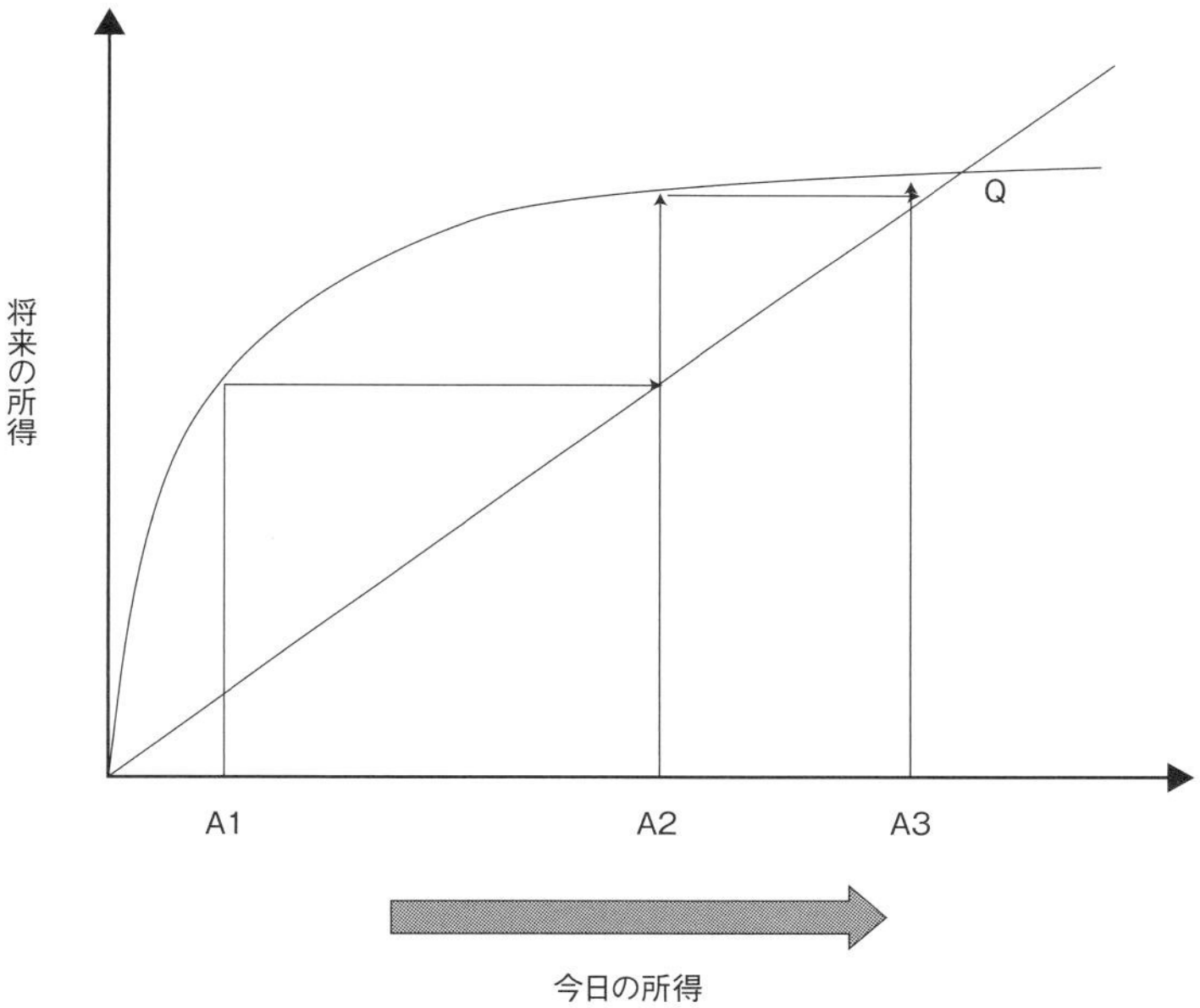

図2　逆L字曲線：貧困の罠は存在しない

ということです。この世界だと、1回限りの贈り物をしても（例えばその人の出発点がA1ではなく、A2から出発できるようにしてあげる）、その人の所得が永続的に高まったりはしません。最高でも、その動きをちょっと早めるくらいですが、でも終点を変えることはありません。

　ではこの図のどちらが、ケニアの若き農夫ケネディの世界をよく表しているでしょうか？　その質問の答えを知るには、いくつか簡単な事実を知る必要があります。例えば、肥料は小分けで買えるのか？　作付け期の間に貯金をするのが困難で、ケネディがあるシーズンに儲けてもそれを将来投資に変えられないことはないか？　単純なグラフにこめられた理論から得られる、もっとも重要なメッセージはつまり、理論だけでは不十分、ということです。貧困の罠が実在するかという問題に本気で答えるなら、現実の世界をうまく表しているのが、どっちのグラフなのかを知る必要があります。そしてこの評価は事例ごとにやる必要があります。肥料に注目したお話であれば、肥料市場について事実を知る必要があります。貯蓄の話なら、貧乏な人の貯蓄方法を知らなくてはなりません。栄養や健康の話なら、それを調べましょう。壮大で普遍的な答えがないというのは、ちょっと不満に思えるかもしれませんが、でも実はそれこそまさに政策立案者が知りたがるべきことなのです――つまり、貧困にはまってしまう方法が何万とあるということではなく、その罠を作り出す主要な要因がごく少数で、そういう問題を改善すれば貧乏な人が解放され、富と投資を増やす美しいサイクルに入れる、ということを知るべきなのです。

見方をまったく変えて普遍的な答えから目をそらしたわたしたちは、研究室から外に出て、世界をもっと慎重に見る必要に迫られました。そうすることで、わたしたちは世界について少しでも有益なことをいうためには、適切なデータを集めるのが重要だと力説してきた開発経済学者たちの伝統にしたがうことになったのです。でも、わたしたちには先達に比べて二つの優位性がありました。まず、いまや多くの貧困国について、以前はなかったような質の高いデータがあります。第二に、新しい強力なツールがあります。ランダム化対照試行（RCT）は、地元パートナーと協力を得て、研究者たちが理論を試す大規模な実験を実施できるようにしてくれるのです。RCTでは、蚊帳の調査のように、個人やコミュニティがちがった「処置」に無作為に割り当てられます。この場合の処置とは、ちがったプログラムや、同じプログラムの一部をいろいろ変えたものを指します。各種の処置に割り当てられた個人は、完全に似たような存在なので（なぜなら無作為に選ばれているからです）、結果に差が出たら、それはすべて処置の影響ということになります。

実験一つだけでは、そのプログラムが普遍的に「効く」かどうか決定的な答えにはなりません。でも同じ実験を何度も、場所を変えてみたり介入の細部を変えてみたり（その両方を変えてみたり）できます。それらをまとめると、結論の頑強さも確認できます（ケニアで効く手法はマダガスカルでも効くだろうか？）。またデータを説明できる理論の可能性も絞れます（ケネディの邪魔をしているのは何だろう？　肥料の値段か貯金のむずかしさか？）。新しい理論を使って介入や新しい実験を設計できるし、以前は不思議だった結果も理解しやすくなります。そうやって、貧乏な人が本当はどういう暮らしをしており、どこで手助けが必要で、どんな手助けは不要かが、もっとしっかりした形でだんだんわかってくるのです。

２００３年にわたしたちは、貧困アクション研究所（後のアブドゥル・ラティーフ・ジャミール貧困アクション研究所、略してＪ－ＰＡＬ）を創設し、研究者や政府、ＮＧＯなどが協力してこの新しい経済学を実践できるよう支援し、学んだことを政策立案者に広めようとしてきました。これは大評判になり、２０１０年までにＪ－ＰＡＬの研究者たちは世界40カ国で２４０以上の実験を実施しました。またきわめて多くの組織や研究者、政策立案者たちが、ランダム化試行という考え方を受け入れています。

Ｊ－ＰＡＬの仕事に対する反応を見ると、わたしたちの基本的な想定に同意する人はたくさんいるようです。しっかり考え抜き、慎重に試し、適切に実施された細かいステップを積み重ねることで、世界最大の問題解決に向けてとても大きな進歩が実現できるのだ、というのがその想定です。そんなの当たり前だと思うかもしれません。でも本書で一貫して説明する通り、政策というのは一般にそういう決まり方はしないのです。開発政策の実務は、それにともなう論争と同じく、証拠に頼ることはできないというのが前提になっているかのようです。検証できる証拠なんて手に負えない化け物で、せいぜいが実現不能な妄想か、最悪の場合には問題から目をそらしてしまうものだ、というのがその発想です。「きみたちは証拠とやらに耽溺し続けるがいいよ、その間にもこっちは仕事をこなさなきゃいけないんだから」。この道を進み始めたときには、頑固な政策立案者たちや、もっと頑固なアドバイザーたちにしばしばこう言われたものでした。今日ですら、いまだにこの見方をする人はいます。でもこうした理屈ぬきの性急さに無力感を覚えてきた人々も多いのです。そうした人々はわたしたちと同様に、貧乏な人の具体的な問題を深く理解して、そこに介入する効果的な方法を見つけるのが最高の方法なのだと思っています。一部の例ではもちろん、何もしないのが最善です。でもすべてそれですむわけではありません。お金をつぎこめば万事解決ともいかないのと同じことです。いつの日か貧困を終わらせるために一番見込みがあるのは、個々の回答とその回答の背景にある理解から出てくる、知識体系なのです。

本書は、その知識体系に基づいています。採りあげる材料の多くは、わたしたち自身や他の人々がやったランダム化試行によるものですが、その他多くの証拠も活用します。貧乏な人の生活に関する定量・定性的な記述、個別制度の機能に関する調査、成功した政策と失敗した政策に関する各種の証拠などです。本書のサポート用ウェブサイト www.pooreconomics.com では、言及した研究すべてにリンクを張り、各章を表した写真付きの文章も挙げ、1日1人99セント以下で暮らす人々の主要側面に関するデータやグラフを18カ国について示しています。これは本書で何度も言及するものです。

その調査はどれも、高度な科学的厳密さを持ち、データの語ることを真摯に受け入れ、貧乏な人々の生活に関連した、特定の具体的な問題に的を絞っています。そうしたデータを使って答えたい問題の一つは、貧困の罠を懸念すべきなのが、いつどんな状況なのか、ということです。貧困の罠は一部の領域では見られますが、見つからない場合もあるのです。有効な政策を設計するには、それぞれの問題について正しい答えを得るのが肝心です。本書では、まちがった政策が選ばれてしまった例も数多く示します。それは悪意や汚職のせいではなく、単に政策立案者たちが、まちがった世界像を抱いていたせいなのです。罠などないところに貧困の罠があると思っていたり、目の前にある別の罠を見過ごしていたりしたせいなのです。

でも本書のメッセージは、貧困の罠をはるかに超えるものです。これから見るように、専門家、援助関係者、あるいは地元政策立案者のイデオロギー ideology、無知 ignorance、惰性 inertia――三つのＩ――が、政策の失敗や援助の低効果の原因となっています。世界をよくすることは可能です――たぶん明日には無理でも、手の届く未来には。でもそれには、ずぼらな思考ではダメです。本書を通じて、わたしたちの辛抱強い一歩ずつのアプローチこそが貧困と闘う方法として効果的なだけでなく、世界をずっとおもしろい場所にする方法なのだ、ということを納得していただければと思います。

第1部　個人の暮らし

第2章　10億人が飢えている？

先進国の人の多くは、貧困といえば飢餓だと思っています。２００４年のスマトラ沖地震の津波、あるいは２０１０年のハイチ地震といった大自然災害を除けば、世界の貧乏な人々を襲った出来事として、世間の注目を集めて大量の寄付につながった最大の出来事といえば、１９８５年３月のウィー・アー・ザ・ワールド・コンサートのきっかけとなったエチオピア大飢饉です。最近でも、１日１ドル以下で暮らす人の世界銀行推計のほうはあまりニュースになりませんが、10億人以上の人々が飢えに苦しんでいるという２００６年６月の国連食糧農業機関（ＦＡＯ）発表[1]は新聞の見出しを飾る大ニュースになりました。

この貧困と飢えのつながりは、「貧困と飢餓を減らす」ことを謳った国連のミレニアム開発目標（ＭＤＧ）で制度化されています。確かに多くの国における貧困ラインは、もともと飢えを基準に貧困概念を決めようとして定められたものです――ある一定のカロリーとその他必需品（住居など）を買うために必要な予算が基準なのです。「貧しい」人とは基本的に、十分に食べる物がない人として定義されています。

ですから当然ながら、行政による貧乏人支援の相当部分の基礎にある発想は、貧しい人々はとにかく食べ物を必要としていて、重要なのはその量だというものです。食糧助成金は中東各国で見られます。エジプトでは２００８年から２００９年にかけて、38億ドル（ＧＤＰの２パーセント）が食糧助成に使われました。(2) インドネシアには助成つきの米を配給するラクシン・プログラムがあります。インドの多くの州でも似たようなプログラムが実施されています。例えば、オリッサ州では貧乏な人には月25キロの米を市場価格の２割以下の１キロ９ルピーで購入できます。現在インドの国会では、飢えたら政府を訴えられるという食糧権法の制定が議論されています。

大規模な援助食糧の配布は、物流的には悪夢です。インドでは、ねずみに食べられてしまう分も含めて、小麦の半分以上、米の３分の１以上が配送中に「失われて」しまうと言われています。(3) 無駄だらけでも政府がこの政策にこだわるのは、飢えと貧困は切り離せないという通念だけが理由ではありません。貧乏な人が十分に食べられないというのは、貧困の罠の根本的原因として始終持ち出されるからなのです。直観的には実に明快です。貧乏な人は十分に食べるお金がなく、これが彼らの生産性を下げ、貧困から抜け出せなくしているというわけです。

インドネシアのバンドン地方の小さな村に住むソルヒンさんが、そのような貧困の罠の具体的な仕組みをずばり説明してくれました。

彼の両親はかつてすこし土地を持っていましたが、子供が13人もいて、子供とその家族のためにたくさんの家を建てる必要があり、耕作用の土地はなくなってしまいました。ソルヒンさんは臨時雇いの農夫として、畑で働いて1日1万ルピア（購買力平価にして2米ドル）ほど稼いでいました。しかし最近の化学肥料と燃料の値上げによって農場主たちは倹約を強いられ、賃金を下げるより労働者を雇うこと自体をやめてしまったといいます。ソルヒンさんはほとんどずっと失業状態で過ごしていました。２００８年にわたしたちが会ったときは、２カ月間で1日も農作業に従事していませんでした。同じような状況におかれた若者は、建設作業員になるのが通例です。しかしソルヒンさんはきつい肉体労働には体が弱すぎ、熟練労働には経験が少なすぎたし、すでに40歳で見習い作業には高齢すぎていたとのこと。だれも雇ってくれません。

だからソルヒンさん一家——彼と妻と3人の子供——は、生きるために思い切った手段に出るしかありませんでした。妻は１３０キロほど離れたジャカルタに出稼ぎに出て、友人のつてで女中の仕事を見つけました。長男は優秀な生徒でしたが、12歳で学校を中退して建築現場で見習い工を始めました。幼い2人の子供は、祖父の元に送られました。ソルヒンさん自身は、政府支給の週4キロの補助付き米と、（泳げなかったので）湖岸で獲った魚で何とか食いつなぎました。彼の兄もときどき彼に食べ物をくれました。それでも、わたしたちが最後に彼と話した前の週は、4日間は1日2食、残りの3日は1日1食しか食べていませんでした。

ソルヒンさんは手詰まりのようだったし、彼自身は問題が食糧（正確にはその欠如）だと明言していました。地主農民たちが賃下げより労働者の解雇を選んだのは、最近の食糧価格急騰のために、賃金を下げると労働者たちが飢え、農地で使いものにならなくなってしまうと思ったからだ、というのが彼の意見です。ソルヒンさんは自分の失業についてそう考えることで納得していました。明らかに働きたいとは思っていても、食糧不足で心身ともに弱り、何とかしようという意志は憂鬱のためにだんだん衰えていったのです。

ソルヒンさんが語ってくれたような、栄養による貧困の罠という考えはとても古くからあります。それが経済学で公式に論じられたのは1958年に遡ります。[4]発想はいたってシンプルです。人間の体は生きるだけでも一定のカロリーを必要とします。つまり、とても貧しい人は手に入る食料を全部集めても、なんとか暮らして前と同じだけの食料を買う僅かな収入を稼げるぎりぎりの量しかありません。ソルヒンさんに会ったときに彼がまさにそうした状況でした。彼が摂取していた食料は、岸辺からいくらかの魚を捕まえる体力をなんとか維持できるぎりぎりの量しかありませんでした。

豊かになれば、買える食料も増えます。体に必要な基礎代謝量が確保されれば、それ以外の余分な食料は体力をもたらし、生きるためだけに必要な量よりずっと多くを産み出せるようになります。

この単純な生物学的仕組みによって、今日と明日の所得のあいだに前章図1のようなS字曲線の関係ができます。極貧者は、大きな仕事に必要なだけ稼げませんが、十分食べている人は本格的な農作業もこなせます。これが貧困の罠を生み出すことになるのです。貧乏な人はさらに貧乏になり、豊かな人はもっと豊かになって、食事も改善し、体力もついてもっと豊かになり、その格差は広がり続けるのです。

飢餓に陥る仕組みに関するソルヒンさんの論理的な説明は見事でしたが、その話にはなんとなく腑に落ちないものがありました。彼と出会ったのは、内戦だらけのスーダンでもなく、バングラデシュの洪水地帯でもない、豊かなジャワ島の村です。2007―08年の食糧価格上昇後でも、食糧は明らかに十分あったし、基本的な食事はかなり安上がりでした。彼に会ったとき、食事が不十分なのは明らかでしたが、飢え死にするほどではありません。1日働いてもらって、かわりに彼が働けるくらいの食事を与えるのは、だれにとっても得なはずです。もっと一般的な言い方をすれば、飢えによる貧困の罠は確かに論理的には可能性がありますが、今の貧乏な人の実情を本当に説明できるのでしょうか？

本当に10億人が飢えているのか？

貧困の罠では、貧乏な人々は手当り次第に食べていると暗黙に想定されています。基本的な生理学的メカニズムから生まれたS字曲線でも、それは言うまでもない想定です。もしも貧乏な人が少し余計に食べることで、重要な仕事をこなせて貧困の罠のゾーンから少しでも抜け出せそうなら、彼らは食べられるだけ食べるはずでしょう。

ですが、実際に目にする光景はちがうのです。1日99セント以下で暮らす人々のほとんどは、餓死寸前とは思えない行動をとっています。餓死寸前なら、手持ちのお金を一銭残らずカロリー購入に使うはずです。しかし彼らはそんな行動はとりません。18カ国の貧乏な人々の暮らしに関するデータによれば、地方に住む極貧層は、全消費額のうちの36パーセントから79パーセントしか食べ物に使いません。都会でも53パーセントから74パーセントです。(5)

しかも残金すべてが他の必需品に使われているわけでもありません。例えばインドのウダイプール地方の典型的な貧困家庭は、アルコール、タバコ、そしてお祭りへの支出を完全にやめれば、食費はあと

3割増やせます。貧乏な人たちにもいろいろ選択の余地があるようだし、可能な限り食べ物に使うという選択はしないのです。

これは、貧乏な人たちが臨時収入を何に使うか見れば明らかです。確かにまずは、避けられない出費（服、薬などは必要です）がありますが、生活が追加カロリーの摂取に左右されるなら、追加の可処分所得はすべて食費にまわるはずでしょう。すると食費の増加率は出費全体の増加率より高いはずです（どちらも同額だけ増えるので、分母の小さい食費のほうが比率は大きくなります）。でも、実際にはどうもちがうようです。1983年（インドは最近目覚しい発展を遂げましたが、それよりずっと前――世帯の大半が1人当たり1日99セント以下で暮らしていた時代――の話）、インドのマハラシュトラ州の最貧層でも、出費総額が1パーセント増加しても食費総額は0・67パーセントしか増加しませんでした[6]。そして驚くことにこの関係は、調査対象の最貧層（1人当たりの1日の稼ぎが約50セント）と、最富層（1人当たりの1日の稼ぎが3ドル程度）とを比べても大差なかったのです。マハラシュトラの例は、世界的に見ても収入と食費の関係の典型例です。最貧層ですら、食費は生活費ほどには増えないのです。

同じく驚くべきことですが、その食費ですらカロリーや微量栄養素の摂取を最大化するようには使われていません。とても貧しい人たちは、食費を少し増やす機会があっても、カロリー摂取の増加に全額をつぎこんだりしません。むしろもっとおいしくて、もっと高価なカロリーを買うのです。1983年、マハラシュトラ州の最貧層では、収入増で食費が増えたら、その約半分はカロリー増加に使われましたが、残りはもっと高価なカロリーに使われました。ルピー当たりのカロリー量でいえば、明らかに雑穀（モロコシとヒエ）がもっともお買い得です。それでも全穀物消費にこれらの穀物が占める割合は約3分の2しかなく、残りの30パーセントはカロリー当たりの平均費用がおよそ倍の米や小麦です。加えて、貧乏な人たちは総支出のほぼ5パーセントを砂糖に使います。カロリー源としては穀物より割高で、その他の栄養価は皆無なのに。

ロバート・ジニンセンとノーラン・ミラーが見つけた事例は、食物消費の「品質指向」のなかでもとりわけ驚く例です。[7] 彼らは、中国の二つの地域で無作為に選出した貧しい家庭を対象に、主食（一つの地域では小麦麵、もう一つの地域では米）の購入に多額の補助金を与えました。ある物の価格が下がったら、購入量は増えると思うのが通例です。しかし現実に起こったのはその逆でした。米や小麦に補助金を得た家庭では、主食のコストが低くなったのにその消費量はかえって減り、エビや肉をたくさん食べるようになりました。注目すべきは、補助金を受けた人々は購買力が増えたのに、全体としてカロリー摂取量は増加しなかった（それどころか減少していたかもしれない）ことです。他の栄養バランスについてもまったく改善がみられませんでした。可能性として、主食が家計の相当部分を占めていたため、補助金でかれらは豊かになったということが考えられます。主食の消費量が貧しさと関係あるなら（例えば、安いけどあまり美味しくないからとか）、自分が豊かになったと感じた世帯は、主食の消費量を減らすようにしたのかもしれません。ここでも、少なくとも都会の最貧家庭では、カロリー摂取の増加が最優先事項ではなかったようです。もっと美味いものを食べることが最優先だったのです。[8]

現在インドの栄養事情に起きていることも不思議です。メディアが伝える標準的な筋書きは、都市部の上位中流階級が裕福になるにつれ、肥満と糖尿病が急増しているというものです。しかし、アンガス・ディートンとジーン・ドレズによれば、ここ4半世紀のインドにおける栄養事情のポイントは、インド人が太ってきたというものではありません。かれらがどんどん食べなくなっているということなのです。[9] 急速な経済成長とは裏腹に、インドの１人当たりのカロリー消費量は減少し続けています。さらに、脂肪以外の栄養素すべてを見ても、最貧層を含むすべてのグループで消費量は減少しています。現在、１人当たりのカロリー消費量が都市部では２１００キロカロリー、地方では２４００キロカロリー――インドで肉体労働に従事するための「最低限」の数値としてしばしば引き合いに出される値――以下という家庭が、人口の４分の３以上を占めています。確かに、裕福な人のほうが貧しい人よりも多く食べてはいます。しかしあらゆる所得レベルにおいて、家計の食費比率は減少しています。さらに、食料かごの中身の構成も変化し、いまや同じ金額のお金がもっと高価な食料品のために費やされています。

このような変化は、収入の減少のせいではありません。どこをどう見ても、実収入は増えています。インド人は豊かになったのに、どの所得階層でも食べなくなり、全体で平均しても、以前よりも食べなくなっています。食料価格上昇のせいでもありません――１９８０年代初頭から２００５年までの間に、インド都市部でも地方でも、食料価格は他の物の価格と比較すると下がっています。２００５年になると食料価格は再び上がり始めましたが、カロリー消費量の低下が起こったのは、食料価格が下がっている頃です。

ですから、ＦＡＯが食事をもとに空腹と分類した貧乏な人たちは、もっと食べられるのに食事を増やしたがらないということになります。実際、食べる量は減っているようです。いったい何が起こっているのでしょうか？

この謎を解明する出発点として、まずは貧乏な人たちがちゃんとわかって行動していると仮定するのが自然でしょう。何がどうあれ、食べて働いているのは彼らなんですから。もしも本当に生産性がぐんと上がり、食事を増やせばずっと多く稼げるなら、すかさずそうしているはずです。ということは、たくさん食べたからといって現実には格別生産性が上がったりしないということでしょうか？　つまり栄養摂取が原因の貧困の罠など存在しないということでしょうか？

貧困の罠など存在しないかもしれない理由の一つとして、ほとんどの人に十分食べ物が行き渡っているということが挙げられます。

少なくとも、食料の安定供給という点については、わたしたちの住むこの世界では地球上のすべての人に食料を供給できます。１９９６年の世界食糧サミットの際に、ＦＡＯはその年の世界の食糧総生産量で、１日１人当たり少なくとも２７００キロカロリーは供給できると見積もっています。[10]これは食糧供給における何世紀にもわたるイノベーションの成果であり、農業科学の分野における偉大なイノベーションのおかげも確実にありますが、それ以外に16世紀にペルーでスペイン人がジャガイモを発見してヨーロッパに持ちこみ、それが食習慣に取り入れられたことなど、もっとつまらない要素に負うところもあります。ある研究によれば、１７００年から１９００年の人口増加のうちの12パーセントはジャガイモによるものだとか。[11]

飢えは今日の世界にも存在しますが、それは食糧分配の仕組みのせいです。絶対的な食糧難はありません。確かにわたしが必要以上に食べたり、あるいはもっとありそうな例として、コーンから作ったバイオ燃料でプールの水を温めたりすれば、他の人の食物は減ります。[12]それでもカロリーはかなり安いので、極端な場合を除けば、とても貧しい人ですらほとんどの人が、十分な食事をとれる程度には収入を得ているようです。フィリピンの価格データを使って、蛋白質から10パーセント、脂質から15パーセントという比率を維持して２４００キロカロリーを得ることができるもっとも安価な食事のコストを計算してみました。購買力平価でわずか21セントで、１日99セントで暮らしている人にも十分まかなえる金額になりました。ただ落とし穴として、その食事はバナナと卵だけというものだったんですが……でも人々が最悪の場合にはバナナと卵だけの食事をする覚悟があれば、図のＳ字曲線の左側で足止めを食らう人々、すなわち仕事を続けられるだけの稼ぎすら得られない人なんて、ほとんどいないはずです。

これはインドで実施された世論調査から得られた証拠とも一致します。その調査で、人々は十分に食べているかどうか（「家族のみんながきちんと1日2食を摂っているか」、あるいはみんなが「毎日十分に食べているか」）を質問されます。食事を十分に摂れていないと考える人の割合は回を重ねるにつれ劇的に減少しています。１９８３年には17パーセントだったものが２００４年には２パーセントにまで減りました。ですから、人々があまり食べなくなったのは、前ほどおなかが空いていないせいかもしれません。

そして、カロリー摂取量は減っていても、本当におなかが空いていないようなのです。これは水道と公衆衛生の改善で、急性の下痢などの疾患で失うカロリーが減ったせいもあるかもしれません。あるいは、肉体的な重労働が減っておなかが空かなくなったせいかもしれません——村で飲料水が手に入れば、女性たちは重い荷を延々と運ばずにすみます。移動手段の発達で、歩く必要も減少しました。今や小麦粉は女性が手で挽くかわりに、電気製粉機を使う村の業者が製粉しています。インドの医学研究委員会が算出した重労働、普通の労働、軽い労働に従事する人々の平均カロリー摂取量のデータを使って、デイートンとドレズは必要カロリー量を計算しました。そして、ここ25年間のカロリー消費の減少は、肉体重労働の従事者がだんだん減ってきたことで完全に説明できることを示しました。

もしもほとんどの人が飢え死にしそうにないなら、カロリー消費を増やしても生産性はあまり増大しないのかもしれません。だったら人々がそのお金を別なことに使い、卵とバナナよりは魅力的な食事に移りたがるのも理解できます。かなり前のことですが、ジョン・ストラウスは、生産性におけるカロリーの役割をはっきり実証できる事例を探していました。彼はシエラレオネの自作農たちに注目しました。理由は、かれらが本当に身を粉にして働く必要があったからです。(13) その結果、労働者のカロリー摂取量が10パーセント増えても、生産性はせいぜい4パーセントしか上がらないことがわかりました。つまり食糧消費量を倍にしても、収入は40パーセントしか上がらないということです。さらに、カロリーと生産性の関係は、S字曲線ではなく、前章の図2のような逆L字型になることも発見しました。すなわち、最大の利益を得るには、食糧消費を減らすほうがいいということです。ひとたび食が足りると、収入の劇的上昇は望めなくなります。つまり最貧層のほうが、それより貧しくない層に比べると、追加カロリーから得られる便益が大きいということです。これはまさに貧困の罠が起こらない状況です。つまり、多くの人が貧乏なままなのは、食が足りていないせいではないのです。

だからといって、飢えによる貧困の罠という理論がまちがっているわけではありません。栄養摂取の改善で人が繁栄に向かって進めるようになるという考えは、歴史上のある時点で重要な役割を果たしたことはまちがいないし、今日でもいくつかの状況では重要です。ノーベル賞経済学者のロバート・フォーゲルの推計だと、ルネサンス期と中世のヨーロッパの食糧生産では、当時の労働人口全体を支えるのに十分なカロリーを供給できませんでした。これでなぜ当時は物乞いが多かったか説明できます——彼らは文字通り、どんな仕事もできなかったのです。[14] 生きるのに十分な食料を得るという圧力は、一部の人々を極端な行動に走らせることにもなりました。穀物の不作が頻発し、魚も十分に獲れなくなった「小氷河期」（16世紀半ばから1800年まで）に、ヨーロッパでは「魔女」殺しが流行しました。多くの場合、魔女は独身女性で、特に寡婦の場合が多かったようです。S字曲線理論を見ると、資源が切迫したら、一部の人を犠牲にして、その他の人に食料をまわし、彼らが働いて生きのびられるだけ稼げるようにすることが「経済的に筋が通っている」ことがわかります。[15]

貧乏な人々が時としてそのような恐ろしい選択を強いられるという証拠は、最近でも見られます。1960年代のインドでは、干ばつの際には土地を持たない家庭の少女は少年に比べて死亡率が高いのに、降水量が普通の場合には、少年と少女の死亡率は大差ありませんでした。[16] 小氷河期における魔女狩りを彷彿させる出来事として、タンザニアでは干ばつが起きるたびに「魔女」殺し――資源が切迫しているところで、ときどき非生産的な口を減らす便利な方法――が頻発しました。[17] 家族は、それまで同居していた老女（通常は祖母）が突然魔女だったと気がついて、その老女は追放されたり、他の村人に殺されたりするのです。

だから、食糧不足は決して問題にはならないとか、問題になることが少ないというのはまちがっています。それでも今日の世界はおおむね豊かすぎて、食糧不足が貧困の永続に大きく貢献することはないのです。これはもちろん自然災害や人為的災害、あるいは何百万人もの人々を殺し衰弱させるような飢饉の際には当てはまりません。アマルティア・センが示したように、最近の飢饉は食糧が手に入らないことから起こるのではなく、入手可能な食糧のお粗末な配給体制、あるいは他所で飢餓が起こったときの買いしめといった制度的不備によるものが多いのです[18]。

ではこの問題については一件落着でいいのでしょうか？　貧乏な人々は、少ししか食べていなくても、必要なだけ食べていると考えていいのでしょうか？

貧乏な人々は本当にしっかり十分に食べているのか？

そういわれても、何かしっくりこないと思うのは人情です。インドでもっとも貧しい人々がカロリーは必要ないからと食べ物の量を減らしているなんて本当なんでしょうか？　そもそもかれらが暮らしているのは、1人1日1400キロカロリーくらいしか摂取していない家庭なのです。急いでダイエットしたい人向けの飢餓療法で、カロリー摂取量は1200キロカロリーということはよく知られています。1400キロカロリーといえばこれと大差ありません。アメリカ疾病対策センターによると、2000年の時点で平均的なアメリカ人男性は一日2475キロカロリーを摂取しています[19]。

もちろんインドの最貧層の人々は体も小さいし、体が小さければ、必要なカロリーも少なくてすみます。でもそれは問題のレベルが一つ前に戻っただけではないでしょうか？　なぜインドの最貧層はそんなに体が小さいのでしょう？　そもそも南アジア人たちはみんなガリガリなのでしょうか？　栄養状態を測る標準的な方法として、肥満度指数（BMI）があります。要は体重の身長比です（すなわち背の高いひとほど体重は重くなるという補正を加えたものです）。国際的に栄養失調とされるBMIは18・5以下で、18・5から25までは平常、25以上は肥満とされています。この基準からすると、2004年から2005

年の場合、インド男性の33パーセントと女性の36パーセント、１９８９年にまで遡れば男女ともに49パーセントが栄養不良ということになります。人口統計と健康調査のデータがある83カ国のうちで、これ以上の栄養不良の女性がいるのはエリトリアだけです。[20] インドの女性は、ネパールやバングラデシュの女性とともに世界でもっとも身長が低いのです。[21]

これを心配すべきでしょうか？　世の中で成功できるかどうかとは無関係な話で、黒い瞳、あるいは黒い髪同様に、純粋に南アジア特有の遺伝的要素なのでしょうか？　イギリスやアメリカに住む南アジアからの移民の子供たちも、白人や黒人の子供と比べると背は低いのです。しかし、他のコミュニティの住民と結婚しなくても２世代ほど西欧で暮らせば、南アジア人移民の孫でも他の民族とほぼ同じ身長になります。遺伝的体質は個人レベルでは確かに影響が大きいかもしれませんが、集団間での遺伝的差異はほとんどないと考えられています。移民第一世代の母親の子供の身長はまだ低いのですが、それは幼少期の栄養状態が悪かった女性の子供は背が低くなりがちなせいもあるでしょう。

ですから、南アジア人の背が低いのは、おそらく彼らとその両親が、他国の人々ほど栄養を摂らなかったせいなのでしょう。そして各種のデータを見ても、インド児童の栄養状態は非常に悪いようです。通常、子供が幼年期にちゃんと食事を摂っていたかを見るには、その身長を同年齢の国際的な平均値と比べます。これで見ると、インドの国民健康調査（ＮＨＦＳ３）から得られた結果はひどいものです。５歳以下の子供のおおよそ半分が栄養不良で、標準値を大幅に下回っています。彼らの４分の１はひどい栄養失調で、極端な栄養欠乏症状を見せています。子供たちはまた、身長の差を考慮しても体重も少ないようです。３歳以下の５人にひとりの子供が衰弱状態で、厳しい栄養不良状態の国際的な定義をも下回っていました。このような現実をなおさら際立たせたのは、世界で確実に最貧地域であるサハラ以南のアフリカを見ても、成長障害児と衰弱児の割合はインドの半分だったということです。

しかし、しつこいようですが、これは憂慮すべきでしょうか？　それ自体としては大したことではないのでしょうか？　それならば、オリンピックを見てみましょう。10億人の人口を抱えるインドの、22回のオリンピック大会通算の平均メダル獲得数は0・92個で、0・93のトリニダード・トバゴにも負けています。これらの数字を比較すると、例えば中国は8大会で386個を獲得し、平均値では48・3個といったように、平均値がインドを上回る国は79カ国にのぼります。これらの国のうち6カ国を除いて、その人口はインドの10分の1にも満たないにもかかわらず、このような結果になっています。

もちろんインドは貧しい国ですが、昔ほどではないし、カメルーン、エチオピア、ガーナ、ハイチ、ケニア、モザンビーク、ナイジェリア、タンザニア、そしてウガンダよりはましなのに、これらの国は国民1人当たりでインドの10倍以上メダルを獲得しています。実際、インドよりオリンピックでメダル獲得数が少ない国は、どこも人口がインドの10分の1以下です。ただし顕著な例外が2つあり、それがパキスタンとバングラデシュです。特にバングラデシュは、人口1億人以上の国で唯一、オリンピックでメダルを獲得していない国です。同じくメダルを獲得していない国で、次に人口が多いのはネパールです。

ここには明らかなパターンがあります。南アジア人がクリケット――多くのアメリカ人を困惑させる、植民地版の野球もどき――ばかりに熱中しているからだという人もいますが、たとえクリケットが世界人口の4分の1に当たる人々のスポーツの才能をすべて吸収しているとしても、クリケットの成績ですら大したことはありません。クリケットで南アジア諸国がオーストラリアやイギリスを圧倒したことなど一度もありません。西インド諸島でさえ、絶頂期にはスポーツへの情熱や体の大きさで優位に立つ国々を圧倒しました。例えば、バングラデシュはイギリス、南アフリカ、オーストラリア、ニュージーランド、そして西インド諸島を合わせたよりも人口が多いにもかかわらず一度も優位に立てないのです。子供の栄養失調が、南アジアで突出していることを考えると、これらの二つの事実――衰弱した子供たちとオリンピックでの不成功――には関連がありそうです。

身長がものをいうのはオリンピックだけではありません。貧乏な国でも金持ちの国でも、確かに背が高いほど稼ぎも増えます。背の高さが本当に生産性を左右するのかどうか、昔から議論されてきました――例えばそれは、背の低い人への差別が原因かもしれません。しかし、アン・ケイスとクリス・パクソンによる最近の研究報告によって、この二つの相関の原因がもっとはっきりしてきました。イギリスとアメリカで、身長のちがいの影響だと思われたものはIQの差ですべて説明できることを示したのです。IQが同じ人を比較してみると、身長と収入には相関がないことが明らかになりました(22)。この結果についての解釈として、重要なのは幼少期の栄養状態なのだと二人は主張しています。子供の時に栄養状態が良かった成人は、平均すると背も高く頭もいいのです。もちろん背がそんなに高くなくても実に頭がいい人もたくさんいます（所定の身長に到達したのでしょう）。でも全体的に、背が高い人はより良い生活を送っています。それは彼らが（身長と知能の両方で）遺伝的潜在能力を十分に開花させた場合が多いからです。

この研究結果がロイターによって「背の高いひとは頭がいい――研究論文」という露骨な見出しで報

じられると、抗議の嵐が湧き起こりました。ケイスとパクソンには敵意に満ちたメールが殺到しました。「恥を知れ！」とある男（身長145センチ）は毒づいています。「あなたたちの仮説は侮辱的で、偏見に満ちていて、扇情的で、独善的だ」と別の一人（身長168センチ）は言っています。「あなたたちは実弾入りの銃を、垂直方向に不自由な男の頭に突きつけたのだ」（身長不明）[23]

でも実は、幼少期の栄養不良が成人後の社会的成功に直接影響するという一般的な見方を支持する証拠は、たくさんあります。ケニアでは、学校で2年間虫下しを与えられた子供は、1年間しか与えられなかった子供に比べて、通学期間も長くなり、青年期には20パーセント多く稼げます。寄生虫は、基本的に子供と栄養を取り合うことで、子供の無気力と全般的な栄養不良を助長するのです[24]。栄養学の第一人者たちによる再調査を見ると、幼少期の適正な栄養摂取が様々な影響を及ぼすことはまずまちがいありません。彼らは次のように結論しています。「栄養不良の子供は成人しても身長が低く、学業成績も悪く、比較的小さい子供を生む傾向がある。栄養不良は成人したときの相対的に低い経済状態とも関連がある[25]」

栄養不良は、生まれる前から将来の可能性に影響を与えます。1995年の『ブリテッシュ・メディカル・ジャーナル』誌は、「バーカー仮説」という用語で、子宮内の状態が子供の人生における様々な機会に長期的影響を与えるというデヴィッド・バーカー博士の説を紹介しています[26]。バーカー仮説を裏付ける証拠はたくさんあります。一つだけ紹介すると、タンザニアでは妊娠中に十分なヨウ素を摂取した母親の子供は、ヨウ素のカプセル剤を飲んでいない時に同じ子宮内にいた兄弟に比べて（なぜ差が出るかというと、妊婦にヨウ素カプセルを配る政府プログラムが安定していないからです）、4カ月から6カ月ほど長く学校に通います。[27]たった半年教育が増えても御利益は小さいと思うかもしれませんが、これらの子供たちがたった4年から5年しか教育を受けないことを考慮すれば、かなりの優位なのです。もしもすべての母親がヨウ素カプセルを摂取すれば、中央アフリカとアフリカ南部では教育達成度は7・5パーセント上がるというのがこの研究の結論です。これは、子供たちの生涯ずっと、生産性に影響を与えるはずです。

ただカロリー摂取量を増やすだけでは、生産性に与える影響は小さいことは説明しました。でも成人にとってさえ、ある種の栄養摂取の改善が大きな効果を上げる場合があります。その一つが貧血症を治すための鉄分摂取です。インドやインドネシアなど多くのアジア諸国では、貧血症が大きな健康問題です。インドネシアでは男性の6パーセントと女性の38パーセントが貧血症を患っています。インドでは男性の24パーセント、女性の56パーセントにも上ります。貧血症は低酸素血症、全般的な虚弱体質と倦怠感、そして場合によっては（特に妊婦にとっては）命にかかわることもあります。

「労働と鉄分状態評価」（WISE）のインドネシアにおける調査では、無作為に選ばれたインドネシアの地方の男女に数カ月間規則的に鉄分補給を施し、プラシーボ（偽薬）を与えたグループと比較しています。[28]すると鉄分補給で男性はもっと厳しい仕事もこなせるようになり、鉄分を強化した魚醤を1年間支給するコストの何倍も収入が増えることがわかりました。1年間の魚醤を与えるのにかかる費用は購買力平価で7米ドルで、自営業の男性の場合、収入の増加額は購買力平価で年間46米ドルでした——実に高収益の投資です。

食べる物が増えて、特にそれがよく考慮して購入された食物であれば、その人はもとより、ほぼ確実に彼らの子供たちも、人生でずっと成功をおさめられます。それなのに人々がもっとたくさんの食べ物を求めないのは不思議です。これを達成するための重要な投資は、大した金額ではありません。ほとんどの母親は、いまでは世界中の多くの地域でごく普通に手に入るヨウ素添加塩、あるいは2年に1錠のヨウ素剤（1錠51セント）をまちがいなく買えるはずです。ケニアで寄生虫駆除プログラムを運営しているNGOの国際児童支援は、いくつかの学校で親たちに駆虫費用の数セントを負担するよう求めました。それを拒否すれば、子供たちから生涯の追加収入数百ドルを奪うことになるのに、ほとんど全員がそれを拒否しています。(29) 食べ物についても、高価な穀物（米や小麦など）、砂糖、そして調理済みの食べ物に使うお金を減らして、葉野菜や雑穀をたくさん買えば、簡単にカロリーやその他の栄養素をずっと増やせるはずなのです。

なぜ貧乏な人々は少ししか食べないのか？

だれも知らない？

なぜ貧血症のインドネシア人は、鉄分強化魚醤を自主的に買わないのでしょうか？　一つの答えとして、栄養状態が良好な労働者は生産性も高いということを雇い主が知らなければ、生産性が増しても高い収入につながるかわからないということがあります。雇い主は、従業員の食事が増えたり栄養バランスが改善したりしたせいで生産性が上がっていることを、認識していないかもしれません。インドネシアの調査では、収入が目立って増加したのは自営業の労働者だけでした。もしも雇い主がみんなに定額の賃金しか払わないなら、たくさん食べて強くなるべき理由もありません。ある調査だと、フィリピンで出来高払いと定額賃金の両方の賃金体系で働いている労働者は、出来高払いで働く日には通常より25パーセント多く食べるそうです（出来高制なら、多く働けば稼ぎも増えます）。

でもインドのすべての妊婦が、今やどこの村でも購入可能なヨウ素添加塩を使わないのか、これでは説明がつきません。可能性としては、自分や子供たちにバランスの良い食事を与える意義に気がついていないのかもしれません。比較的最近になるまで、微量栄養素の重要性は科学者さえ十分に理解していませんでした。微量栄養素は安価で、時には生涯所得の大幅な増加につながりますが、何を食べるべきか（あるいはどの錠剤を摂取すべきか）を正確に知る必要があります。この情報は、アメリカですらみんなが知っているわけではありません。

それに加えて、食事を変えろと言う部外者を、人はあまり信用しません。たぶん自分が食べているものが気に入っているからでしょう。1966年から67年にかけて米の値段が急騰した際に、西ベンガル州知事は米を食べる量を減らして野菜を増やせば、健康にもいいし、生活費も減るぞと提案しました。これには大きな抗議の声があがり、州知事は行く先々で抗議する人々に野菜で作った花環で迎えられました。でも、彼の主張はたぶん正しかったでしょう。ジャガイモにいち早く目をつけた18世紀フランスの薬剤師アントワーヌ・パルマンティエは、大衆の支持の重要さをわきまえていたので、反対の声があがることをしっかり予期して、アッシ・パルマンティエ（イギリスでシェパーズパイと呼ばれているものと基本的に同じもので、ひき肉を重ねたものを焼いてマッシュドポテトで包んだもの）などジャガイモ料理のレシピをいくつか公表しました。こうして彼が先鞭をつけた動きは、紆余曲折の末に「フレンチフライ」の発明へとつながったのです。

そのうえ、これらの栄養素の多くの価値を個人的体験から学ぶのは容易なことではありません。ヨウ素は子供を賢くするかもしれませんが、そのちがいは大きなものではないし（とはいえ小さなちがいが積み重なって大きくなるかもしれません）、どちらにしてもそれがわかるのは何年間も後のことです。鉄分は人を強くしますが、突然スーパーヒーローになれるわけではありません。たとえ自営の人が年間40ドルほど余分に稼いだとしても、週ごとに収入が増えたり減ったりしていると、それにはっきりと気づかないかもしれません。

したがって、貧乏な人々が食料を選ぶとき、値段の安さや栄養価で選ばず、美味しさで選ぶのも当然でしょう。ジョージ・オーウェルは、『ウィガン波止場への道』で貧しいイギリス人労働者の生活を巧みに描写し、次のように観察しています。

そのため、彼らの食事の基本は、白パンとマーガリン、塩漬けビーフ、砂糖入りの紅茶、そしてジャガイモだった――ひどい食事だ。オレンジや全粒粉のパンといった体にいいものにもっとお金を使うか、あるいは『ニューステイツマン』誌への投書者が言うように、燃料を節約してニンジンを生で食べればよいのでは？　確かにその通り。でも問題は、だれもそんなことをしないということだ。普通の人間なら、黒パンと生の人参を常食にするくらいなら飢え死にするほうを選ぶ。そして何よりも困ったことに、お金を持っていない人ほど、体にいい食べ物にお金を使いたがらない。億万長者はオレンジとライビタのビスケットという朝食を楽しんでいるが、失業者はそんなことはしない。（中略）失業しているときには味気ない健康食品など食べたくない。何かちょっと美味しいものを食べたい。何かしら安上がりな美味が誘惑してくるのだ。[30]

食べ物より大事

貧乏な人たちは、わたしたちが考案したすばらしい計画によく抵抗します。彼らはわたしたちとちがい、そうした計画が成功すると信じてはおらず、計画がこちらの主張どおりにいくとも思っていないからです。これはこの本全体を貫くテーマのひとつです。彼らの食習慣に関するもうひとつの説明として、貧乏な人々の生活では食べ物よりも他の物のほうが重視されているということがあります。

開発途上国の貧乏な人々が、おそらくメンツを失いたくないという強迫観念もあって、結婚式、持参金、洗礼式などに大金を使っていることはあちこちでたっぷり報告されています。インドの結婚式費用は有名ですが、もっと楽しくない行事でも一家は派手な宴会を開かなくてはいけません。南アフリカでは、葬儀にどれくらい費やすかについての社会規範が定められたのは、ほとんどの死が老人と子供で占められていた時代でした。[31] 伝統的に幼児はとても簡素に埋葬し、老人には故人が生涯通じて貯めた金を使って手のこんだ葬式を行なうことが求められます。HIV／AIDSの蔓延によって、稼ぎ盛りの成人が葬儀資金を貯めることなく死ぬようになりましたが、彼らの家族は成人としての葬儀の規範を尊重せざるを得ませんでした。中心的稼ぎ手の一人を失った家族は、葬式の宴のために約3400ランド（購買力平価でおおよそ825米ドル）、その家庭の1人当たりの年間収入の4割を使うことになります。そのような葬式が終わると、たとえ故人が生前は失業していても、家族として使えるお金は明らかに減少し、多くの家族が「食料不足」を訴えるようになります。これは葬式費用が重荷になっていることを示しています。葬式が高価であればあるほど、1年後には大人たちは困窮し、子供の学校中退確率も上がります。当然のことながら、スワジランド国王と南アフリカ教会評議会（SACC）は、葬儀費用を規制しようと試みてきました。2002年、スワジランド国王は贅沢な葬儀をあっさり禁止し[32]、葬儀のために牛を殺した家族は、族長に牛を1頭上納させると発表しました。SACCのとった対策はもっと冷静で、家族に圧力をかけて支払い能力以上に金を使わせていると思われる葬儀産業に規制をかけました。

食べ物以外のことにお金を使おうという決断は、特別な圧力だけが原因ではありません。モロッコの辺鄙な村で出会ったオウカ・ムバルブクさんに、もっとお金があったら何をするか尋ねました。答えは、もっと食べ物を買うというものでした。ではさらにお金があったら何をするか尋ねました。彼はもっと美味しいものを買うと答えました。わたしたちは彼とその一家をひどく気の毒に思い始めたのですが、そのとき座っていた部屋にテレビ、パラボラアンテナ、そしてDVDプレーヤーがあることに気づいたのです。もし家族の食べ物が足りないと感じているなら、なぜそういうものを買ったのか尋ねてみました。彼は笑ってこう言うのです。「いや、だってテレビは食べ物より大事でしょ！」

そのモロッコの村でしばらく過ごしてみて、なぜ彼がそう思うのかすぐにわかりました。村での生活は退屈そのものです。映画館もコンサートホールもなく、座って行き交う見知らぬ人々を眺める場所もない。たいして仕事もありません。オウカさんとのインタビューに同席した2人の隣人は、その年は約70日間は農業、そして30日間ほどは建設業で働いたそうです。1年のうちの残りの時間は、牛の面倒をみつつ、仕事がくるのを待って暮らしています。テレビを見る時間はたっぷりあります。３人とも水道も下水設備もない小さな家に住んでいました。彼らはなんとか仕事を見つけて、子供に良い教育を受けさせようと苦労していました。それでもみんなテレビ、パラボラアンテナ、ＤＶＤプレーヤー、そして携帯電話を持っていました。

一般的に、貧乏な人々が生活を退屈から救ってくれるものを最優先しているのは明らかです。それはテレビ、あるいはちょっとした特別な食べ物だったり——あるいは単に砂糖のたっぷり入った紅茶かもしれません。ソルヒンさんでさえ、わたしたちが訪ねたときに、壊れてはいましたがテレビを持っていました。この点では祭りも同じようなものです。テレビやラジオが手に入らないところで、貧しい人々が家族の特別なお祝い事、宗教行事、あるいは娘の結婚式などに気晴らしを求める理由は簡単に察することができます。18カ国で集めたデータによると、貧しい人々はラジオやテレビがないところに限って、祭りにたくさんの金をつぎこむ傾向にあります。インドのウダイプールでは、テレビを持っている人はほとんどいませんが、極貧者たちは支出の14パーセントを祭り（宗教的なものとそうでないものの両方を含む）に使っています。これとは対照的に、地方の家庭の56パーセントがラジオを、21パーセントがテレビを持つニカラグアでは、祭りにお金を使う家庭はほとんどありません。[33]

楽しい生活を希求する人間の基本的欲求によって、インドでの食費減少を説明できるかもしれません。今ではテレビの電波が人里はなれた地域にまで届き、僻地の村でも買えるものがたくさんあります。携帯電話はほとんどどこでも使えるし、通話料は世界的にとても安くなりました。国内経済が大きくて、多くの消費財が安く手に入るインドやメキシコのような国が、食費がもっとも低い国でもある理由はこれで説明できます。インドのどの村にも、袋に1回分を小分けにしたシャンプー、バラ売りのタバコ、安物の櫛、ペン、おもちゃ、あるいはキャンディなどを売る小さな店が少なくとも1軒、通常はもっとたくさんありますが、食費が家計の70パーセントを超えるパプアニューギニアのような国では、貧乏な人々が買えるものはほとんどありません。『ウィガン波止場への道』のなかで、貧しい家族がいかにして不況下を生き抜いたかを書いたオーウェルは、この現象も次のようにうまく捉えています。

運命に不平をもらすかわりに、彼らは期待を下げて我慢したのだった。しかし期待を下げるのに、贅沢を控えて必需品だけにお金を使ったわけではない。たいていは正反対だ――考えてみればそのほうが自然なのだ――だから前代未聞の不況下でも、安価なぜいたく品の消費は増加した。(34)

これらの「嗜好品」は、軽挙妄動による衝動買いではありません。慎重に考えぬかれ、内面からのものにせよ外部から強いられたものにせよ、強い意志を反映したものになっています。オウカ・ムバルブクさんは自分のテレビを買うのにローンを組んだりはしませんでした。何カ月もかけて、それだけのお金を貯金してかき集めたのです――ちょうどインドの母親が10年後、あるいはもっと先に18歳になる娘の結婚式のために、倹約して小さな宝石や鉄製のバケツを買うのと同じように。

貧乏な人々の世界は、機会がみすみす見過ごされる場所だと思われがちです。なぜそんな買い物を控えて、本当に生活を改善するようなものに投資しないのか、多くの人は疑問に思うでしょう。これに対して貧乏な人々は、機会なる代物や、生活が劇的に変化する可能性についてもっと懐疑的です。犠牲を払うに値するだけの大きな変化は、とにかく時間がかかりすぎると考えているかのような行動をとります。これでなぜ彼らが目先のことや、できるだけ楽しく生きること、機会に応じたお祝いなどにばかりこだわるかが説明できます。

結局、栄養摂取による貧困の罠は実在するのか？

この章はソルヒンさんの話で始まりました。自分は栄養による貧困の罠にはまってしまっているというのが彼の持論です。でも現実には、彼の一番の問題はたぶんカロリー不足ではありません。ラクシン・プログラムで無料の米が配給されているし、その米と兄の援助によって、肉体的には農地や建設現場で働くこともできたはずです。証拠を見るかぎり、ほとんどの成人は極貧者ですら、栄養による貧困の罠ゾーンの外にいます。肉体的に生産活動ができるくらいの食事は容易にとれるはずです。

ソルヒンさんもおそらくそうだったはずです。でも彼が罠にはまっていないという意味ではありません。しかし彼の問題は、仕事がなくなったことと、建設現場で見習い工をするには高齢すぎたことから来ていたようです。うつ病で何をするのもつらくなってしまったことで、その状況はまちがいなく悪化しました。

栄養摂取による貧困の罠の基本的な仕組みが成人には作用していないからといって、栄養摂取が貧乏な人々に問題ではないというわけではありません。でも問題は量よりも質、特に微量栄養素の不足のようです。良好な栄養状態から得られる便益は、特に自分で食事を決められない二種類の人には大きな影響を与えます。お腹のなかの子供と小さな子供です。実は両親の収入とその子供たちの収入には、幼児期の栄養状態を経由してS字曲線の関係があるかもしれません。子宮内や幼少期に適切な栄養を摂取した子供は、人生のどの年齢でも稼ぎが増えるからです。一生分を合計すれば、これはかなりの便益です。例えば、以前触れたケニアの子供たちに対する寄生虫除去の長期的な影響調査では、1年ではなく2年間駆虫を受けた子供は（1年ではなく2年にわたり栄養状態が改善されたため）、生涯所得が購買力平価で3269米ドルも多いという結果がでています。幼少期の栄養摂取に対するわずかな投資額の差（ケニアで駆虫にかかる費用は購買力平価で年間1・36米ドル、インドでヨウ素添加食塩の販売価格は1袋が購買力平価0・62米ドル、インドネシアでは鉄分強化魚醤は購買力平価7米ドル）は後に大きなちがいを生み出します。これは政府や国際機関が、食糧政策を完全に考え直す必要があると示唆しています。アメリカの農家にとっては悪いニュースかもしれませんが、現在のほとんどの食糧安全保障プログラムが目指している、単なる食用穀物供給量の増産だけではこの問題は解決できないのです。貧乏な人々は援助金付きの穀物が好きですが、さっき論じたように、補助金を増やしても、食生活の改善促進には役立ちません。主な問題がカロリー量ではなく、他の栄養素だからです。貧乏な人々にお金をばらまくだけでは不十分ですし、収入が増えても短期的には栄養状態は改善しません。インドの例で見たように、貧乏な人々は収入が増えても食事の量や質を改善したりしません。食べ物と競合する圧力や欲望が多すぎるからです。

これに対し、子供や妊婦の栄養摂取に直接投資すると、社会的な見返りはすさまじいものになります。これは、栄養強化食物を妊婦や幼児の親に与えたり、学校や保育園で子供の寄生虫駆除を行なったり、微量栄養素を豊富に含む食事を子供に与える、あるいは親たちが栄養補給剤を摂取したくなるインセンティブを与えることで実現できます。これらのすべてがいくつかの国ですでに実施されています。現在、ケニア政府は学校で組織的に児童の寄生虫駆除を行なっています。コロンビアでは、保育園で微量栄養素の粉末を食事に混ぜています。メキシコでは家族向けの社会福祉給付金に無料の栄養補助剤がついてきます。人々が食べたがる食物に付加的栄養素を混ぜる方法を開発し、幅広い環境下で栽培できる、栄養価が高く美味しい作物の新種を考案することを、生産性向上と並ぶ食品技術の最優先事項にする必要があります。マイクロニュートリエント・イニシアティブやハーベストプラスといった機関のあと押しによって、こうした試みが世界中で行なわれています。最近では、アフリカに適したオレンジサツマイモ（天然のヤムイモよりもベータカロチンが豊富）の一種が、ウガンダとモザンビークに導入されています。[35]鉄分とヨウ素の栄養価が強化された新しい食塩が、インドなど数カ国で認可されました。でも、貧乏な人々に必要なのは安価な穀物だけだ、という考えにとらわれたままの食糧政策が行なわれている例は、まだあまりに多いのです。

第3章　お手軽に（世界の）健康を増進？

健康は大きな成果があがりそうな分野ですが、ずいぶんいらだたしい分野でもあります。ワクチンから蚊帳にいたるまで、微々たる費用で命を救える「お手軽な方法」がたくさんあるのに、そうした予防技術を利用する人があまりに少ないのです。多くの国では、健康管理サービスの提供を担当する政府の保健従事者が、このような失敗の槍玉に挙げられるのが通例です。これから見るように、それがまったくの濡れ衣とは言えません。でも一方で彼らは、そうした「お手軽な方法」が一見したよりずっと大変なんだと主張します。

2005年冬、インド西部の美しいウダイプールで、政府派遣の看護師グループと激論を交わしたことがあります。わたしたちのプロジェクトは、彼らの出勤回数を増やそうとするものだったので、彼らはとても怒っていました。議論の過程で、一人が憤慨して本音を吐きました。この仕事はどのみち基本的に無意味だと宣言したのです。下痢の子供が来院しても、その母親には経口再水和溶液（ORSとも呼ばれる。塩、砂糖、塩化カリウムそして制酸薬の混合で、水に溶かして子供に飲ませる）を渡すくらいしかできません。でもほとんどの母親はＯＲＳが効くとは信じていません。自分たちが正しいと考えている治療を要求します――抗生剤か点滴のいずれかです。看護師によれば、ＯＲＳを1パックもらっただけで保健センターを出た母親は、二度と来ないといいます。看護師たちは毎年多くの子供たちが下痢で死んでいくのを見て、完全な無力感にとらわれるのです。

毎年、５歳前に死ぬ９００万人の子供のうち、大多数を占めるのは南アジアとサハラ以南のアフリカの貧しい子供たちで、その約5人にひとりの死因が下痢です。多くの（すべてではない）下痢症状の原因となるロタウイルスのワクチンを開発、配布する努力が続けられています。しかし既存の３つの「奇跡の薬」によって、これらのほとんどの子供は今だって救えるのです。水を殺菌する塩素系漂白剤、水分補給飲料であるＯＲＳの主成分となる塩と砂糖です。家庭用の塩素にたった１００ドル使うだけで32件の下痢を予防できます[1]。脱水症状は下痢による死因のなかでもっとも多く、ほとんどお金のかからないＯＲＳはその予防に驚くくらい効果があります。

それなのに、塩素もＯＲＳもあまり使われません。ザンビアでは、世界中で塩素を補助金つきの特別価格で販売している大組織、ポピュレーション・サービス・インターナショナル（ＰＳＩ）の尽力によって、塩素は低価格でどこでも入手できるようになりました。８００クワチャ（購買力平価0・18米ドル）払えば、6人家族が十分使える水を殺菌するための漂白剤を買って水媒介性の下痢を防げます。でも塩素を使う家庭はわずか1割です[2]。国際児童基金（ユニセフ）によると、インドで下痢を患っている５歳以下の子供でＯＲＳを与えられたのはそのわずか３分の1です[3]。なぜ毎年１５０万人もの子供が、そもそも予防可能で、多くのばあい煮沸した水と砂糖と塩があれば治療できる下痢で死んでいるのでしょうか？

漂白剤とORSはなにも特別な例ではありません。健康を促進し、多くの命を救える比較的「お手軽な方法」は他にもあります。安くて簡単な技術だし、うまく使えばかなりの資源を節約できます（働ける日が増えるし、使う抗生物質も減り、体も丈夫になる、など）。命を救うだけでなく、十分元もとれます。それなのにこれら簡単な方法の多くは活用されていません。それは人々が自分の健康を気にしていないからではありません。彼らは健康に気を配っているし、かなりの資源を投入しています。ただ彼らは別のところにお金を使っているようです。必ずしも必要ではない場合でも抗生物質を買い、手遅れになってから手術。なぜこんなことになっているのでしょう？

健康の罠

インドネシアのある村で、カゴ編み職人の妻エンプタットさんに出会いました。初めて会ったとき（2008年夏）の数年前に、彼女の夫は視力障害で働けなくなっていました。彼女は地元の金貸しから金を借りるしかありませんでした——夫が再び働けるように薬代として10万ルピア（購買力平価18・75米ドル）、（7人の子供のうち3人は夫婦とまだ一緒に住んでいたため）夫が働けない回復期間中の食費として30万ルピア（購買力平価56米ドル）を借りました。借金の利息として、月10パーセントを払わなくてはなりません。でも利払いが滞るようになり、わたしたちと会ったときには借金が100万ルピア（購買力平価

187米ドル）にまで膨らんでいました。金貸しは借金の形《かた》として全財産を取り上げると脅していました。悪いことは重なるもので、彼女の小さい息子が最近になって重いぜんそくと診断されました。家族はすでに借金地獄にはまっていたので、治療薬が買えません。訪問中も一緒だったその子は、数分ごとに咳きこんでいました。学校にもまともに通えません。家族は古典的ともいえる貧困の罠に捕まっているようでした――父親の病気で貧乏になり、そのため子供は病気のままで、病気がひどくてまともな教育を受けられず、彼自身の将来にも貧困が立ちはだかっていました。

確かに、健康状態は様々な罠の源になる可能性を秘めています。例えば、不衛生な環境で暮らしている労働者は、働けない日が増えそうです。子供が頻繁に病気になって学校の成績も上がらないかもしれない。そんな環境で出産する母親の子は、病気がちでしょう。こうした方向性のどれも、現在の不運を将来の貧困に変えてしまう原因になりかねません。

ありがたいことに、もしこれが実情ならば、ドンと一押しして、健康な環境で成長し働く世代を一つ作るだけで、罠は緩まることになります。例えばジェフリー・サックスもこのように考えています。彼の考えでは、世界中の最貧層の大部分、いや一部の国丸ごとが、健康に起因する貧困の罠にはまりこんでいるのです。彼のお気に入りの例がマラリアです。人口の大多数がマラリアに罹っている国は、ずっと貧乏です（コートジボワールやザンビアなど、人口の半数以上がマラリアに罹る国々では、マラリアに罹る人がいなくなった国に比べ、1人当たり所得がたった3分の1ほどです）(4)。そしてそんなに貧しいために、マラリア予防策を講じるのも難しくなり、おかげで貧しいままになってしまうというわけです。でもこれはサックスによれば、マラリア予防を目的にした公衆衛生への投資（例えば蚊帳の配布で夜に蚊を防ぐ）がとても大きな効果をあげるということでもあります。人々は病気に罹りにくくなり、たくさん働けるようになって、その結果の所得増でこのような対策費用の元はとれてお釣りがくるといいます。第1章のS字曲線で考えると、マラリアが蔓延するアフリカ諸国は、曲線の左側にはまっているわけです。マラリアで衰弱した労働力があまりに非生産的なため、マラリア根絶の費用を賄うには貧しすぎるということです。でも、だれかがマラリア根絶のために融資してあげれば、繁栄へと繋がる曲線の右側部分に到達することができるのです。同じような議論は貧しい国々で流行している他の病気についてもあてはまります。これがサックスの楽観主義的な著書『貧困の終焉』の核心です。

懐疑論者はすぐさま、マラリア蔓延国が貧しいのはサックスの言うようにマラリアのせいなのか、それともマラリアを根絶できないのはその国の統治の貧弱さを示すものかはっきりしないと指摘しました。もしも後者が正しいなら、政府に力がない間は、マラリアを根絶しただけではたいした効果はないことになります。

活動家と懐疑論者のどちらの話が、証拠で裏付けられているのでしょう? 多くの国で、マラリア撲滅活動の成功例が研究されています。これらの研究では国内のマラリア罹患率が高い地域を低い地域と比べ、撲滅活動の前と後に生まれた子供の状態を調べています。どの調査でも、マラリア蔓延地域で撲滅活動後に生まれた子供の生活状態(教育や所得など)は、罹患率が低い地域で生まれた子供たちに匹敵するほど改善していました。これはマラリア撲滅が、ジェフリー・サックスが主張するほどすごくはないにしろ、実際に長期的な貧困減少をもたらしていることをはっきりと示しています。アメリカ南部(1951年までマラリアが存在)[5]とラテンアメリカの数カ国[6]におけるマラリア撲滅に関する研究では、マラリアに罹らず成長した子供は、罹った子供に比べて成人後の生涯を通じ、年収が50パーセント多いことがわかっています。インド[7]やパラグアイ、スリランカでも、国によって増加率はちがいますが、定性的に同じような結果が出ています[8]。

この結果を見ると、マラリア予防投資の財務収益性はすばらしく高いようです。長期的な防虫処理をした蚊帳の値段は、ケニアではせいぜい購買力平価14米ドルほどで、その効果は5年間は続きます。低めに見て、ケニアで防虫蚊帳のなかで寝る生後2歳までの子供は、そうでない子供と比較してマラリアに罹るリスクが30パーセント減るとしましょう。ケニア成人の平均年収は購買力平価590米ドルです。もしも本当にケニアでマラリアによって年収が50パーセント減少しているなら、たった14ドルの投資で、蚊帳がなかったらマラリアに罹患していたはずの人口の30パーセントにあたる人々の年収が295ドル増えることになります。子供が成人後に働く全期間通じ、毎年平均して88ドルの収益が出ることになります——これは親が自分の子供全員に生涯ずっと蚊帳を買ってあげられる金額だし、それでもまだたっぷりお釣りが残るはずです。

保健への投資で高い効果が得られる例は他にもあります。上水と公衆衛生の確保もその一つです。WHOとユニセフの概算によると、全体として世界の全人口の13パーセントが改良水源（通常は蛇口か井戸）を確保できていないし、約4分の1が飲用可能な水を手に入れられないといいます[9]。そしてそれらの人々の多くが極貧です。手持ちの18カ国のデータによれば、地方の極貧家庭で自宅に水道が来ている人の割合は、1パーセント以下（インドのラジャスタン州の田舎やウッタル・プラデシュ州）から36・8パーセント（グアテマラ）まで幅があります。数値は金持ち世帯ほど高くなる傾向にありますが、国によっても大きなばらつき（地方の中産階級で見ると、パプアニューギニアの3・2パーセント以下から、ブラジルの80パーセントまで）があります。また貧困層でも中流階級でも、都会ほど高くなります。適切な下水施設の普及率は貧困層ではさらに低くなります——世界の全人口の42パーセントがトイレのない家に住んでいます。

多くの専門家が、水道と下水設備は健康に劇的な影響を及ぼすと考えています。ある研究によると、1900年から1946年までの幼児の死亡率低下の4分の3、同時期の総死亡率低下のほぼ半分が、上水設備や優れた下水設備、水源の塩素消毒のおかげだそうです[10]。そのうえ、幼児期に下痢の発作を繰り返すと、肉体と知能の両方の発達を恒久的に損なうことになります。汚染されていない殺菌済みの水を家まで水道でひけば、下痢を95パーセント減らせると推定されています[11]。粗悪な水質と淀んだ水たまりも、マラリア、住血吸虫症、トラコーマといった、子供を死なせたり生産性の低い成人にしてしまいかねない病気の原因になっています[12]。

にもかかわらず、世間一般の通念として、世帯当たり月20ドルかかる上水道と下水道の整備は、現状では多くの発展途上国には高すぎると言われます[13]。でもインドのオリッサ州で活動するNGO、グラム・ヴィカスはもっと安くあげられると指摘しています。スイスのダボスで開催される、世界中の金持ちと有力者が集まる世界経済フォーラムの年次大会に手織りの綿で作った服をまとって参加するグラム・ヴィカスの最高責任者ジョー・マディアスは、自虐的ユーモアの持ち主で、いつも人とちがうやり方ばかりしてきました。マディアスが活動家としてのキャリアをスタートしたのはかなり前のことです。

彼が最初に問題を起こしたのは12歳のときのことでした——父の所有する大農場で労働組合を組織しようとしたのです。１９７０年代初めには左翼の学生グループとともに、破壊的なサイクロンに襲われたオリッサ州の救援活動にやってきました。当面の救済活動が終わったあとも、彼は貧しいオリヤの村人たちを助ける恒久的な方法が見つからないかと思って残ることにしました。彼は最終的に水と下水設備に目標を定めました。この問題が彼を惹きつけたのは、それが日常的な課題であると同時に、長期の社会改革を始める好機でもあったからです。彼はオリッサでは水と下水設備は社会問題だと説明してくれました。マディアスは、グラム・ヴィカスが活動している村ではどの家庭も同じ水道管に繋がっているべきだと力説します。水はそれぞれの家まで配管され、その家ではトイレ、蛇口、そして風呂を含むすべてが同じ水系に繋がっています。カーストの高い家庭にとって、これはカーストの低い家庭と水を共有することを意味し、オリッサに住む多くの人にとって最初にそれが提案された時にはとても受け入れがたいことでした。このNGOが村全体の了解を得るまでには少し時間がかかったし、最終的にいくつかの村はこれを拒否しましたが、村人みんなが合意するまではその仕事に手をつけないという原則は常に守りました。最終的な合意に達してみると、高いカースト世帯が共同体の他の人々も巻きこんだプロジェクトに参加するのは初めてという場合もかなりありました。

村がグラム・ヴィカスとの共同作業に合意すると、建設作業が始まり、これが1、2年続きます。そしてすべての家庭に蛇口とトイレが備わったときに初めて水道が作動し始めます。同時に、グラム・ヴィカスは毎月、マラリアや下痢の治療で保険センターに通った人のデータの集計も行ないます。こうすれば水が流れ始めると同時に、村で起きていることを直接観察することができます。効果は目を見張るようなものでした。ほぼ一夜にして、そしてその後何年にもわたって、重篤な下痢の発病率は半分に、マラリアの罹患率は3分の1に減少しました。上下水道にかかるコストは、維持管理費も含めて1世帯1カ月当たり190ルピー、（現在のレートで）4ドルで、通常そうしたシステムに必要とされる費用のわずか20パーセントです。

下痢を防ぐだけなら、水に塩素を加えるなど、もっと安上がりにできます。安価で実証済みの医療技術、あるいは公衆衛生技術としては、他にORS、子供への予防接種、駆虫薬、生後6カ月までは母乳のみで育てる、そして妊婦への破傷風予防注射など出産前の所定の手順などがあります。夜盲症に対するビタミンB、貧血症に対する鉄分剤と鉄分強化小麦粉なども、お手軽な手段の例です。

これらの技術の存在が、ジェフリー・サックスの楽観主義と焦りの両方の源になっています。彼の考えでは、健康による貧困の罠は確かに存在しますが、貧乏な人々がそれらの罠から抜け出すために提供できる梯子も存在するのです。もしも貧乏な人々がその梯子を買えないなら、世界の残りの人々が手助けをするべきです。グラム・ヴィカスはまさにそうしています。オリッサ州で村を組織化し、水道システムのコストに補助金をつけているのです。数年前にジョー・マディアスは、ビル&メリンダ・ゲイツ財団の助成金担当者が、村人たちは得たものの費用を全額負担すべきだと固執したので、同財団からの財政支援を辞退せざるを得なかったと話してくれました（ありがたいことに、同財団はこの問題についてその後考えを改めました）。健康上の利益に潜在的にとても大きな価値があるのは事実だけど、村人たちは月190ルピーも払えないと彼は主張しています——グラム・ヴィカスは村人たちに村落基金を作ってもらい、システムの維持修繕を行なって、村の拡大に合わせて新しい家庭もシステムにつなげるようにする分だけを負担してもらうのです。残りの費用はＮＧＯが世界中の寄付者から集めました。サックスの考えでは、これこそが物事のあるべき姿だということになります。

なぜこれらの技術はもっと利用されないのか？

十分に活用されない奇跡

貧しい人々は健康による貧困の罠にはまっていて、お金でそれを救えるというサックスの見解には、一つだけ問題があります。それらの技術の一部はとても安価で、だれにでも、極貧者にさえ買えるはずなのです。例えば、母乳だけの育児にはコストは一切かかりません。それでも、ＷＨＯの推奨どおり、生後６カ月まで母乳だけで育つ子供は全世界で40パーセントもいません。[14] もうひとつの良い例が水です。すでに見た通り、家まで水道を引くには（下水道もこみで）月１９０ルピー、年間２２８０ルピーかかります。これは購買力平価で、ザンビアでは30万クワチャになります。ザンビアの貧しい村人たちは、たぶんそんなにお金を出せないでしょう。でもその２パーセント以下のお金で、ザンビアの６人家族が１年間に摂取する飲料水すべてを殺菌できるだけの塩素漂白剤を購入できます。クローリン（ＰＳＩが配布する塩素剤の商標）は１瓶８００クワチャ（購買力平価０・18米ドル）で、１カ月間もちます。これで小さな子供の下痢を48パーセントも減らせます。[15] ザンビアの人たちも、塩素の御利益は知っています。実際、飲料水を殺菌できるものを尋ねてみると、98パーセントがクローリンの名を口にします。ザンビアはとても貧しい国ですが、１カ月もつボトルが８００クワチャというのは大した金額ではありません――平均的な家庭では食用油に週4800クワチャ（購買力平価1・10米ドル）も使っています。それでも実際に水の殺菌に漂白剤を使っているのは人口の10パーセントに過ぎません。実験の一環として、いくつかの家庭にクローリン1本を700クワチャ（購買力平価0・16米ドル）で買える割引券を配ってみましたが、購入を望んだ人はそのうちの50パーセント程度しかいませんでした。[16] 価格を300クワチャ（購買力平価0・07米ドル）にまで下げるとこの割合も急増しますが、驚いたことに、ここまで価格を割引いても、人々の4分の1はこの製品を買わなかったのです。

蚊帳も需要は低いままです。ケニアでは、ジェシカ・コーエンとパスカリン・デュパスがTAMTAM（**Together Against Malaria**）というNGOを設立して、国内の助産院で無料の蚊帳を配布しています。[17] ある時期、PSIが無料ではありませんが、補助金で助成された蚊帳を同じように助産院で配布し始めました。コーエンとデュパスは自分たちの組織がまだ必要とされているか確かめたいと思ったのです。彼らは簡単なテストを行ないました。無作為に選んだ助産院で、いろいろちがった価格で蚊帳を提供してみました。価格は無償のところもあれば、別のところではPSIが定めた（それでも補助金助成つき）価格でというように様々でした。クローリンの場合と同様に、蚊帳の購入は価格に敏感だとわかりました。無料ならほとんどの人が蚊帳を家に持ち帰りました。PSI価格（購買力平価で約0・75米ドル）では、蚊帳の需要はほとんどゼロ近くまで落ちこみました。デュパスはこの実験を別の市場町でも繰り返しましたが、今度は（その場で購入するのではなく）人々に家に帰ってお金を集めてくる時間を与えてみました。その結果、PSI価格で購入する人は増えましたが、段階的に価格をゼロに近づけると、需要は何倍にも増加しました。[18]

それと関連してもっと頭の痛い問題として、蚊帳の需要は価格に大きく左右されるのに、収入にはそれほど影響を受けないのです。S字曲線の右側に達し、健康促進と収入増加が強化しあう好循環を開始するには、ある人の収入がマラリアの予防で増加したら、その人の子供も蚊帳を買って同じようにマラリアを予防する確率が非常に高くなくてはいけません。さっき、蚊帳を購入してマラリアに罹るリスクを減らせれば、平均で年収は15パーセント増えるはずだと論じました。これはかなりの額です。しかし、15パーセントの所得増加からすれば蚊帳のコストなど微々たるものであるにもかかわらず、15パーセント豊かになった人々はそれ以外の人に比べて蚊帳の購入確率がわずか5パーセント高まるだけなのです(19)。言い換えれば、蚊帳を無料で配布しても、次の世代が蚊帳の下で確実に寝るようになるどころか、次の世代の子供たちで蚊帳の下で寝る割合は47パーセントから52パーセントに増えるにすぎません。これではマラリアの根絶など無理も同然です。

需要不足が示しているのは、健康問題に関する根本的な問題です。貧困の罠から抜け出す梯子は存在しますが、それが適正なところにあるとは限らないし、人々はその梯子をどう上ればいいかわからず、さらには上りたいとすら思っていないようなのです。

健康改善願望

清潔な水、蚊帳、さらに駆虫剤、栄養強化小麦粉などには健康面で大きなメリットがあるのに、貧乏な人々はそういうものにあまりお金や時間を使いたがらないようです。では彼らは健康管理に気をつかっていないということでしょうか？　証拠を見ると、まったくそんなことはありません。過去1カ月間で「悩んだり、緊張したり、不安になったり」したことはないかと尋ねられて、ウダイプールの田舎でも南アフリカの都市部でも、貧しい人々のうちの約4分の1が「はい」と答えています。[20] これはアメリカよりもずっと高い数値です。そしてストレス源として一番多いのが（ウダイプールでは44パーセント）、自分自身、あるいは近親者の健康問題なのです。わたしたちの持つ18カ国のデータによれば、多くの国で、貧乏な人々は自分のお金のうちのかなりの額を健康管理のために使っています。平均的な極貧家庭の場合、毎月の予算のうちインドの地方部では5パーセント、パキスタン、パナマ、ニカラグアでは3―4パーセントを健康のために使っています。ほとんどの国で、4分の1以上の家庭がここ1カ月のあいだに少なくとも一度は医者にかかっています。また貧乏な人々は突発的な健康問題に大金を使っています。ウダイプールの貧しい家庭のうちで、8パーセントの世帯がその前月に合計5000ルピー（購買力平価288米ドル）以上の金を医療費として使っていることが記録されています。平均的家庭の1人当たり月額支出の10倍にあたる額です。いくつかの家庭（使用額がもっとも多い上位1パーセント）では1人当たり平均で月額支出の26倍も使っていました。深刻な健康問題に直面すると、貧しい家庭では出費を切り詰め、資産を売り、あるいはエンプタットさんのように法外な高利で金を借りることになります。ウダイプールでは、インタビューした家庭のうちの3世帯に1世帯が、医療費を払うために組んだローンの返済中でした。こういったローンの多くが高利子の融資業者から借りたものでした。標準的な利子は月3パーセント（年42パーセント）にもなります。

お金をドブに捨てる

ですから問題は、貧しい人々が健康にいくら使っているかということではなく、何にお金を使っているかということです。安価ですむ予防よりも、高くつく治療にお金が使われているのです。医療費を高くしないために、多くの発展途上国でトリアージ制度が公式に導入され、貧しい人々も手頃な価格（時には無料）で基礎治療サービスを、そこそこ身近な場所で確実に受けられるようになりました。最寄りの保健センターに医者は常駐していないことが多いのですが、職員は簡単な症状には治療を行ない、深刻な症状は識別できるよう訓練されています。症状が深刻なら、その患者は上位の医療機関に送られます。人材不足でこのシステムが厳しい状況となっている国もありますが、インドをはじめ多くの国に施設が置かれ、職は埋まっています。とても辺鄙で人口の少ないウダイプール地方でも、2キロ半ほど歩けば訓練された看護師のいるセンター支所があります。しかし、わたしたちが集めたデータを見ると、このシステムは機能していないようです。貧乏な人々はこのような無料の公共保健システムにほとんど寄りつきません。話をきいた極貧家庭の平均的な成人の場合、2カ月に1度はヘルスケア事業者を訪れています。ただ、その訪問のうち公共医療機関への訪問は4分の1以下です。[21]半数以上は民間の医療機関の受診で、残りはボーパ——主に悪魔祓いを行なう伝統的祈禱師——の訪問です。

ウダイプールの貧乏な人々は、二重の意味で高価な対策を選択しているようです。予防よりも事後治療、そして政府が無料で提供する訓練を受けた看護師や医師による治療よりも、民間の医師による治療というように。民間の医師のほうが高資格なら話はわかりますが、どうもちがうようです。民間の「医師」で、医学部の学位——これには、ＢＡＭＳ（アユールベーダ医科学士）やＢＵＭＳ（ユナニ医科学士）といった風変わりな学位も含みます――を持つ人は半数より少し多い程度で、3分の1は専攻以前に大学教育自体さえ受けていません。「医者を手伝っている」という人々を見ると、ほとんどが診察もしていますが、状況はさらにひどくなります。彼らの3分の2が正式な医療資格をまったく持っていません。(22)

この地方の通称では、これらの無資格の医師たちは「ベンガル医者」と呼ばれています。インド最古の医科大学の一つがベンガルにあって、そこを卒業した医師たちが医療を実践するため、北インド一帯に散らばっていったことから名付けられました。この伝統は続いています――これらの人々は聴診器と市販薬が詰まった鞄一つで村に現れ、本当にベンガル出身かはおかまいなしに、ベンガル医者として開業してきました。ある人にどうやって医者になったのか尋ねてみました。「高校を卒業したけど、仕事がみつからなかったので、医者として開業することにしたんです」。彼は快く高校の卒業証書を見せてくれました。専攻は地理学、心理学、そしてインドの古語であるサンスクリット語でした。ベンガル医者は何も地方部だけの現象ではありません。デリーのスラム街でも「医者」のうち正式な資格を持っているのはわずか34パーセントという調査があります。(23)

もちろん、学位がなくても無能とは限りません。これらの医者だって、簡単な症状を治療し、それ以外は本物の病院に紹介するくらいの知識はあってもおかしくありません。別の（本当にベンガル出身の）ベンガル医者とも話をしましたが、彼は自分の限界をしっかり認識していました――パラセタモール（タイレノールと同じ鎮痛剤）と抗マラリア剤、そして効きそうなら抗生物質を与えています。難しい症状ならプライマリーヘルスセンター（PHC）、あるいは民間の病院に患者を紹介します。

しかし、残念ながら全員がこういう自覚を持っているわけではありません。世界銀行エコノミストのジシュヌ・ダスとジェフリー・ハマーが、デリー都市部で医師たちの知識水準の実情を調査しています[24]。まず各種の医師（公共と民間、資格を持つ者と持たない者）を選び、5つの健康に関する「症状メモ」を提示しました。例えば、下痢の症状を見せている子供がきたとします。医者がすべき医療行為は、まずは子供に熱があるか、嘔吐があるかを把握するためにしっかり問診し、もし答えがノーなら、深刻な状態ではないので、ORSを処方することです。別の症状メモでは明らかに子癇前症の兆候が見られる妊婦に関するもので、この場合は致命的な状態になる可能性があるため早急に病院に紹介する必要があります。医師の診断と問診は、「理想的」問診・診断と比較されて、それぞれの医師の能力の指標が決まります。調査対象医師の平均能力は驚くほど低いものでした。最良の医師たち（100人中上位20人）でさえ問診すべきことの半分以下しか尋ねていないし、最悪（最下位の20人）の人たちに至っては、6分の1しか尋ねていません。そのうえ、これらの医師の大半は、専門の医師たちから見れば効果がないどころか有害な医療行為を勧めています。民間の無資格の医師たち、特に貧しい地域で働いている医師は群を抜いて最悪です。一番いいのは資格を持った民間の医師。公共の医師はその間くらいでした。

まちがいには明らかなパターンがありました。医師たちは症状を過小に診断し、薬を与えすぎる傾向があります。ウダイプールでわたしたちが行なった健康調査によれば、民間施設で診療を受けた患者の66パーセントが注射をされ、12パーセントが点滴を受けていました。検査を受けたのは来診者のわずか3パーセントです。下痢、発熱、あるいは嘔吐に対して通常行なわれていた治療は、抗生剤、あるいはステロイド剤、あるいはその両方の処方で、たいてい注射によるものでした[25]。

これは多くの場合、単に不必要なだけでなく、潜在的に危険です。まず第一に、注射針の消毒の問題があります。デリー郊外の小さな村で小学校を経営している友人がいますが、その村には資格不明の医者がいて、これがなかなか繁盛していました。診療所の外にはいつも水を張った大きなドラム缶があって、小さな蛇口がついています。患者が帰る度に、その医者は外に出てきてそのドラム缶の水でこれ見よがしに注射針を洗っていました。これは自分は気をつけているんだぞという彼なりのアピールでした。その医師が注射針で実際にだれかを感染させたことがあるかどうかは知りませんが、ウダイプールの医師たちは、注射針を殺菌しないまま使いまわして村全体にB型肝炎を感染させてしまった医者の噂をしていました。

抗生物質の乱用は、耐性菌が出現する可能性を高めます。[26] こういった医者の多くが患者の金を倹約しようとして、標準的な投薬計画より短い期間しか抗生剤を使わない場合には、特にそうです。発展途上国のあちこちで、耐性菌が台頭し始めています。また薬の用量のまちがいや、患者の薬の服用方法のいい加減さが原因で、アフリカのいくつかの国では、よく使われる薬に耐性を持ったマラリア原虫が現れており、公衆衛生上の大惨事になりかねません。[27] ステロイドの場合、過使用による被害はもっと目に見えないところで広がっています。インドのような貧しい国で調査を行なったことのある40歳以上の研究者なら、自分よりかなり年上だと思っていた人が、実際にはずっと若くて驚いたという経験があるはずです。早期の老化にはいろいろな原因が考えられますが、ステロイドの使用もまちがいなくその一つです――そして使用者は単に外見が老けるだけでなく、寿命も縮んでしまいます。それでもこの薬は患者の気分をすぐに改善するので、後に起こることを知らされていない患者は、満足して家に帰っていきます。

一体どういうことでしょう？　なぜ貧乏な人たちは、時として安価で効果的な公衆衛生——人々の健康を劇的に改善する安くて簡単な方法——を拒否して、何の役にも立たないどころか害になることもあることに大金を喜んで費やすのでしょうか？

みんな政府が悪いのか？

その答えの一部は、安上がりな便益をもたらすのはほとんどが予防で、予防は伝統的に政府が主役の領域だということにあります。困ったことに、政府は簡単なことを必要以上に難しくしがちです。政府の保健関係者のあいだに蔓延する無断欠勤とやる気の欠如が、予防的措置がうまく実施されない原因となっていることはまちがいありません。

政府の保健センターは、本来開いているはずの時間でもよく閉まっています。インドでは、地域の保健施設の診療時間は週に6日、1日6時間です。でもウダイプールで1年間にわたり、100以上の施設を診療時間中の任意の時間に、週に1度ずつ訪問してみたことがあります。訪問のうち56パーセントで閉まっていました。看護師がセンター近隣に往診中で閉館だったのはそのうちのわずか12パーセント。それ以外は単なる欠勤です。欠勤率はどこでも同じようなものです。2002年から2003年のあいだに世界銀行が世界無断欠勤調査をバングラデシュ、エクアドル、インド、インドネシア、ペルー、そしてウガンダで行ないましたが、保健職員（医師と看護師）の欠勤率は平均35パーセント（インドでは43パーセント）という結果が出ています。[28]　またウダイプールでは、これらの欠勤は予測不能でした。おかげで貧乏な人々は、なおさらこれらの施設をあてにしづらくなります。民間施設は、確実に医者がいるという安心感があります。民間施設では、医師は欠勤すればお金がもらえませんが、公務員は欠勤しても給料がもらえます。

さらに医師と看護師がいても、患者の扱いはさほどよくありません。ダスとハマーの調査チームの一人が、症状メモによる質問に答えてくれた医療提供者たちとまる1日をともに過ごしてみました。それぞれの患者について調査員はその診療内容を詳しく記録しています。病状の経過について医者がした質問の数、行なわれた検査、処方、あるいはその場で与えられた薬、そして（民間の場合には）課せられた料金などです。インドの医療に関して彼らの調査から得られた全体的な感触は、公的機関でも民間でもぞっとするようなものでした。ダスとハマーはそれを3－3－3の法則と呼んでいます。平均的な診療時間は3分。医療提供者は3つの質問をして、場合によっては何か検査をします。患者には3種類の薬が与えられます（医療提供者は普通は処方箋を書くよりは、自分で調剤することのほうが多い）。専門医への照会は稀です（7パーセント以下）。患者が何か説明を受けることは全体の半数くらいで、再診療について助言する医師はたった3分の1。追い打ちをかけるように、公共施設は民間よりさらにひどいのです。公共の医療提供者は1人の患者に平均2分しかかけません。問診の数も少なく、多くの場合患者に触りもしません。たいていは、患者自身に何の病気だと思うかを尋ねて、その患者の自己診断を受け入れています。同じような調査結果がいくつかの国でも出ています[29]。

すると、答えはかなり簡単なのかもしれません。人々が公共の医療制度を避けるのは、それがうまく機能していないからだということになります。これによって、予防接種や妊婦に対する出産前検査といった、政府の制度を通じて提供される他のサービスの利用不足も説明できます。

しかしそれだけではないはずです。蚊帳は政府が独占提供しているわけではないし、水を殺菌するクローリンも同様です。そして政府に雇われた看護師が仕事に来ても、彼らのサービスを求める患者の数は増えはしません。地元NGOのセヴァ・マンディールと地方当局が協力して、約6カ月かけて無断欠勤を大幅に減らしました――保健センターに行けばだれかがいる確率はたった40パーセントから60パーセント以上に上がったのです。しかし、施設を訪れる利用者の数には何の影響もありませんでした。[30]

他にもセヴァ・マンディールは、上と同じ村を対象に毎月予防接種キャンプを行なっています。これはこの地域における悲惨なほど低い予防接種率に対する措置です。このNGOが関わる前は（WHOとユニセフが定めた）予防接種の基本セットを受けている子供は5パーセント弱しかいませんでした。予防接種で命を救えるのは万人が認めているし――毎年200万人から300万人がワクチンで予防できる病気で死んでいます――安上がりだから――村人は無料で接種できました――どの親も、何を置いても予防接種を受けさせたがるはずだ、と思うのが人情でしょう。予防接種率の低さは、看護師たちの怠慢のせいにちがいない、というのが世間の通念でした。母親たちは小さな子供をつれてわざわざ施設まで歩いてきても、そこにだれもいないのでうんざりしているのだ、というわけです。

2003年、この問題を解決するべく、セヴァ・マンディールは独自のキャンプ開始を決定しました。これは広く宣伝されて、毎月同じ日に規則正しく開催されました。これはわたしたちのデータも示しています。これにより予防接種率はかなり上昇しました。キャンプの開かれた村では平均して77パーセントの子供が少なくとも一度は注射を受けました。しかし問題は、必要な注射を最後まで全部受けさせることでした。全体としては、完全に予防接種済みの割合は、対照群の村が6パーセントだったのに対して、キャンプが行なわれた村では17パーセントにまで上昇していました。しかし品質の高い民間供給の予防接種サービスが家の目の前で提供されているのに、いまだに子供10人のうち8人が完全な予防接種を受けていなかったのです。

ですから、人々が公共の保健センターに行かないのは、予防接種を含め、そこで提供されるサービスにあまり興味がないせいもあるという可能性を認めるべきでしょう。なぜ人々は（ダメな）健康サービスを山ほど求めるのに、これらの予防サービスにはまったく無関心なのでしょうか。もっと一般的には、医療のプロが発明してくれた各種のすばらしい安上がりな御利益を、なぜこんなにも無視するのでしょうか？

健康追求行動を理解する

無料は無価値のあかし？

人々が健康改善に安い予防技術を活用しないのは、安い技術がまさに安っぽいからなのでしょうか？これはまんざら荒唐無稽ではありません。標準的な経済的合理性に従えば、いったん支出され「埋没」した費用は、その使い方には影響しないことになっています。でも多くの人は、他の場合でもありがちですが、ここでも経済的合理性ではとらえきれないと言います。実は「心理的埋没費用」なるものがあるのです――人々は大金を払ったものほど活用しようとするということです。また人は品質を価格で判断しがちです。安いというだけで、無価値と判断されてしまうこともあるのです。

こうした可能性はどれも重要です。なぜなら保健分野は、自由市場主義の経済学者でさえ伝統的に補助金を支持する分野なので、こうした安い利得は、ほとんどが市場価格以下で提供されてきたからです。理屈は至って簡単。蚊帳はその下で眠る子供を守るだけでなく、その子供にマラリアをうつされない子供たちも守ることになります。下痢を抗生物質でなくORSで治療する看護師は、薬剤耐性が広まるのを防いでいます。予防接種を受けておたふく風邪にかからなかった子供は、同級生たちも守っています。これらの技術を安くすることで利用者が増えるなら、他のみんなも恩恵を受けることになるのです。

一方で、人々が埋没費用効果を受けるなら、これらの補助金は逆効果になりかねません——価格が低いからこそ利用率も低くなるということです。『傲慢な援助』でウィリアム・イースタリーは、まさにそれが実情だと示唆しているようです[31]。彼は補助金つき蚊帳がウエディング・ベールとして使われた例を挙げます。他にも、トイレが花瓶として使われたり、もっと生々しい例としてコンドームが風船として使われた例もあります。

でもいまや多くの慎重な実験結果を見ると、こうした逸話は騒がれすぎ誇張されすぎのようです。人が何かを無料でもらうとあまり使わないかどうか、いくつかの調査で検討されましたが、そんな証拠は得られませんでした。コーエンとデュパスによるTAMTAMの試みを思い出しましょう。蚊帳がとても安いときか無料のときには、多くの人が蚊帳を手に入れました。これらの補助金つき蚊帳は実際に利用されたでしょうか？　これに答えるべく、最初の試みの数週間後に、TAMTAMは様々な補助付き価格で蚊帳を購入した人々の家に現地調査員を派遣しています。蚊帳を購入した女性のうち60パーセントから70パーセントの人が実際に使用していました。他の実験では、利用率はしばらくすると約90パーセントにまで上がっています。さらに、有償で購入した人と無償で得た人で利用率のちがいがないこともわかりました。他の状況における調査でも、補助金が低い利用の原因になっているという可能性を除外する同じような結果が出ています。

でも、もし補助金が原因でないなら、いったい何が原因なんでしょう?

信仰?

アビジットはインドの東西両端から来た家族のなかで育ちました。母親はムンバイ出身で、その実家では、小麦と雑穀から作った酵母なしのチャパティとバクリというパンが食事には欠かせませんでした。彼の父親はベンガル出身で、ほとんど食事のたびに米を食べていました。二つの地方では発熱の治療法についても、まったく考え方がちがいました。マハラシュトラ州の母親は米を食べれば回復が早くなると考えます。ベンガル地方では反対に、発熱中は米を食べてはいけないことになっています。ベンガル人はだれかの発熱が治ったことを伝えたいときに、「今日は彼はお米を食べることができる」と言います。アビジットが6歳の頃に不思議に思い、ベンガル人の叔母にこの明らかな矛盾について尋ねると、彼女はそれは信仰の問題だと答えました。

信仰、あるいは非宗教的な言い方をすれば、信念と理論の結合は、わたしたちが医療システムを利用するうえであきらかに重要な一部です。それがなければ、処方薬が発疹を抑えてくれるとか、治療にヒルを使うべきではないとかわかるはずもありません。例えば肺炎患者のある人は抗生剤を与えられ、別の人はヒルを使った治療を受けるといったランダム化試行を実際に観察した人は、だれ一人としていないでしょう。それどころか、そんな試行が実際に行なわれたという直接証拠さえ知らないはずです。わたしたちが安心できるのは、食品医薬品局（ＦＤＡ）といった機関が薬を認可するやり方を信頼しているからです。抗生物質がいくつかの試験に合格しなければ、市場には出なかったはずだと知っているし、そうした調査が信頼できるものになるようＦＤＡが確認していて、抗生物質の安全性と効果も確かめていると思っています。医薬品試験の結果を操作する金銭的誘惑は大きいので、ときにその信頼がまちがえることもあるわけですが。

別に医者の処方箋を信用するという人々の選択がまちがっているなどと言いたいわけではまったくありません。そういう信用の背景には直接的な証拠がほぼなく、多くの信念と理論がそれを支えているという事実を強調しているだけです。豊かな国でも、何らかの理由でこのような信用が崩れると、それまで慣習的に受け入れられてきた最良の治療方法に対して反発が起きる現象が見られます。絶大な力を持つ医薬審議会による、ワクチンは安全だという絶え間ない再確認にもかかわらず、英米などでははしかの予防接種が自閉症と関連があると考えて、子供に予防接種を受けさせない人たちがたくさんいます。はしかの発症は他のどこの国でも減少傾向にあるのに、アメリカでは増加しています。(32) 貧しい国の平均的国民がおかれている環境について考えてみましょう。西欧の人々は、世界中のもっとも優秀な科学者たちの見識を駆使できるのに、確かな証拠に基づく選択ができていません。だったら、そのような情報を持たない貧乏な人々にとってはなおさら難しいはずです。人は自分の納得できることを基に様々な選択をしますが、多くの人に高校の基礎生物学程度の知識さえなく、これまで見てきたように医者の能力や専門技術も信用できないならば、彼らの決定がでたらめなのも頷けます。

例えば、多くの国の貧しい人々は、薬は血液に直接送りこむことが重要だという考えを持っています――これが彼らが注射を望む理由です。この（もっともらしい）説を却下するには、肉体が消化管を通して栄養を吸収するという知識、そして適切に注射針を消毒するためには高温殺菌が必要だという知識が必要です。つまり最低でも、高校の生物学程度の知識が必要なのです。

さらに困ったことに、ヘルスケアの知識学習が本質的に難しいのは、何も貧乏な人々に限った話ではなく、だれにとっても難しいのです[33]。もしも患者が病気を治すには注射が必要だとなぜか信じこんでいたら、それがまちがっていると自覚できるチャンスはほとんどありません。医者に行くような病気のほとんどは自己限定的（つまり放っておけば勝手に治るもの）なので、抗生物質の注射を打てばかなりの確率で気分は改善してしまうのです。これが誤った因果関係を助長することになります。抗生剤が慢性疾患を治すのに何の役割も果たしていなくても、症状改善は注射のおかげだと考えてしまうのは人情です。逆に、それが何もしなかったことの結果だと考えるのは不自然です。風邪に罹っている人が病院に行って、医者は何もしなかったのに治ったら、その患者は病気が治ったのは医者とは関係ないな、と正しく判断するはずです。そして医者の無為に感謝するどころか、今回無事にすんだのは運が良かっただけだから、次に何か起きたときには別の医者にかかろうと考えるのです。規制のない民間の市場だと、これは自然に過剰投薬の風潮を生み出します。それに拍車をかけるのは、薬の処方人と販売人が同一人物のことが多いという事実です。人々は薬剤師に医療上の助言を求めたり、民間の医師が薬を仕入れて販売したりするからです。

予防接種について体験から何かを学ぶのはなおさら難しいことです。予防接種は既存の問題を治すのではなく、将来生じる可能性のある問題を予防するものだからです。子供ははしかの予防接種を受ければ、はしかに罹ることはありません。でも、実際には予防接種をしていない子供すべてがはしかに罹るわけではないので（感染源になる可能性のあるまわりの他の人たちが予防接種を受けている場合には特に）、予防接種と病気に罹らないことのあいだに明確な関連を見出すのはとても難しいことです。そのうえ、予防接種はわずか数種の病気を予防するだけで――他にも病気は無数にあるため――教育を受けていない親は、その注射が何の病気から保護するものか、必ずしもちゃんと理解していません。ですから子供が予防接種を受けたのに別の病気になったら、親たちは騙されたと思って二度と予防接種を受けさせなくなってしまうのです。基本的な免疫体制を整えるには様々な注射が必要だと理解できていないため、二、三度注射をするとやるべきことはやったつもりになりがちです。何が健康にいいのかについて、誤解するのは実に簡単なのです。

弱い信念と希望の必要性

貧乏な人たちが、ありえないような信念に固執する理由は、もう一つ考えられます。他に打つ手がなければ、希望が不可欠だということです。話を聞いたベンガル医者の一人は、自分が貧乏な人々の生活のなかで果たしている役割を次のように語っています。「現実問題として、貧乏な人々は重篤な病気の治療など手が届きません。検査や入院などで高いお金がかかるからです。だからちょっとした症状で私のところに来て、私は気分をよくする薬をあげるのです」。つまり大きな問題についてまったく対応できていないとわかっていても、常に自分の健康について何かをし続けることが大切だということのようです。

確かに貧乏な人々は、熱や下痢のときに比べて、胸の痛みや血尿といった命にかかわりそうな症状では医者に行こうとしません。デリーの貧乏な人々は、短期の軽症には金持ちと同じだけのお金を使いますが、長期の病気には金持ちのほうがずっと大金を使っています。[34] だから、脳卒中や胸の痛みがボーパの病気（ある老女が、ボーパの病気と医者の病気という考え方を説明してくれました――ボーパの病気の原因は霊で、伝統的な心霊治療師による治療が必要だと力説するのです）とされがちな理由は、まさにほとんどの人がそれを医者に治してもらうほどのお金がないせいなのかもしれません。

ケニアでHIV／AIDS治療に伝統的な心霊治療師や祈禱師が引っ張りだこなのも、同じ理由からでしょう（彼らのサービスはどこの街に行っても手書きの看板で誇らしげに宣伝されています）。どのみち（少なくとも抗レトロウィルス薬が安価になるまで）逆症療法の医者にできることなどほとんどないんだし、伝統的な心霊治療師の薬草や呪文を試してみるのも一興でしょう。安いし、少なくとも何かやっているという感覚を患者に与えられます。症状や日和見感染は現れては消えるものだから、少なくともしばらくは効き目があったような気になれるのです。

このような藁にもすがる話は、何も貧しい国だけのことではありません。貧しい国の少数の特権階級や先進国の人も、対処方法がわからない問題に直面すると、同じことをしています。アメリカでは、うつ病と腰痛は両方ともよくわかっていないことが多く、症状も悪化しがちです。アメリカ人が精神分析医と心霊治療師、あるいはヨガ教室や整体術の間でふらふらするのはこのためです。どちらの症状も波があるので、患者は今度こそ新しい治療法が効くはずだと束の間の期待を抱きながら、希望と落胆のどうどうめぐりに陥るのです。

利便性と快適性のために抱く信念は、本当の確信から生まれた信念に比べると柔軟なことが多いようです。この実例をウダイプールで見たことがあります。ボーパに行く人々はベンガル医師にもかかるし、政府病院にも出かけ、それらがまったくちがう、相容れない信念体系を表しているという事実など意に介さないようです。彼らはボーパの病気と医者の病気という言い方をしますが、病気がなかなか治らないときは、このような区別にこだわることなく両方を利用しようとします。

優れた運営のキャンプを毎月開催しても、５分の４の子供が完全な予防接種を受けていないということが判明し、セヴァ・マンディールは予防接種を改善するにはどうすべきか考えるようになりました。その際にも、信念が人々にとって持つ意味という問題がしょっちゅう出てきました。地元の専門家は、問題は人々の信念体系に根ざしていると言います。予防接種は、伝統的な信念体系から外れているというのです――ウダイプールの農村などの伝統的信念では、子供が死ぬのは邪眼をもらったからで、邪眼をもらうのは公共の場に姿を見せたときだと考えられています。このため親は生後1年間は、子供を外に出しません。これを踏まえて、まず村人の信念を変えないことには、子供に予防接種を受けさせるよう彼らを説得するのはとても難しいと懐疑的な専門家たちは論じています。

このような強固な意見はありましたが、セヴァ・マンディールが予防接種キャンプをウダイプールで開催するときに、その最高責任者であるニーリマ・ケタンを説得して新しいやり方を試してもらいました。予防接種1回につき900グラムのダール豆（同地の主食の乾燥豆）を配布し、すべての予防接種を完了したらステンレスの皿のセットをあげることにしたのです。セヴァ・マンディールの健康プログラム主任医師は、最初はこんな試みに乗り気ではありませんでした。正しいことをさせるのに賄賂を使うのはまちがっているようにも思えます。何が健康に良いのか、村人たちは自力で学ぶべきだというわけです。また、その程度の景品ではあまりに弱すぎるようにも思えました。予防接種で大きな利益があるのに、人々がそれを子供に受けさせないなら、何か大きな理由があるはずです。例えば、子供を外に連れ出すと何か害があると信じているなら、たった９００グラムのダール豆（わずか40ルピー、購買力平価で1・83米ドル程度で、役人の日給の半分にも満たない）では釣られないはずです。セヴァ・マンディールの人々とは古くからの知り合いだったので、それでもこれが試す価値のあるアイデアだと説得し、30のキャンプでこの景品を実施してみました。大成功でした。キャンプが行なわれた村の予防接種率は7倍の38パーセントにまで増加しました。10キロ以内の近隣のすべての村でも接種率はかなり上がりました。セヴァ・マンディールは、ダール豆を提供しても、逆に予防接種1回当たりの費用が下がることも発見しました。患者がいてもいなくても同じ時給の看護師が忙しく働くため、効率が上がったからです。(35)

セヴァ・マンディールの予防接種プログラムは、わたしたちが評価してきたなかでももっとも目覚しい効果を上げ、たぶんもっとも多くの人の命を救っています。そこでわたしたちはセヴァ・マンディールや他の団体といっしょに、他の場所でもこの実験を繰り返すようにしています。面白いことに、予期せぬ反発が出てきました。医師たちは、38パーセントという数字は、共同体全体が完全に守られる「集団免疫性」の達成に必要な80パーセントから90パーセントという数字には程遠いと指摘します。WHOは、基本的な予防接種については全国的には90パーセント、各地域別には80パーセントの達成率を目標にしています。医学界の一部の人から見れば、もしも共同体の完全保護が達成されないなら、一部の世帯だけに補助金をつけて注射をさせても無意味だそうです。そもそも自分にとって利益になるんだから、当人が進んでやるべきことなんだし、とも指摘されます。たしかに、完全な予防接種率を達成できればそれはすばらしいことですが、この「全か無か」という議論はもっともらしく見えるだけです。たとえ自分の子供の予防接種が病気を根絶させなくても、自分の子供だけでなくまわりの子供たちも助けることになります。[36]ですから基本的疾患に対する完全予防接種率を6パーセントから38パーセントに上げることで、大きな社会利益が生じるのです。

結局のところ、景品による予防接種に対する不信感は、主流の政治的分布で右派と左派の両者にとって、信念の問題に起因するのです。人々がやるべきだとあなたが思うことをさせるのに、金や物で釣ってはならないという信念です。その理由は右派の立場だと、それが無駄遣いされるからということになります。保健団体やセヴァ・マンディールから派遣された良心的な医師を含む、伝統的な左派に言わせると、これは与えられた物とそれを受け取った人の両方を貶めることになるからです。だからむしろ、貧乏な人に予防接種の利点を納得してもらうことに専念すべきだ、というわけです。

このいずれの考え方も、こうした問題などに対する考え方としていささか的外れだと思います。理由は2つあります。まずダール豆900グラムの実験で明らかになったのは、少なくともウダイプールでは、貧乏な人々はあれこれ信じこんでいるように見えても、その多くはさほど決然たる信念などではないということです。ダール豆をあきらめるほどには邪眼を恐れてはいないのです。つまりこれは、みんな実は自分にはワクチンの費用便益を評価できるほど強い基盤などないことを自覚している、ということです。実際に自分たちのやりたいことがわかっているとき——不幸ではありますが重要な例として、娘を相応のカーストや宗教の人と結婚させる場合など——には、それを金や物で動かすのは容易なことではありません。ですから、確かに貧乏な人々が持つ信念の一部はとても強固ですが、すべてがそうだと考えるのはまちがっています。

これがまちがっている理由はもう一つあります。右派も左派も行動は意思に基づくものだと考えているようです。もしも人々が予防接種の価値を認めれば、子供たちは予防接種を受けることができるというわけです。これは必ずしもそうとは限らないし、その含意は実に広い範囲に及びます。

新年の誓い

予防接種への抵抗感が、そんなに深くないことを示す明らかなしるしとして、キャンプでダール豆を配っていない村でも、子供のうち77パーセントが1回目のワクチン接種は受けているというデータがあります。人々は景品なしでも、予防接種を始めたいとは思うようです。問題は、それを最後まで続けさせることとです。これはまた、完全予防接種率が38パーセントで頭打ちになる原因でもあります——人々は数回なら景品に釣られて予防接種にやって来ますが、皆勤賞にステンレスの皿をあげても、5回の予防接種をすべて受けさせるには不十分ということです。

これは、「今年こそはジムにきちんと通うぞ」という新年の誓いをわたしたちが毎年守れないのと、原因の根はかなり似ているようです。たとえそれで将来待ち受けている心臓発作を回避できるとわかっていても、わたしたちは誓いを破ってしまうのです。心理学研究はいまや経済現象にまで適用され、人が現在のことと未来のことでは、まったくちがった考え方をすることが明らかにされています（「時間不整合性」と呼ばれる概念(37)）。現在だと、人は衝動的に行動し、感情と目先の欲望に大きく支配されます。いま耐える必要のある、少しばかりの時間の損失（子供に予防接種を受けさせるための行列）や、わずかな不快感（運動のため重い腰をあげる）は、特に緊急性なしに考えているとき（例えば、すぐに運動することなど考えられないほど腹いっぱいのクリスマスのディナー後など）のほうが愉快に感じられます。いま現在本当に渇望するちょっとした「報酬」（キャンディやたばこ）については逆のことが起こります。未来の計画をたてるときに、これらの楽しみはあまり重要に思えないのです。

人は生まれながらにして、小さなコストを先送りし、現在の自分ではなく将来の自分に負担させたがります。この発想については後の章でも再び検証します。貧乏な親たちは予防接種のメリットが十分わかっているのかもしれません――でもそのメリットが生じるのはいつか将来のことですが、コストはいま負担することになります。今日の観点から見れば、明日まで待つのが理にかなったことです。残念なことに明日が今日になったら、同じ理屈が当てはまります。同様に、人は蚊帳やクローリン瓶の購入を先送りします。もっといいお金の使い道（道のむこうでだれかがほら貝のフライを揚げているとか）が今あるからです。小さなコストが命を救う装置の利用を妨げたり、小さな景品がそれを促進したりする理由は、これで説明がつくことはすぐわかるでしょう。ダール豆900グラムが効くのは、母親たちがそれを今日受け取れるからで、それは子供に予防接種を受けさせるためのコスト（子供をキャンプまで連れて行くのにかかる数時間、あるいは接種が原因の微熱の可能性）を埋め合わせてくれるのです。

この説明が正しいなら、具体的な予防的保健行為を義務づけたり、これまで見てきた従来の経済議論におさまらない金銭的なインセンティブを提供したりするべき新たな理由となります。つまり他人の利益となるような行為を支援・強制することには社会的な意味があるのです。罰金やインセンティブによって、やってみたいと思ってもずっと先送りにし続けてきた行動を実際にとるよう、人々をあと押しできます。もっと一般的には、時間不整合性は、人々が「正しい」ことを行なうのをできるだけ簡単にすべきだという強固な根拠となります。むろん、いやならそこから外れる自由も残しておいたほうがいいかもしれません。ベストセラーとなった『実践 行動経済学――健康、富、幸福への聡明な選択』で、シカゴ大学の経済学者リチャード・セイラーと法学者キャス・サンスティーンは、まさにそのための介入行為をいろいろ推奨しています。(38) 大切なのは、デフォルトの選択肢という考えです。政府（あるいは善意のNGO）は、多くの人々にとって最善と思われる選択肢をデフォルトにすべきで、そこから外れたい人は、主体的に離脱しなければならないようにすべきなのです。こうすれば人々は、自分の希望を選択する権利を持てますが、それにはちょっとコストがかかるので、結果として多くの人がデフォルトの選択肢を選びます。ワクチン接種の際にダール豆を与えるといった小さなインセンティブも、いつまでも先送りするより今すぐ行動する理由を与えることで、人々をあと押しするやり方です。

鍵となる課題は、発展途上国の状況にあわせて「あと押し」をデザインすることです。例えば、家庭での水の塩素消毒のむずかしさは、殺菌を忘れずに続けなくてはならないということです。塩素剤を購入する必要があるし、水を飲む前に正しい滴数を加える必要があります。この点で、水道は実にすばらしい――家にくる水は塩素殺菌済みです。各人が心配する必要はありません。では、水道がないところでは、どうやって飲料水を殺菌するようにあと押しすればよいのでしょう？　マイケル・クレマーとその仲間はある方法を考え出しました。「ひとひねり」と呼ばれる（無料の）塩素配布機を、みんなが水を得るためにやってくる村の井戸の側に据えつけました。ノブをひとひねりすれば正しい量の塩素剤が出てきます。水の殺菌はこれ以上ないほど簡単になり、多くの人が水を汲みにくるたびに塩素剤を加えるようになったため、これはランダム化試行による証拠が存在するすべての介入行為のなかでもっとも安価な下痢予防法となっています[39]。

セヴァ・マンディールと協力して、蔓延する貧血症対策の鉄分強化小麦粉プログラムに取り組んだわたしたちは、これほど幸運ではありませんでした（いや力が足りなかったというべきでしょう）。「デフォルト」の選択肢を組みこんだプログラムを作ろうとしたのです。各家庭は、プログラムに参加したいかを一度だけ決めればよいことにしておきました。参加を決めた家庭で使う小麦粉は、それ以降はずっと鉄分が強化されたものになるはずでした。しかし残念ながら、製粉業者のインセンティブがもたらすデフォルトの選択肢は正反対でした（彼らの手数料は、鉄分強化した量とは無関係でした）。家庭が求めない限り、鉄分強化しないという選択です。鉄分強化を要求する必要があるという些細なコストでさえも多くの人々を思いとどまらせるのに十分だということがわかりました[40]。

あと押しか説得か？

多くの場合、時間不整合性のせいで人々は意図を行動に移せません。それでも、予防接種に限っては、人々がそのメリットを十分に認識しているのに時間不整合性だけで決定がいつまでも先送りされていると考えるのは無理があります。子供の予防接種を先送りし続けるには、常に自分を騙し続けなければなりません。つまり予防接種キャンプに行くのは今日ではなく来月にしたいと考えるだけでなく、自分が来月こそは必ず行くと信じていなければなりません。人は自分自身が将来正しい行動をとれるかについて、確かに評価が甘く自信過剰です。でも親たちが実際に予防接種のメリットを信じているなら、来月こそはと偽りながら、期間が終了して手遅れになるまでの2年間にわたり、毎月自分を騙し続けるとは考えにくいのです。後で見ますが、貧乏な人々は自分自身に貯金を強制する方法を編み出します。こうした判断にはかなり洗練された金銭感覚が必要です。もしも彼らがWHOの言うほど予防接種がすばらしいと本当に信じているなら、おそらく物事を先送りにする性向を克服する方法を考え出すはずです。もっと筋の通った説明は、彼らが注射を先送りにして、しかも利益を過小評価しているというものです。

あと押しが有益なのは、何らかの理由で提案のメリットを家庭がちょっと怪しく思っているときかもしれません。ならば、利益が生じるのが将来で、その利益の中身がもともと理解しづらい政策の場合、予防的ケアが二重の意味で妥当になります。ありがたいことに、あと押しは説得の役にも立ちます。それが好循環のきっかけになることさえあります。前にケニアの貧しい家庭に配布された蚊帳の話をしました。そのとき、最初の蚊帳の購入による所得増は、それ自体としてはその蚊帳をもらった子供が自分の子供用にも蚊帳を買うほど大きくないと論じました。蚊帳で子供の所得が15パーセント増えても、その収入増で蚊帳の購入確率は5パーセントしか上がりません。でも、所得効果がすべてではありません。その家族は、蚊帳を使用すると子供たちが前ほど病気にかからないと気づくかもしれません。また蚊帳の利用が思ったより簡単で、蚊帳の下で眠るのもそんなに不快ではないと悟るかもしれません。ある実験で、パスカリン・デュパスはこの仮説を実証するために、以前とても安い値段か無料で蚊帳をもらった世帯と、満額の定価を提示されてほとんど購入しなかった世帯の両方に、もう一度蚊帳を売ろうと試みました(41)。その結果、以前無料か大きく値引きした蚊帳を提供された家庭のほうが、最初に定価で購入するよう求められた家庭に比べて、2枚目の蚊帳を（すでに1枚所有しているにもかかわらず）購入する傾向が強いことを発見しました。さらに彼女は知識が自然に伝搬していることも発見しました。無料の蚊帳を与えられた人の友人や隣人もまた、蚊帳を購入する傾向が強かったのです。

ソファからの眺め

貧乏な人々は、他の人を悩ませているのと同じ問題にとらわれています――情報不足、弱い信念、そして問題の先送りなどです。確かに貧乏でないわたしたちは、いくらかよい教育を受け、情報も持っていますが、そのちがいはたいしたものではありません。なんだかんだ言って、実際のところたいした知識はないからです。自分で思っているよりはるかに無知なのはほぼまちがいありません。

わたしたちの本当の強みは、当然のように享受している多くのことから来ています。きれいな水の出る水道がひかれた家に住んでいます――毎朝忘れずクローリンを水に加える必要はありません。下水は勝手に流れていきます――みんなその実際の仕組みなんか知りません。医者ができる限り最善を尽くしてくれると（おおむね）信用できるし、あれをしろとかこれをするなとか、公共の保健制度が定めた事項も信用できます。子供に予防接種を受けさせないわけにはいきません――予防接種を受けていないと、公立学校に入れませんから。たとえ何らかの理由で予防接種を受けられなくても、他のみんなが予防接種を受けていれば、たぶんその子も安全でしょう。ジムに通えば健康保険会社はごほうびをくれます。そうしないと、人がジムに通わないだろうと懸念しているからです。そしておそらく何よりも重要なこととして、わたしたちのほとんどは、次の食事にどうやってありつけばよいかを心配する必要はありません。言い換えれば、わたしたちは自分たちの限られた自制心と決断力をあてにする必要はほとんどないのです。でも貧乏な人々は、常にその能力をあてにしなくてはなりません。

自分の健康についての正しい決断を責任もって下せるほどに賢く、忍耐強く、知識のある人など、だれもいないということを認識すべきです。豊かな国に住む者は眼に見えないあと押しに囲まれて生活しています。同じ理由で、貧しい国の保健政策でも第一の目標は、貧乏な人々の予防的ケアをできるだけ容易にしつつ、同時に人々が得る治療の質を規制することに置くべきです。手始めとしては当然、彼らの価格に対する敏感さを考慮して、予防サービスを無料で提供するか、それを受けた家庭に何か報奨を与えて、可能ならそれを受けることがデフォルトの選択肢となるようにすることです。無料のクローリン添加機を水源のそばに設置し、子供に予防接種を受けさせた親には景品を与え、子供は学校で無料の駆虫剤と栄養補助食品を与えられるべきです。そして少なくとも人口の多い地域の上下水インフラには、公共投資を行なうべきです。

公衆衛生に対する投資として、これらの補助金の多くはすぐにもとがとれます。病気と死亡率が減り、賃金が増えます――病気にかかりにくい子供は、学校にしっかり通うため、大人になったときの稼ぎが増えるのです。でも、このような結果が介入なしで自然に生じると思ってはいけません。メリットに関する情報が不完全なことと、人々が目先のことをあまりに重視するため、費用がごく安い予防戦略ですら、人々が進んで投資する努力と資金は限られてしまいます。そして、それが安価でなければ、当然お金が問題になります。治療での問題は二つあります。人々が必要としている薬を買えるようにすること（例えば、エンプタットさんは息子に必要なぜんそくの薬を買えませんでした）、そしてそれだけでなく、必要のない薬を入手できないように制限し、高まりつつある薬物耐性を予防することです。自称開業医を規制するのは、開発途上国の多くの政府には手に負えないようなので、抗生剤に対する耐性の拡大と効き目の強い薬の使い過ぎを減らす唯一の方法は、薬の販売規制に注力することです。

これらはどれも過干渉に見えるかもしれないし、ある意味では確かにその通りです。でもそれを言うなら、安全で清潔な家でソファにふんぞりかえり、干渉しすぎることの危険性や自分自身の生活に責任を持つ必要性を説くのはお気楽だし、お気楽すぎるとすら言えます。豊かな国に住む者こそ、そうした過干渉の絶え間ない受益者ではないでしょうか？　ただそれがシステムにしっかり埋めこまれているため、気がついていないだけなのです。おかげで、自分で何もかも決断を下さなくてはいけない場合にくらべ、ずっと健康状態もよくなるばかりか、そういった問題に煩わされずにすむので、生活の他のことに専念するだけの心のゆとりも生まれます。もちろんそれで、人々に公衆衛生教育を与える責任から逃れられるわけではありません。貧乏な人々を含むすべての人に、なぜ予防接種が重要で、なぜ抗生物質をちゃんと処方どおりに最後まで服用しなければならないか、できるだけ明確に説明する義務があります。しかし、情報だけではうまくいかないことを認識——いや想定——する必要があります。それが貧乏な人の実情なのですし、わたしたちの実情でもあるのですから。

第4章　クラスで一番

２００９年夏、インドのカルナタカ州のナガナジ村で、40歳にして６児の母であるシャンタラマさんという未亡人と出会いました。夫は4年ほど前に、虫垂炎で急逝しました。生命保険には未加入で、家族がもらえる年金もありませんでした。年長の３人の子供は少なくとも８年生までは学校に通いましたが、次の２人――10歳の男の子と14歳の少女――は中退していました。少女は近所の農地で働いていました。わたしたちは、父親の死のせいで子供たちは仕方なく学校から中退し、年長の子供たちも働くしかなかったのだろうと思ってしまいました。

シャンタラマさんがそれを訂正してくれました。夫の死後、彼女は持っていた農地を人に貸して、日雇い労働者として働き始めました。家族を養っていけるくらいの稼ぎはあったのです。少女は確かに農地で働かされていましたが、それは学校を中退したあとの話です。母親は、娘が家でだらだらしているのはよくないと思ったのでした。残りの子供たちは学校に通い続けていました――３人の年長の子供のうち、２人は出会った当時はまだ学生でした（長女は22歳で既婚、初産をひかえていました）。長男は村に近いヤトギールの大学で学んでいました……教師になるために。真ん中の2人が学校を中退したのは、当人たちが断固として通いたがらなかったからでした。村の近くには公立学校1校と2、3の私立学校がありました。この2人は公立学校に入学しましたが、何度となく学校から逃げ出したため、母親もついに彼らを学校に通わせるのをあきらめました。10歳の少年はわたしたちが母親にインタビューしているときも側にいて、学校は退屈だとかなんとかぶつぶつ言っていました。

学校はあるのです。多くの国で、少なくとも小学校くらいは無料です。ほとんどの子供が入学します。それでもわたしたちが世界各地で行なった様々な調査によると、子供の欠席率は14パーセントから50パーセントにもなります[1]。欠席は、家での用事が理由ではないことが多いようです。なかには病気によるものもあります——例えばケニアでは、子供に回虫の治療を受けさせると欠席日数が減ります[2]。でもそのほとんどは、おそらく子供が学校に行きたがらないこと（これはほとんどだれでも自分の子供時代を顧みればわかるように、普遍的な事実かもしれません）、そして親たちが子供を学校に行かせられない、あるいは行かせたがらないためなのです。

評論家のなかには、これぞ政府主導のトップダウン型教育推進政策の惨憺たる失敗の徴と考える人もいます。学校を作って教師を雇っても、教育に対する強い潜在的需要がなければ意味がないし、逆にもしも技能に対する本物の需要があれば、教育の需要も自然と生じて、それに伴い供給も生じるのだ、というわけです。しかしこの楽観的な考えは、シャンタラマさんの子供たちの話には当てはまらないようです。インドのIT産業の拠点バンガロールを州都に持つカルナタカ州では、教育を受けた人に対する需要は不足などしていません。未来の教師を含むこの家族は、教育の価値を知っているし、投資する気もあります。

発展途上国で子供たちは学校に通いません。これをアクセスの問題、知識を必要とする仕事に対する需要不足、親が子供に教育を受けさせようとしないといったことで説明できないなら、いったい問題はどこにあるのでしょう？

需要供給戦争

教育政策は、援助と同様に、激しい政治論争の種となってきました。援助の場合と同じく、論争の的は教育自体の良し悪しではありません（教育は受けないより受けたほうがいいということに、反対する人はいないでしょう）。議論はむしろ、政府が教育に介入すべきか、あるいは介入のやり方がわかっているのかということに集中します。そして持ち出される個別の理由は様々ですが、この分野での議論を分ける基本的な境界線は、援助の世界を分ける境界線と同じものです。つまり、教育介入主義者にあたる援助楽観主義者と自由放任主義を謳う援助悲観主義者のあいだの境界線です。

大多数の政策立案者、少なくとも国際的な政策集団内の人々は、問題は基本的には単純なことだとずっと考えてきました。すなわち、子供たちをなんとか教室につれてきて、願わくばよく訓練された教師がそれを教えれば、あとはなんとかなるという考えです。これらの「学校の供給」を重視する人々を「供給ワラー」と呼びましょう。ワラーとはインドで「調達人」を指す言葉です（例えば西インドの苗字ラクダワラは木材調達人を意味し、ダルワラは酒調達人、バンダクワラは銃の売人という意味があります）。わざわざこんな用語を使うのは、サプライサイド経済論者との混同を避けるためです。サプライサイド経済論者というのは、ケインズはあらゆる点でまちがっていると考え、実際にあらゆる政府による介入にも大いに反対したがる経済学者たちです。

おそらく、供給ワラーの立場がもっとも明確に表明されたものは、２０００年に世界の国々が２０１５年までに達成することで合意した８つの目標、国連のミレニアム開発目標（ＭＤＧ）でしょう。ＭＤＧの2番目と3番目はそれぞれ、「２０１５年までにすべての子供が男女の区別なく初等教育の全課程を修了できるようにする」こと、「２００５年までに可能な限り、初等・中等教育で男女格差を解消し、２０１５年までにすべての教育レベルで男女格差を解消する」こととしています。多くの国の政府がこの考えに賛同したようです。いまやインドでは、児童の95パーセントが自宅から約８００メートル以内に学校をもっています。[3] アフリカのいくつかの国（ケニア、ウガンダ、ガーナを含む）では、小学校教育を無料化し、子供たちが学校に押し寄せています。ユニセフによれば、１９９９年から２００６年のあいだに、サハラ以南のアフリカにおける小学校への入学率は54パーセントから70パーセントに上がったようです。東南アジアでは同じ期間に75パーセントから88パーセントに上昇しています。世界全体では、就学年齢にある子供で学校に行っていない子供の数は１９９９年の1億３００万人から２００６年には７３００万人にまで減っています。わたしたちが18カ国で集めたデータによれば、極端に貧しい人々（1日99セント以下で生活している人々）でも、就学率はデータのある国の少なくとも半数以上で80パーセントを超えています。

中等学校（第9学年以上）へのアクセスはＭＤＧに含まれませんが、そこでも進歩が見られます。中等学校に通わせるコストはずっと高いという事実にもかかわらず、1995年から2008年までのあいだに、サハラ以南のアフリカにおける中等学校への就学率は25パーセントから34パーセントに増加し、南アジアでは44パーセントから51パーセントに、東アジアでは64パーセントから74パーセントにそれぞれ増加しています。(4) 中学校のコストが高いのは、教師に要求される資格がずっと高くなるために賃金がかかるためで、また10代になれば働いて金を稼げるので、親と子供にとっての逸失収入と労働市場経験の喪失がかなり大きいからです。

子供を学校に入れるのは重要な第一歩です。それが学習の出発点ですから。でも学校に入ってもほとんど何も学ばないなら、役には立ちません。奇妙なことに、学習という問題は国際的な宣言のなかであまり大きな位置づけがされていません。ミレニアム開発目標には、子供が学校で何を学ぶべきかは明記されず、ただ単に基礎教育を修了すべきだと記されているだけです。ユネスコの後援で、2000年にダカールで開催された万人のための教育サミットの最終宣言では、教育の質の向上という目標は、6つある目標の6番目で触れられているにすぎません。入学すれば学習はなんとかなるという暗黙の了解があるようです。でも残念ながら、話はそんなに単純ではありません。

2002年と2003年に世界銀行が行なった世界無断欠勤調査では、6カ国の代表サンプルとなる学校に抜き打ちで調査委員を送っています。その基本的な結果は、バングラデシュ、エクアドル、インド、インドネシア、ペルー、そしてウガンダの教師は平均して5日に1日は欠勤し、インドとウガンダではその割合がもっと高いというものでした。さらに、インドの調査結果からは、教師はたとえ学校にきても、教室にいるべき時間にお茶を飲んだり、新聞を読んだり、同僚とお喋りしていることがよくありました。全体として、インドの公立学校の教師の50パーセントが、本来なら教室にいるべき時間にお留守でした。(5) これでは子供たちも学びようがありません。

インドの教育NGOプラサムは、2005年にもう一歩踏みこんで、子供たちがいったい何を学んでいるのか調べてみることにしました。プラサムは1994年に、アメリカで教育を受けた化学技術者マドハブ・シャヴァンによって創設されました。彼は、すべての子供は読むことを学び、学ぶために読むべきだし、それができるはずだという確固たる信念を持っています。彼の尽力で、プラサムはユニセフ後援のムンバイの小さな慈善団体から、インド最大、そしておそらく世界最大のNGOのひとつに成長しました。プラサムのプログラムはインド全国のほぼ3億4500万人の子供たちに提供されていて、今や世界の他の地域にも進出しようとしています。年次教育状況報告（ASER）のため、プラサムはインド国内の600の地域でボランティアチームを結成しました。これらのチームが、各地域で無作為に選出した村で、1000人以上の子供たちを対象に――全体では70万人を対象に――テストを行なって、成績表をまとめました。この報告書をまとめさせたのは与党である国民会議派主導政権のリーダーのひとりモンテク・シン・アルワリアでしたが、その内容には顔をしかめたことでしょう。7歳から14歳の子供たちの35パーセント近くが、簡単な文（1年生程度のレベル）を読めず、ほとんど60パーセント近くが簡単な物語（2年生程度のレベル）を読めませんでした。2年生レベルの算数（基本的な割り算）ができる子供はたった30パーセントです。(6) この数学の結果は特に衝撃的です――世界中の第三世界諸国では、家族の露店や店の手伝いをする少年少女ならば、もっと複雑な計算を暗算でやってのけます。学校に通うと実はかえって勉強ができなくなるのでしょうか？

政府の人間がみんなアルワリア氏ほど謙虚だったわけではありません。タミール・ナドゥ州政府は、自分たちの成果がＡＳＥＲのデータの示すほど悪いと認めたがらず、独自のチームによる再テストを行ないましたが、不幸にもそれは悪い知らせを裏付けただけでした。現在インドでは毎年1月にＡＳＥＲの結果が発表されていますが、毎回新聞はひどい結果に落胆してみせ、研究者はその統計データについてパネルディスカッションで論じますが、変化はほとんどありません。

残念ながらこれはインドだけの話ではありません。隣のパキスタンやはるか離れたケニア、そしてその他の国々でもほとんど同じような結果が出ています。ケニアではＡＳＥＲをモデルにしたウエゾ調査によって、5年生の子供たちのうち27パーセントが英語の簡単な段落を読めず、スワヒリ語でも23パーセントが読めないことがわかっています（小学校ではこの二つの言語で教育が行なわれています）。30パーセントは簡単な割り算もできません。(7) パキスタンでは3年生の80パーセントが1年生レベルの文章を読めません。(8)

需要ワラーの言い分

はっきりとした需要がなければ教育を供給しても無意味と信じる批評家たち（ウィリアム・イースタリーなど）、つまり「需要ワラー」にとって、これらの結果はここ数十年の教育政策に関するまちがいの集大成ということになります。彼らの考えでは、教育の質が低いのは親が十分な関心を持っていないからで、彼らが関心を持たないのは実際面の便益（経済学者がいうところの教育の「見返り《リターン》」）が低いと知っているからだということになります。教育の便益が高くなれば、政府が無理強いしなくても就学率は上がると言います。人々は彼ら向けの私立学校に子供を入れ、もしもそれが高すぎれば地方政府に学校を作るよう要求するはずだと。

需要の役割は確かに重要です。就学率は教育の収益率に大きく左右されます。インドでは、緑の革命によって農場主として成功するために必要な技術的ノウハウのレベルが上がり、したがって教育の価値が高まったので、緑の革命による新しい種子に適合した地域では、教育水準が他地域より早く上昇しました[9]。最近では、海外コールセンターの例があります。ヨーロッパとアメリカでは、国内の雇用を奪うものとして非難されていますが、インドでは若い女性の雇用機会を劇的に増やし、小さな社会革命の一部となっています。２００2年、カリフォルニア大学ロサンゼルス校のロバート・ジェンセンはこれらのコールセンターと協力して、北インドの3つの州で通常は募集人が行かないような地方の村を無作為に選び、そこで若い女性の募集活動を行ないました。当然のことですが、募集活動が行なわれなかった他の無作為村と比較して、これらの村ではコールセンターでの若い女性の雇用が増えました。でもずっと驚くべきこととして、これらの州はインドのなかでも悪名高い女性差別地域なのに、募集活動を始めてから3年後には村では5歳から11歳の女児の就学率が5パーセント分も上がったのです。彼女たちの体重も増えましたが、これは親が女児の面倒をよくみるようになったことを示唆しています。彼らは女児の教育に経済的価値があることを発見して、喜んで投資するようになったのです[10]。

教育を受けた労働力のニーズ変化に親が反応できるなら、需要ワラー的に見た最良の教育政策は教育政策なんか持たないことです。知識労働を必要とするビジネスへの投資を魅力的なものにすれば、知識労働力に対するニーズが生じ、供給圧力も生じます。そうすれば、親たちは本気で教育を気にかけるようになるから、教師に圧力をかけて必要なものを提供させるだろう、というわけです。もしも公立高校が質の高い教育を提供できなければ、私立学校市場が生まれます。市場競争によって、親が子供に求める質の高い学校教育が確保されるというのが彼らの主張です。

需要ワラーの考え方の中心には、教育は投資の一種にすぎないという発想があります。人々が教育に投資するのは、他のあれこれに投資するのとまったく同じで、お金を増やすためなのだというわけです——教育の場合は、将来収入が上がるという形で。教育を投資として見ることの明らかな問題点は、親が現在行なった投資の利益を子供が受けるのは、かなり後のことになるという点です。また多くの子供が、親の投資に対して老後の面倒をみることで実質的に「返済して」いますが、仕方なくそうしている者も多く、なかには途中で親を捨てて「債務不履行」になる子もいます。子供たちが返済義務を守っても、彼らが長く学校に通ったことで多少増える稼ぎが、親にとってもありがたいものとは限りません——実際、わたしたちは子供が金持ちになって家を出たために、孤独な老後を過ごすことになったと悔やむ親に会っています。イエール大学の経済学者T・ポール・シュルツは、著名な経済学者でノーベル賞受賞者でもある父セオドア・シュルツについて、祖父母はセオドアに農場に残って欲しかったので彼が教育を受けることに反対していたと語っています。

確かに多くの親は自分の子供が学業優秀だと誇りに思って喜びます（そしてそれをご近所に自慢するのも好きです）。この意味では、彼らは子供から一銭ももらわなくても、十分に報いられていると感じているはずです。ですから、親の観点からすると、教育は部分的には投資であっても、他の部分では子供に与える「贈り物」でもあるのです。でも逆の面もあります。ほとんどの親は子供に対して権力を行使する立場にあります――彼らはだれを学校に通わせ、だれを家に残すか、あるいは働きに出すかを決め、そして彼らの稼ぎの使い方を決めます。息子が反抗するくらい大きくなったら、その稼ぎから自分にまわってくる額など知れていると思っている親や、教育そのものの価値を認めていない親は、子供が10歳になったら退学させて働きに出すほうがいいと思うかもしれません。別の言い方をすれば、（教育を受けた子供の追加収入で測られる）教育の経済的見返りが重要なのは明らかですが、将来への希望、子供への期待、あるいは子供に対してどのくらい鷹揚かといった他のたくさんの要素も同じように重要になってくるということです。

「まさにその通り」と供給ワラーは言います。「だからこそ、一部の親にはあと押しが要るんですよ。文明社会では、ごく普通の子供らしい生活と適切な教育という子供の権利が、親の気まぐれや強欲さで蔑ろにされるなど許されんのです」。学校を建設し、教師を雇うのは、子供を学校に通わせるコストを下げるために必要な第一歩ですが、それだけでは十分ではありません。だからこそ、多くの豊かな国々では、親にはそもそも選択の余地が与えられていません。親が家で子供に教育していると証明しない限りは、子供は一定の年齢までは学校に通わせる必要があります。しかし、このような制度は明らかに、国家の能力が限られていて、義務教育を実施できないところでは機能しません。そのような場合、政府は子供を学校に通わせることが親にとって財政的に価値を持つようにする必要があります。これが教育政策として人気のある新しいツール、条件付き補助金の背後にある考え方です。

条件付き補助金の風変わりな歴史

元ボストン大学経済学教授サンチャゴ・レヴィは、1994年から2000年までのあいだ、メキシコ財務省の副大臣として、いくつか別個のプログラムで構成された複雑な福祉制度の改革を任されました。彼は生活保護費の受領を人的資本への投資（医療や教育）と結びつけることで、現在使われているお金を健康で教育の行き届いた世代を育てることに活かせば、短期だけではなく長期にわたる貧困の根絶を実現できると信じていました。これが発端になって、「ひも付き」補助金プログラムであるプログレッサが構想されました。プログレッサは初の条件付き補助金プログラム（CCT）となりました。このプログラムは、その子供たちが規則正しく学校に通い、家庭が予防的ヘルスケアを実施（つまり定期検診を受診）するのを条件として、家庭にお金を与えました。子供たちが小学校に通っているよりは中学校に通っている場合のほうが、また学校に通っているのが少年よりは少女の場合のほうが、もらえる金額は増えました。政治的に受け容れやすくするために、支払いは子供が働くかわりに学校に通うことで失った賃金の「補償金」だと呼ばれました。しかし現実には、その目的は、その家庭の教育に対する見方とは無関係に、子供を学校に通わせなければコストがかかるようにすることで、家庭の背中を押すことにあったのです。

サンチャゴ・レヴィにはもう一つ目標がありました――たとえ数年ごとに政権が交代しようと、このプログラムを存続させることです。なぜならそれまでの大統領は、いつも自身の新しいプログラムを開始する前に、前任者のプログラムをすべて廃止していたからです。もしもこのプログラムがだれの目にも明らかな大きな成功を収めれば、新しい政府がこれを廃止するのは難しくなるはずだとレヴィは考えました。そこで彼は試験プロジェクトを開始しました。このプロジェクトでは無作為に選ばれた一部の村だけを使って、選ばれた村と選ばれなかった村の成果を厳密に比較できるようにしました。この試験的プロジェクトのおかげで、このプログラムで大幅に就学率が上がることが疑問の余地なく証明されました。しかも中等教育レベルでは成果が高く、中学校の就学率は女子については67パーセントから75パーセント、男子については73パーセントから77パーセントに上がっていたのです。[11]

これはうまいランダム化実験の説得力を実証した、最初の例の一つにもなりました。政権が予想通り変わったときにも、このプログラムは名前こそオポルトニダデス（「機会」）と変えられたものの、存続しました。しかしレヴィは自分が二つの新しい伝統を産み出したとは思わなかったでしょう。まず第一に、条件付き補助金は野火のごとくラテンアメリカじゅうに広まって、その後世界にも広がっていきました。ニューヨーク市長のマイケル・ブルームバーグでさえこれをニューヨークで試みています。第二に、他の国で独自の条件付き補助金が導入される際にはたいてい、それを評価するためにいくつかのランダム化試行が行なわれました。一部の実験では、プログラムの条件が変えられて、設計の改良方法が検討されました。

奇妙なことですが、プログレッサの成功を見直すきっかけになったのは、マラウイで実施されたこのプログラムの複製版の一つでした。プログレッサの補助金支給条件の根幹は、単に収入を増やすだけでは不十分で、親にインセンティブを与える必要があるという原則です。研究者たちと実践者たちは、条件なしのプログラムでも条件付きプログラムと同じような効果をあげるかもしれないと考え始めました。世界銀行の調査報告書では、補助金支給条件には何の効果もないという穏やかでない結果が出ています。

この調査での研究者たちは、学齢期にある少女のいる家庭に、1カ月当たり購買力平価で5米ドルから20米ドルの補助金を出しました。あるグループの場合、補助金は就学が条件でした。別のグループでは条件なしでした。そして、第3のグループ（対照群）には補助金を出しませんでした。補助金効果は絶大でしたが（1年後には、第3の対照群では中退率は11パーセントだったのに対し、補助金を受けたグループではわずか6パーセント）、条件付きの補助金と条件なしの補助金を受けたグループでは同じでした。つまりこれは、親に子供を学校に行かせるよう強制する必要などなく、財政的援助さえあればいいことを示しています。[12] その後も、モロッコで実施された条件付き補助金と条件なし補助金の比較調査でも似たような結果が出ています。[13]

なぜマラウイでは金銭援助が効果をもたらしたか、要因はいくつかあるでしょう。おそらく親たちは学費を払えなかったか、子供たちが稼ぐお金がどうしても必要だったのでしょう。もちろん、10歳の娘の学費を払うのに、20歳になったときの彼女の稼ぎをあてにして借金をするというのは非現実的です。所得移転によって、親たちは極貧から抜け出して、長期の生活見通しを設計する心の余裕が生まれたのかもしれません。就学の費用はいまかかります（そのために子供にがみがみ言って——あるいは引きずってでも——いま学校に行かせる必要があります）。でも、その利益が得られるのは彼らが歳をとってからのことだからです。

これらすべての理由から、収入そのものが教育に関する決定を下す際には問題になってきます。たとえ教育によって得られる利益が同じであっても、ジャマルは親の収入が少ないために、ジョンと比べて少ない教育しか受けられません。実際、わたしたちが集めた18カ国のデータを見ても、教育費が出費全体に占める割合は1日99セント以下で暮らす人よりも1日6ドルから10ドルで暮らす人々のほうが多いことがわかっています。世帯当たりの子供の数は収入の増加に伴い激減しますから、子供1人当たりの教育費は世帯の総支出よりずっと急速に増えるわけです。これは、教育が他の投資と何ら変わらないものだと思われている世界で起こるはずのこととは正反対です。むろん、貧乏人はどうやったって教育なんか受けられないと信じているなら別ですが。

これはとても重要なことです。なぜなら、もしも親の収入が教育への投資の決定にこれほどまでに大きな役割を果たしているなら、金持ちの子供は大した才能がなくても、高い教育が受けられるし、貧しい子供は才能があっても教育の機会が奪われるからです。だから市場に任せているだけでは、すべての子供に出自にかかわらず能力に応じた教育を受けさせることはできません。収入のちがいを完全に消せないならば、社会的に効果のある結果を生み出すためには、すなわちすべての子供にチャンスを与えるためには、教育を安上がりにするような、国による供給重視の介入が必要になってきます。

トップダウン型の教育政策は機能するか？

でも問題はそういう国による市場介入が原理としては望ましくても、本当に実現可能なのかということです。もしも親が教育に関心がなければ、トップダウンの教育振興策は単なる資源の無駄に終わりかねないのでは？　例えば、『エコノミスト 南の貧困と闘う』のなかでイースタリーは、アフリカ諸国における教育への投資は、これらの国々の発展の助けにはなっていないと主張しています。

ここでもまた、この質問に答える最良の方法は、個別の国々がこれを試したときに何が起こったか観察することです。ありがたいことに、たとえ教育の質がひどいものであっても、学校はまだ役に立っているようです。インドネシアでは、1973年の最初の石油ブームの後で当時の独裁者スハルト将軍が、学校建設活動の大盤振る舞いを決めました。[14] これは古典的なトップダウンによる供給主導型プログラムでした。学校は、就学していない子供が多い地域を厳格に優先するという事前ルールに従って建設されました。ですから、もしもその地域に学校がないのは、人々が教育に興味がないからであるなら、このプログラムは悲惨な失敗に終わっていたはずです。

実際には、INPRES（Instruksi Presiden ＝大統領教育制度）は大成功でした。それを評価するために、エスターは子供のときにこの新設校の恩恵を受けた若者の賃金と、それより少し歳が上の世代（少し歳をとっていたのでこれらの学校に通う機会がなかった人々）の所得を比較しています。すると学校建設の多かった地域では、上の世代に比べて若い世代の賃金がかなり高くなっていることがわかりました。教育と賃金に対する影響を総合してみると、新設校により初等学校への通学年数が1年増えるごとに、賃金は8パーセント上昇しているというのが結論です。この教育に対する収益率は、アメリカでの通常の測値にとても近いものです。[15]

もう一つの古典的なトップダウン型プログラムは、義務教育です。1968年、台湾ではすべての子供を9年間学校に通わせることが法律で義務化されました（それまでの法律では義務教育は6年でした）。この法律は男児と女児の学校教育に大きな好影響を与えましたが、雇用についても、特に女児に大きく影響しました。[16] 教育の効果は金銭面だけではありません。台湾のプログラムは子供の死亡率にも大きな影響を与えました。[17] マラウイでは、補助金のおかげで学校を退学しなくて済んだ女児の妊娠確率も減っています。ケニアでも結果は同様です[18]。いまでは、教育の広い影響を実証するはっきりとした証拠がたくさん集まっているのです。

さらにこの研究では、どんなに些細な教育でも役に立つという結果がでています。字を読める人は新聞や掲示板を読むことが多く、利用可能な政府のプログラムを見つけやすくなります。中等教育にまで進んだ人のほうが正規部門の仕事につきやすいという結果が出ていますが、そうでなくても教育を受けたほうが自分の事業を上手く営めます。

ここでもまた、哲学的に対立した戦略間の二極化した論争は、ほとんど的外れなようです。需要と供給の戦略のどちらか一つしか実行できない理由などありません。供給はそれ自体として役に立ちますが、需要も重要です。確かにトップダウンによる助けを借りなくても、まともな仕事があれば、どうにかして教育を受ける方法を自分で見つけ出す人もいますが、多くの人々にとっては、その地域に組みこまれている学校教育から受けるあと押しは重要な意味を持つのです。

だからといって、今のトップダウン型の戦略が最大限の成果をあげているとか、それが十分に実施されているとかいう意味ではありません。だってこれまで見てきたように、公立学校で提供されている教育の質は時に惨憺たるものなのですから。ひどい教育でも生徒がそこから何かを得ているからといって、それをもっと改善できないはずはないのです。では需要重視の方法ならましなのでしょうか？　私立学校教育は通常は需要主導型戦略の代表例です――無料の公立高校があるのに子供を私立学校に入れようとすれば、親は自分が一生懸命稼いだ金を使う必要があります。では、私立学校では教育の質の問題は解決されているのでしょうか？

私立学校

私立学校が教育制度の隙間を埋めるのに重要な役割を果たすということについては、みんな驚くほど意見が一致しています。インドの教育権法は、幅広い政治的志向を持つ人々（世界中でずっと市場の役割について反対してきた左翼を含む）から強い支持を受けて最近議会を通過しましたが、バウチャー方式民営化と呼ばれているものの一種です――政府が市民に私立学校の学費を払うための「バウチャー」を与えるのです。

教育専門家が注目するずっと前から、世界中の低所得の熱心な親たちは、たとえ生活を切り詰めてでも子供を私立学校に入れようと決めていました。おかげで南アジアとラテンアメリカ全域では、低価格私立学校という予想外の現象が起こりました。それらの学校の月謝は最低1・5ドル。校舎はかなり質素で、ときにはだれかの家の数部屋だけ。教師といえばたいてい、他に仕事がなくて学校でも始めてみようと思った地元の人がなるといった次第でした。ある研究によれば[19]、パキスタンのある村の私立学校の供給量は、女子中等学校がその一世代前にその地域で建てられたかどうかで正確に予測できるそうです。教育を受けた娘たちが、村に残ったまま金を稼ぐ機会を求めて、教育産業に教師としてどんどん参入してくるためです。

学校としての資格は怪しげなこともあるのですが、私立学校はたいていは公立学校よりもうまく機能しています。世界無断欠勤調査によれば、インドでは私立学校は、公立学校が特にひどい村に多いそうです。さらに、私立学校の教師は同じ村の公立学校の教師よりも平均8パーセントほど定められた日には学校にいる確率が高いようです。また、私立学校に通う子供も成績がいいようです。２００８年、ASERによれば、インドでは公立校に通う5年生のうちの47パーセントが2年生レベルの文章を読めませんでしたが、私立学校ではそれが32パーセントでした。「パキスタンの学校における学習教育達成度調査」（LEAPS）では、私立学校の子供は3年生になるまでに、英語では１・５年分、数学では２・５年分ほど公立学校の子供よりも授業が進んでいることがわかりました。確かに、子供を私立学校に入れようと決めた家族が他とちがうというのも事実です。しかしこの学力差は、私立学校のほうが裕福な家庭の子供を惹きつけるということだけでは説明がつきません。私立と公立の学力差は、社会経済的階層の一番高い層と最低層の子供の平均学力差の10倍近くになります。そしてそこまで大きくはないにしても、同じ家庭内で公立と私立に入学した子供のあいだにも、見過ごせない学力差があります。[20]――これはもしも親がもっとも才能のある子供を私立学校に入れたり、いろいろ助けたりしていたなら、実際の差をより過大評価していることになりますが。[21]

つまり私立学校に通う子供は、公立学校に通う子供よりもよく学ぶということです。しかし、これは私立学校が最大限の効果をあげているということではありません。私立学校に通う効果を単純な市場介入の効果と比較すると、私立学校がそこまでは効果をあげていないことがわかります。

プラサム対私立学校

ASERを実施している並外れた教育NGO、プラサムは教育制度の欠陥を暴くだけではなく、それを修復しようともしています。ここ10年間、わたしたちは彼らと協力し、子供に算数と読みを教える彼らの新しいプログラムのほとんどを評価してきました。わたしたちの協力関係が始まったのは、2000年に西インドのムンバイとヴァドダラで、プラサムがバルサキ（「子供の友達」という意味）というプログラムを実施しているときでした。このプログラムはそれぞれの教室でもっとも助けを必要としている20人の子供を選んで、苦手なところを一緒に勉強してくれる地元のお姉さん、バルサキを派遣するものでした。地震や住民の暴動にもかかわらず、このプログラムで子供たちの成績は大幅に上昇しました――ヴァドダラでは、インドにおける私立学校の平均的効果の約2倍の効果をあげています[22]。でもバルサキたちは、平均的な私立（あるいは公立）学校の教師よりも教育を受けた時間がかなり少ないのです――多くはどうにか10年ほど学校に通い、それに加えてプラサムによって1週間の研修を受けただけです[23]。

このような結果が出ると、多くの機関がその栄光にあぐらをかいてしまいがちです。でもプラサムはちがいました。栄光のうえにあぐらをかくなど、マドハブの性格、あるいはプラサムの目を見張る拡大の原動力となった人間ダイナモとも言うべきルクミニ・バナージの性格からは考えられません。プラサムがこのプログラムを拡大してもっと多くの子供たちを受講させた方法の一つは、それを地元に引き継ぐことでした。インド最大でもっとも貧しい州のひとつでもあるウッタル・プラデシュ州東部のジャウンプール地方では、プラサムのボランティアが村々を回って子供たちにテストを行ない、地元の人たちにすすめて子供が何をわかっていて何をわかっていないのかを調べるテストに参加してもらいました。親たちはそのテストの結果にかなりご機嫌斜めでした――最初のうちはカッとなって子供を叩こうとすることが多かったのですが――だんだん地元からもボランティアが現れて、小さな男の子や女の子を助ける仕事を引き継ぐ準備が整ってきました。彼らはたいてい若い大学生で、家の近くで夜間講習を開いています。プラサムは彼らに1週間の研修を行ないますが、特別に報酬を与えたりはしません。

わたしたちはこのプログラムについても評価しましたが、その結果はかなり目覚しいものでした。プログラムが修了するまでに、プログラム以前には字が読めなかった参加児童の全員が、少なくとも文字が読めるようになりました（これとは対照的に、比較対象となった村ではその年の終わりに字が読めたのはわずか40パーセントでした）。プログラムが始まったときに字が読めるのがやっとだった子供たちについては、参加児童は不参加児童に比べて、短いお話が読めるようになった割合が26パーセントも高かったのです(24)。

最近では、プラサムはその焦点を公立学校との連携に移してきました。インドのなかでももっとも貧しく、教師の欠席率がもっとも高いビハール州で、プラサムは夏の補習キャンプを何回か行なって、公立学校教師を招いて子供たちに教えてもらいました。この目論見による成果は絶大でした。評判の良くない政府の教師たちが実際に教鞭をとったこのプログラムの成果は、ジャウンプールの夜間講習に匹敵するものでした。

プラサムの出した結果はすばらしいものだったため、インド、そして世界中の多くの学校制度がこの組織に接触してきました。ガーナでも、このプログラムの変種が試されていて、ずっと大規模なランダム化対照試行が研究チームと政府の共同作業によって実施されています。そこでは、初めて職探しをしている若者が、学校で補習教育を行なうための訓練を受けています。また、セネガルとマリの教育大臣が派遣した代表団がプラサムの事業を視察に訪れて、このプログラムをそっくり真似しようと計画しています。

この証拠を見ると疑問もいろいろ湧いてきます。ボランティアとセミボランティアの教師がこのような大きな成果を生み出せるなら、私立学校でも同じような方法が導入可能なはずだし、ずっと大きな成果をあげられるはずです。ところがインドでは、私立学校に通う5年生のまるまる3分の1が、1年生レベルの文章も読めないことがわかっています。なぜでしょう？　もしも公立の教師がそんなに上手く教えられるなら、なぜそれが学校制度のなかで実現できないのでしょう？　これほどの学習成果が簡単に得られるなら、なぜ親たちはそれを要求しないのでしょう？　実際、ジャウンプル地方のプログラムでは夜の補講に参加したのは、字の読めない子供のうちのわずか13パーセントだけでした。なぜでしょうか？

市場が本来の機能を果たせないいつもながらの理由が、ここでも働いているのはまちがいありません。おそらく私立学校間で十分な競争がないか、あるいは親たちが私立学校での教育について十分な情報を得ていないのは確かでしょう。後に論じるもっと広い政治経済学的な問題も、公立学校の教師の業績の原因となっているはずです。でも教育には一つ、独特の重要な問題があるのです。教育が何を実現するのかという期待の特異さが、親たちの要求、公立私立学校の両方が提供すること、そして子供たちが達成することを歪めています――そしてこれによって膨大な無駄が生まれているのです。

期待の呪い

幻のS字曲線

数年前、わたしたちはセヴァ・マンディールが運営するウダイプールの農村にある非公式の学校で、親と子のコラージュ大会を開催しました。色鮮やかな雑誌を山のように持ちこんで、親たちに教育が自分の子供たちにもたらすと思うものを切り抜いてもらいました。その切り抜いたものを、子供の助けを借りてコラージュ作品に仕立ててもらおうと思ったのです。

出来上がったコラージュはどれも似たり寄ったりでした。コラージュには金やダイヤモンドの宝石類と最新モデルの車が散りばめられていました。雑誌には他の写真もありました——穏やかな田舎の景色、釣り船、ココナッツの木立——でも、もしもコラージュに表れた証拠を信じるなら、教育の目的はそういうものではないようです。親は教育を何よりも、子供が（かなりの）富を得るための手段と考えているようです。このような富を獲得するための予想ルートは、ほとんどの親にとって、子供が公務員（例えば教師など）になることで、もしなれなかった時には何か事務職につくことです。マダガスカルでは640校の学校に通う子供の親に、小学校を修了した子供、あるいは中学校を修了した子供はどんな仕事につくのか尋ねてみました。70パーセントが中卒の子供は公務員になると答えましたが、実際に公務員になるのは33パーセントにすぎません[25]。

でも実際には、6年生になるまで学校に通う子供はごくわずかで、まして卒業試験に合格する子はなおさら少ないのです。昨今では学歴が必要などんな仕事でも、小学校の卒業は最低限の必要条件です。そして親もこれをまったく知らないわけではありません。マダガスカルで、親に教育の利益に対する考え方を尋ねてみると、彼らが平均で見れば正しく理解していることがわかります。しかし、彼らはその一番いいところと最低のところの両方を誇張しています。彼らにとって教育は宝くじのようなものであって、安全な投資などではないのです。

インドネシアのバンドンにあるチチャダス・スラムに住み、自他共に認める「近所で一番の貧乏人」を平然と名乗る屑拾いのスダルノさんが、このことを簡潔に物語っています。彼に会った2008年6月、一番下の息子（9人兄弟の9人目）はちょうど中学校に入るところでした。彼はその息子が中学校を卒業すれば、すでに兄の1人が働いている近くのショッピングモールに就職すると考えていました。兄と同じ仕事なら、その少年は今でもつけます。でもスダルノさんは息子に中学校を卒業させることは、たとえ3年間分の給料をふいにしても、無駄ではないと考えていました。彼の妻は息子が大学に入れるかもしれないと思っていました。スダルノさんは、大学というのは夢物語だと思っていました——でももしかしたら息子が安定性と社会的地位から考えて最高の仕事である、事務職につくチャンスがあるかもしれないとは考えていました。彼に言わせると、それは十分に価値のある賭けなのでした。

また、親たちは教育における最初の数年間は、そのあとの数年間に比べて割がよくないと考えがちです。例えば、マダガスカルでは、親は初等教育に子供を1年間通わせるごとに子供の将来の収入が6パーセント増加し、それが中学校だと12パーセント、高校だと20パーセント増えると信じています。とてもよく似たパターンがモロッコにも見られます。そこでは、親は小学校に1年通うごとに男児の収入は5パーセントずつ増え、中学校だと15パーセント増えると信じています。この傾向は女児についてはもっと顕著です。親の考えでは、女児が小学校に通うことで増える収入は0・4パーセントとほとんど効果がないに等しいことになっています。しかしこれが中学校になると収入が17パーセントも上がると思われています。

現実の推計によると、1年間教育を受けることで増える収入はおおむね年数に比例しています[26]。そして普通の仕事につかない人にとっても教育は役に立っているようです。例えば、緑の革命のあいだ、教育を受けた農夫は受けていない農夫より収入が高かったのです。[27] さらに教育には、金銭以外の各種メリットもあります。言い換えれば、親は現実には存在しないS字曲線を見ているということです。

このS字曲線への思いこみのおかげで、もしも親が自分の子供全員を平等に扱わなくていいと考えている場合には、投資を子供全員に均等に分散するのではなく、もっとも才能があると思っている子供にすべての教育資金をつぎこんで、その子だけに十分な教育を受けさせることが彼らにとっては道理にかなっているのです。ナガナジ村の、シャンタラマさん（本章冒頭で子供のうち2人が学校に通っていなかった寡婦）の家のすぐ近所で、7人の子供を抱える農夫に会いました。その子供たちのうち一番年少の12歳の少年を除けば、2年生以上に進学したものはいませんでした。彼らはその子が1年通った公立高校の質に満足できませんでした。それで、その少年は村にあった私立の寄宿学校で7年生として学んでいました。その学費は一家の農業収入の10パーセント以上で、1人の子供にかけるお金としてはかなりの額で、明らかに7人すべてに同じようにお金をかけるのは不可能でした。幸運な少年の母親はわたしたちに、彼は家族のなかで唯一「頭がいい」子供だと説明しました。自分の子供に対して当人たちの目の前で「頭が悪い」とか「頭がいい」という言葉を平気で使うのは、その親の勝者を選び出すことを重視する（そして他の家族は全員がその勝者を応援する）世界観と完全に一致します。このような信念は奇妙な兄弟間の競争意識を生みます。ブルキナファソでは、ある調査によって、知能テストで高得点をとった若者は就学率が高くなりますが、兄弟が高得点をとった場合には就学率が下がることがわかっています。[28]

コロンビアのボゴタで行なわれた条件付き補助金の研究では、1人の子供に資源が集中する傾向を実証する有力な証拠が見つかっています。そのプログラムでは資金が限られていたため、親には適齢の子供ならだれでも抽選に参加させることのできるオプションを提示しました。抽選に当選した子の親は子供が規則正しく学校に通っているあいだは毎月補助金をもらうことができます。抽選に当たった者は規則正しく学校に通うようになり、毎年進級するようになり、大学への進学が補助金のうちの一部の条件となっている場合には、大学への進学も増えました。でも困ったことに、2人か3人の子供を抽選に参加させ、1人しか当たらなかった家族の外れた子供たちは、一家全員が抽選に落ちた家族の子供たちに比べて、就学率が少なかったのです。家族の収入が増えれば、他の子供にとってもそれが有利に働くはずなのに、現実にはそうなっていないということです。勝者が選別され、資源はその彼（あるいは彼女）に集中したのです[29]。

誤解はときに致命的です。現実には、教育が原因の貧困の罠などないはずです。教育はどのような水準であっても役に立ちます。しかし、教育の利益はS字曲線を描くと親が信じこんでいるために、まるで貧困の罠が存在しているかのような行動を彼らにとらせて、その結果として意図せずして貧困の罠ができてしまうのです。

エリート主義的な学校制度

卒業試験での成功にばかり期待をかけるのは親だけではありません。この点では教育制度全体が結託しています。学校のカリキュラムと組織の成り立ちは、植民地時代にまで遡ります。当時の学校は地域のエリートを植民地宗主国の実質的な協力者として養成し、最終的に彼らと他の人々とのあいだになるべく距離を置くことを目的としていました。新たな学生が入ってきても、教師たちは、一番の優等生が難しい卒業試験に合格するよう備えるのが自分の仕事だと思っています。そうした試験は、多くの発展途上国で最終学年への関門か大学への関門として機能しているのです。これと関連して、カリキュラムを「近代化」すべきだという絶え間ない圧力のせいで、講義はどんどん科学的かつ科学重視の方向へと向かい、教科書はどんどん厚く（そしてまちがいなくずっと重く）なってきました——あまりのことにインド政府はいまでは、1年生と2年生の通学かばんの重さを3キロ以下に制限しているほどです。

プラサムのスタッフについて西インドのヴァドダラ市の学校に行ってみました。訪問は事前に伝えてあり、教師は明らかによい印象を与えようとしていました。彼のアイデアは、ユークリッド幾何学として知られている手のこんだ華麗な証明を表すきわめて複雑な図形を黒板に描いて、その図形について延々と講釈を加えることでした。すべての子供たち（3年生）はきちんと列を作って床の上で静かに座っていました。何とかしてその図を自分の小さな石版に書き写そうとしている者も数人いましたが、チョークの質が悪かったので書いたものはほとんど何だかわかりませんでした。何が行なわれているのかちょっとでもわかっている子が一人もいないのは明らかでした。

この教師は例外ではありません。開発途上国の教師たちが持つこうしたエリート偏向は、山ほど見てきました。パスカリン・デュパスとマイケル・クレマーとの共同調査でエスターは、余っている教師を利用してクラスを二つに分けるという、ケニアの教室の再編成案を立てました。それぞれのクラスを進度によって分け、子供たちがそれまで知らなかったことを学ぶのを助けました。教師は公開のくじ引きによって、無作為に「最高」のクラスか、「最低」のクラスに振り分けられました。くじ引きで「はずれ」て、最低コースに配属された教師は、そこで教えても何も得るものはなく、生徒たちの出来の悪さを責められることになると言い立てて、憤慨していました。そして彼らは自分の行動もこれにあわせて変えました。何度か無作為に訪ねてみると、最低クラスに配属された教師は、トップコースに配属された教師たちに比べると、教壇に立たなくなり、職員室でお茶を飲んでいることが多かったのです(30)。

問題は高い野望そのものではありません。本当に有害なのは、それが生徒の達成度に対する低い期待感と一緒になってしまっていることです。インド・ヒマラヤの前衛の山地であるウッタラカンドで、子供たちの試験を見学に行ったことがあります。それはすばらしい秋の日のことで、このテストがさぞかし面倒だろうと感じられてなりませんでした。テストを受けるはずの子供もそう思ったはずです。その男の子に、学校に通っているのか尋ねると元気に頷き、いくつか質問がしたいと伝えると同意したように見えましたが、質問者が読み物の紙を渡すと、7歳の子供ならではのやりかたで、ぷいっと顔をそむけてしまいました。質問者は、楽しい絵もあるしお話もおもしろいよ、と言って、何とか一目でいいからその紙を見させようとしましたが、その子はてこでも動きません。その子の母親は、ずっと読んでごらんと呟いていましたが、いかにも投げやりな感じで、母親からしてその子の気が変わるとは思っていないことがわかりました。「インタビュー」が終わったあとで車に向かって歩いていると、ほこりだらけのドーティー（この地方の農夫がまとうふんどし）を巻き、黄ばんだTシャツを着た年老いた男がわたしたちと歩調を合わせてきました。「おれたちみたいな家庭の子供ってのは……」。それだけ口にして、後はこちらの想像にまかせました。同じような悲観主義は、その子の母親の顔にも、彼女と同じような多くの母親の顔にも現れていました。彼女はそれを口にこそしませんでした。でもその表情は、時間の無駄ですよ、と語っていたのです。

貧しい人々をめぐる言説には、カースト、階級、あるいは民族などに基づく、各種の時代遅れの社会学的決定論がはびこっています。1990年代に、ジーン・ドレズ率いるチームがインドの教育に関する報告書、『インドの基礎教育に関する公的報告書』（PROBE）を作成しています。そこでわかったことの一つに次のようなものがあります。

多くの教師は、辺鄙な、あるいは「後進的な」村に配属されることを嫌う。現実的な理由としては、通勤の不便さ、あるいは不便な人里離れた村に住まなければならないことなどがある（中略）共通するもう一つの理由として、地域の住民からの疎外感がある。そうした地域住民は酒に金を注ぎこみ、教育への可能性もなく、あるいは単に「猿のようなふるまい」をしていると言われることもある。また、辺鄙な後進地域は、教師の努力が実ることのない不毛の地と見られている。

ある若い教師はその調査チームに、「みすぼらしい親の子供」とはコミュニケーションがとれないと事もなく言ったそうです。[31]

こうした先入観が生徒に対する教師の行動に影響を与えるかを調べたある研究では、教師たちに一連の試験を採点してもらいました。教師は生徒のことを知りませんが、無作為に選ばれた半数の教師には子供のフルネーム（カースト名も含む）が伝えられています。残りの半分の教師には名前を教えません。平均すると、子供の属するカーストがわかっているときには、わかっていないときに比べて、低カーストの子供には明らかに低い評価がつきました。しかし興味深いことに、このような評価をするのはカーストの高い教師ではありませんでした。カーストが低い教師のほうが低いカーストの子供に悪い評価を与える傾向が高いのです。彼らは低カーストの子供が勉強できるはずがないと思いこんでいたのです。[32]

高い期待と信頼感の欠如が一つになると致命的です。これまで見てきたように、S字曲線への盲信のせいで、人々は諦めてしまいます。もしも教師と親が、この子はこぶを越えてS字曲線の急勾配にたどりつけないと信じれば、最初からやってみようとさえしないでしょう。教師は落ちこぼれを無視し、親はその子の教育に興味を失います。でも、この行動はもともと貧困の罠など存在しなかったところに、それを作りだしてしまうのです。諦めてしまえば、その子が本当は成績があがるはずの場合でも、それはわからずじまいです。そして対照的に、自分たちの子供ならできると考えている家庭、あるいは自分たちの子供が無学に終わるのを容認できない家庭（言うまでもなく歴史的に見てエリート家庭）は、最終的に自分たちの「高望み」が実現するのを見ることになります。この本の著者の一人アビジットの小学校教師の回顧によれば、アビジットが最初の1年で学業で遅れをとったとき、みんなは彼が突出していて、授業を退屈に思ったせいだと信じようとしました。結果、彼は飛び級で次の学年に進学しましたが、またここでもすぐに落ちこぼれてしまい、教師たちはお偉方が飛び級を疑問視しないように、彼のやってきた宿題を隠してしまったほどです。もしもアビジットが2人の学者のあいだに生まれた子供でなく、工場労働者の家の子供だったならほぼ確実に補習コースに入れられるか、退学を求められていたはずです。

当の子供自身も自分の能力を評価する際にこの論法を使います。社会心理学者のクロード・スティールは、「ステレオタイプの脅威」なるものの力をアメリカで立証しています。女性が数学に弱いというステレオタイプはこのテストに限っては当てはまらないとはっきりと伝えられると、女性は数学のテストで成績が上がります。アフリカ系アメリカ人は、解答用紙の最初にアフリカ系であることを書くように求められると、テストの成績が悪くなります。[33] スティールの研究に続いて、世界銀行の2人の研究者が、インドのウッタル・プラデシュ州の低カースト児童に迷路解きをさせて、高カースト児童と競わせています。[34] 低カースト児童はカーストが表に出ないと高カースト児童と善戦していましたが、(ゲームが始まる前にフルネームを訊くという単純な仕掛けによって) 自分たちのカーストが低く、競う相手の子供たちのカーストが高いことを知らされると、出来がずっと悪くなりました。執筆者たちは、明らかにエリートであるゲームの主催者たちが、自分たちに公平な評価をしてくれないと恐れたせいもあると論じていますが、単なるステレオタイプの内面化にすぎないのかもしれません。学校を難しいと考えている子供は、教わったことがわからない時にも教師より自分自身のせいだと思い、自分は学校に向いていない――多くの仲間と同様に「頭が悪い」――と決めつけて、教育を受けることを諦めて、授業に集中せず、シャンタラマさんの子供たちのように、あっさり学校に行かなくなってしまうのかもしれません。

なぜ学校は失敗するのか

多くの発展途上国では、カリキュラムと教え方のどちらも、学校に来る普通の子供よりはエリート向けに作られているため、投入を増やすことで学校の機能を改善しようとする試みはたいてい期待はずれとなります。1990年代、マイケル・クレマーは発展途上国における政策介入について、初のランダム化評価を行なうための簡単なテストケースを探していました。この最初の試みのために、彼は介入がまちがいなく大きな効果を持つ例を探していました。教科書が絶好の例のように思われました。(調査が行なわれる予定の)西ケニアの学校には教科書がほとんどなく、本が不可欠な投入だということにはほぼだれでも合意します。100の学校から25校が無作為に選ばれ、教科書(その学年向け公式教科書)が配布されました。結果は期待はずれなものでした。教科書をもらった生徒ともらわなかった生徒で、テストの平均点には何のちがいも現れませんでした。しかし、クレマーとその同僚は最初から成績の良かった子供たち(この調査が始まる前のテストでトップに近い成績の子)は、教科書が配られた学校では目覚しい進歩を遂げているのを発見しました。これで話が見えてきました。ケニアで教育に使われている言語は英語で、教科書も自然に英語のものになります。でも、ほとんどの子供にとって英語は第三言語(地域の言葉、そしてケニアの公用語であるスワヒリ語の次にくる言葉)にすぎず、ほとんど喋れません。英語で書かれた教科書は子供の大多数にとって、役に立つわけがなかったのです。[35] このようなことが多くの場所で他の投入(フリップチャートから、少人数学級まで)でも繰り返されてきました。教育方法や、やる気の変革を伴わない場合には、新しい投入はあまり役に立たないのです。

これで、私立学校でも平均的な子供の教育では似たり寄ったりな理由がはっきりしました——そうした学校の存在意義はすべて、もっと大きな目標への踏み石となる難しい共通試験で最高の成績をあげる子供を育てることにあり、それにはどんどん授業を先に進め、広い範囲を網羅する授業が必要になります。ほとんどの子供が落ちこぼれてしまうのは不幸ながら、当然です。アビジットがカルカッタで通っていた学校は、毎年クラスで成績が最底辺の子供を退学させるというほぼ明確な方針を持っていたので、卒業試験の頃には、その学校は合格率100パーセント近くを誇るようになりました。ケニアの小学校でも、少なくとも6年生のときから同じ戦略がとられます。親も同じ志向を持っていたので、そんなことはやめてくれと学校に圧力をかける理由もありません。親も、他の人と同様に、学校に「エリート」教育だと思っているものを施して欲しいと思っています――ただ実際には、これが行なわれているかどうか監視できないし、自分たちの子供がそれによって利益を受けているのかどうかもチェックできないのですが。例えば、英語での教育は南アジアの親のあいだでは特に人気がありますが、英語が話せない親には教師が本当に英語で教えているのか知る由もありません。この逆の現象として、親たちはサマーキャンプや夜間授業にはほとんど興味を持ちません――そんな授業を必要とする子供はもともとハズレなんだから、そんな手間をかける意味はない、というわけです。

プラサムのサマースクールが機能する理由もこれでわかります。公立学校の教師はあまり勉強のできない子供への教え方もわかっているようだし、夏のあいだにそれを少しやることも厭いませんが、通常の学期期間の仕事は、そういうものではないのです――少なくともそう信じこまされています。最近ビハールでもわたしたちは、補習教育プログラムを完全に公立学校に統合させようというプラサムのプロジェクトを評価しました。そこでは、教師を生徒の質にあわせた指導ができるよう訓練し、ボランティアが教室で教師のアシスタントとして働けるよう訓練していました。結果は目覚しいものでした。教師とボランティアの両者が訓練を受けた（無作為に選ばれた）学校では、これまで述べてきたプラサムの成果すべてを集大成したような、大きな進歩が見られました。でも教師の訓練だけが行なわれた学校では、何も変化は起こりませんでした。サマーキャンプでは実にうまく教えていた教師が、何の成果もあげられないのです。決められた教育方法や指導要領の消化にもっぱら専念しなくてはならないという制約は、障害としてあまりに大きいようです。これについて教師だけを責めるわけにはいきません。実はインドの新しい教育権法でも、カリキュラムの消化が義務付けられているのです。

もっと広い、社会的レベルで見ると、このような信念と行動のパターンは、多くの学校制度が不公平かつ無駄だということを意味します。金持ちの子供が通う学校は、単にもっと多くのことを上手く教えてくれるだけでなく、子供を思いやりを持って扱い、本当の潜在能力を発揮できるよう助けてくれます。貧乏な人々は、傑出した才能を示さない限りはお呼びでないと露骨に言われるような学校に通うことになり、つまり「落ちこぼれるまで黙って苦しめ」と要求されるに等しいわけです。

これは才能の大きな無駄を生んでいます。小学校から大学までに中退してしまった人々と、そもそも学校に行かなかった人々の多く、いやおそらくほとんどが、どこかで生じた判断ミスの犠牲者です。諦めるのが早い親、まともに生徒に教えようとしない教師、生徒自身の気後れ。これらの人々のなかにはまちがいなく、経済学教授や大企業家になれたはずの人もいたでしょう。それが日雇い労働者や商店主になり、運がよくても泡沫の事務職につくのがせいぜいです。彼らが埋めることのなかったポストのほとんどは、子供が成功するあらゆる機会を与えるだけの余裕のある親のもとに生まれた、二流の子供が埋めることになるのです。

アルバート・アインシュタインからインドの数学の天才ラマヌジャンに至るまで、教育制度からは落ちこぼれた大科学者の物語はもちろんよく知られています。ラーマン・ボーズという会社の物語を見ると、このような体験は少数の天才に限った話ではないようです。Ｖ・ラーマンというタミール人エンジニアが、１９７０年代末にマイソールでラーマン・ボーズという会社を始めました。この会社は電気のトランスに使う厚紙などの工業用紙製品を作っていました。ある日、Ｖ・ラーマンは工場のドアの外でランガスワミという若い男が雇ってくれないかと頼んでいるのを見つけました。極貧家庭の出身で、工学の教育は受けて修業証書はあるが、正式な大学の学位はないということでした。しっかり働くという彼の主張に負けて、ラーマンは彼に簡単な知能テストを受けさせました。その成績に感心して、彼はこの若者を雇い入れることにしました。何か問題が生じると、ランガスワミが対応にあたることになり、最初こそラーマンと一緒にやっていましたが、だんだんと一人で創造的な対応を行なうようになりました。後にラーマンの工場はスウェーデンの多国籍企業ＡＢＢに買収されました――いまやその工場はＡＢＢが操業しているスウェーデンを含む全世界でもっとも効率的な工場となりました。工学の学位さえ取れなかったランガスワミは技術責任者になりました。彼の同僚で、同じようにラーマンが見出したクリシュナチャリ――ほとんど正規の教育を受けたことのない元大工――は、部品部門の主要管理者となりました。

売却される前に会社の経営にあたっていたラーマンの息子アルーンは、今は、ラーマン・ボーズで一緒に働いていた少数の人々と小さな研究開発ユニットを運営しています。中心となる研究チーム４人のうち２人は高校さえ出ておらず、４人とも工学資格を持っていません。彼らは優秀ですが、最初は自信がなくてはっきり物が言えないという問題があったとアルーンはいいます。だから、彼らがそんなに優秀だなんて、だれがわかるでしょう？　彼らが見出されたのは、それが小さな会社なのに、たくさんの研究開発をこなしていたからです。そうであっても、彼らの才能を見出すには多くの忍耐が必要だったし、彼らを励まし続ける必要もありました。

もちろんこのようなモデルを他でもやるのはなかなか大変です。問題は、才能を確認する正攻法は一つしかなく、それはたっぷり時間をかけて、何が得意かを人が示せるだけの十分な機会を与えるようにすることだということです。そしてそれは、本来なら教育制度の仕事であるはずです。でも、多くの才能がまだまだ隠れているはずだと考えている企業はラーマン・ボーズだけではありません。インドの巨大IT企業の一つ、インフォシスは、正式な資格を持たない人を含め、だれでも足さえ運べば、教科書のお勉強ではなく知能と分析能力に的を絞った試験を受けられる試験センターを設立しました。ここで良い成績を収めた人は訓練生となって、訓練生として成功すれば仕事を得られる仕組みです。この代替ルートは、教育制度の大きな穴からこぼれ落ちた人々にとって、希望の源になりました。インフォシスが世界不況でこの試験センターを閉鎖したときには、インドでは第一面を飾るニュースになりました。

非現実的な目標と無用に悲観的な期待、そして教師へのまちがったインセンティブが組み合わさることで、発展途上国における教育制度は必然的に二つの基本的任務の達成に失敗します。その任務とは、すべての人にしっかりとした技能の基本セットを与えることと、才能を見つけ出すという課題です。さらに質の高い教育を提供するという任務もいろいろ難しくなりつつあります。世界中で、教育制度はストレスにさらされています。就学者数の増加が教育資源の増加を越え、ハイテク分野の成長に伴って、これまでだったら教師になっていたような人々に対する需要が世界規模で高まっています。いまではそういう人々が、プログラマやコンピュータのシステム管理者、そして銀行家などになっているのです。これによってとりわけ、中学校とそれ以上のレベルでは良質の教師を見つけることが深刻な問題となっています。

解決策はあるのでしょうか、それとも難しすぎてどうしようもないのでしょうか？

教育の再設計

吉報、それもとびきりの吉報ですが、手持ちのすべての証拠は、すべての子供が学校で基礎をきちんと学ぶのは十分可能だし、それだけに焦点を絞って取り組めば、実はかなり簡単に実現できることをはっきりと示しています。

イスラエルで行なわれためざましい社会実験を見れば、学校の持つ可能性がわかります。1991年のある日、1万5000人のかなり貧しいユダヤ系エチオピア人とその子供たちがアジスアベバから飛行機で運ばれて、イスラエルじゅうに散っていきました。平均して1年か2年しか教育を受けていない親を持つこれらの子供たちは、他のイスラエル児童たちと同じ小学校に入りました。その同級生たちは、長期入植者と最近移住してきたばかりのロシア人で、その親は平均すると11・5年間学校に通っています。これら2つのグループの家庭環境は、これ以上はないくらいまったくちがっています。数年後、1991年に入学した子供たちが高校卒業を控えている頃には、その差はかなり小さくなっていました。エチオピア出身の子供のうち65パーセントが、落第することなく第12学年に達していました。その割合はロシアからの移民の74パーセントと比べても遜色ないものでした。これによって、たとえ家庭環境と幼少期の状況に不利があっても、少なくともちゃんと環境が整ったイスラエルの学校においては、そのほとんどは埋め合わせるのが可能なことがわかりました(36)。

うまい実験で、このような環境の整え方についてもたくさんのアイデアが得られました。まず最初の要素は基礎能力に焦点を絞ること、そして子供と教師が十分に努力すれば、すべての子供がその基礎能力を習得できるという考えを貫くことです。これは、プラサムのプログラムの背後にある基本理念でもあり、同時にアメリカの「言い逃れなし」のチャータースクール〔特別認可によって設立される公立学校〕で理念化されている考え方でもあります(37)。「知識は力なりプログラム」（KIPP）スクール、ハーレム・チルドレンズ・ゾーンといった学校では、基礎能力の確実な習得と、子供たちが実際に理解していることを持続的に計測することに焦点を絞って、主に（特に黒人の）貧しい家庭の生徒に教育を提供しています。そのような分析がなければ、子供たちの進歩を評価することはできません。

これらの学校は、入学の抽選に通った児童と落ちた児童を比較した研究で、大きな効果と成功をおさめていることが明らかにされています。ボストンのチャータースクールの研究では、チャータースクールの定員を4倍にし、かつ現在の学生層の特性を維持できれば、市全域で白人児童と黒人児童の数学テストの成績の差を最大40パーセント解消できそうだと示されています(38)。ここで働いているメカニズムは、プラサムのプログラムのそれとまったく同じです。通常の学校制度に完全に置き去りにされた子供たち（チャータースクールに入ったときの試験結果は、他の子よりずっと低い）は遅れを取り戻すチャンスを与えられ、その多くが実際にそのチャンスを活かしています。

プラサムの業績から得られた二つめの吉報は、能力ある補習教師になるために、少なくとも低学年教育については訓練はあまり必要ないということです。劇的な効果をもたらしたボランティアのほとんどは、教え方について１週間から10日間程度の訓練を受けた大学生などです。これは単なる読み書き算数を教える以上のことにも当てはまります。ビハールでは、ボランティアを教室に派遣するプログラムを実施しましたが、十分字が読める子供に対してはそのボランティアたちが、読む能力を使った学習のやり方を教えていますーープラサムはこれを、基礎的な「読むことを学ぶ」の続きとして、「学ぶために読む」と呼んでいますーーその学習効果は絶大でした。チャータースクールでは主に若くて情熱的な教師が教えていますが、彼らは小学生も中学生も大いに支援できるのです。

第三に、カリキュラムとクラスを再編成して子供たちに自分自身のペースで学ばせ、特に遅れている子供たちが重点的に基本に取り組めるようにすれば、かなりの効果があがりそうです。そのためには、子供の追跡調査を行なうことです。ケニアでは、さっき触れた研究で、２つの学習モデルを比べるために１年生を２つのクラスに分けています。一つのモデルでは、子供たちは無作為にどちらかのクラスに振り分けられます。もう一つのモデルでは、子供たちの知識をもとに２クラスに分けます。生徒たちが当初の学力水準に応じて振り分けられると、教師は子供たちのニーズにうまく対応でき、どの習熟度から始めても学習効果がずっとあがります。そしてそのようなメリットは持続します。３年生の終わりには、１年と２年のときに成果を記録されていた生徒は、そうでない生徒よりも相変わらず成績が高いのでした。[39] また、個別生徒の必要にあわせた教え方をカスタマイズする別の方法もあります。一つの可能性として、学年間の境界をもっと流動的にすれば、例えば年齢は５年生でも、いくつかの科目で２年生の授業を受ける必要のある子供がいたときには、余計な恥をかかずに2年生の授業が受けられるようになります。

もっと一般的には、みんなが抱いている現実離れした期待感を変える各種の方策があります。自分の子供と似た経歴の子供が、1年間学校に通うと平均でどれだけ収入が増えるかを親に告げるというマダガスカルでのプログラムは、テストの点数にかなりの好影響を与え、教育のメリットを過小評価していたことに気づいた親の場合はその効果は2倍になりました。[40] ドミニカ共和国で行なわれたもっと前の調査研究でも高校生について同じような結果が出ています。[41] 親に情報を伝えるだけなら教師にとってお金も手間もかからないので、これは評価されてきた介入方法のなかでは、今のところテストの成績を上げるもっとも安価な方法です。

子供と教師にもっと短期の目標を与えるのもいいかもしれません。そうすれば何年もたってからやっと出てくるはずの、たった一つの危うい結果にばかり目を向けなくなるでしょう。ケニアでのプログラムでは、上位15パーセント以内の成績をあげた女児に、購買力平価で20米ドルの奨学金をその翌年に与えました。これは単に女児の成績を上げただけでなく、教師が（女児の成績を上げるために）一生懸命教えるようになって、結果的に奨学金のない男子の成績も上がりました。[42] アメリカでは長期目標（たとえば成績向上）を達成した子供に褒美を与えるやり方はうまくいかず、読書に関する努力に褒美を与えると絶大な効果が現れました。[43]

最後に、良い教師を見つけるのが難しく、情報技術が日々発達を遂げて安価になってきていることを考慮すると、技術をもっと使えばよさそうです。でも現在の教育界は、教育への技術利用について、あまり積極的ではありません。しかしこれは、裕福な国々での経験に主に基づいています。そこではコンピュータに教わるという選択肢を取らなかった場合の代案は、ほぼ確実に、よく訓練されたやる気のある教師の指導なのです。これまで見てきたように、貧しい国々では必ずしもそうではありません。そして発展途上の国々の実例を見ると、まだその例はわずかではありますが、かなり効果があるようです。わたしたちは2000年代のはじめにワドダラの公立学校で、プラサムと共同で行なわれたコンピュータ式授業のプログラムを評価しています。そのプログラムは至って簡単なものです。3年生と4年生がペアを組んでコンピュータでゲームをするというものでした。ゲームには、だんだん難しくなる算数の問題が含まれています。正解した勝者には、ゴミを宇宙に発射する機会が与えられます（これはとても政治的に正しいゲームなのです）。実際に彼らがゲームをしたのは週2時間だけでしたが、このプログラムが数学の点数に与えた効果は、それまでの数年間に様々な状況で試されてきた教育への介入のなかでももっとも上手くいったものに匹敵し、その効果は生徒全体に及んでいました――もっともできる子供たちはさらにできるようになり、もっともできない子供たちも同じようによりできるようになりました。これは学習ツールとしてのコンピュータの特に優れている点、すなわちどの子供もプログラムを通じて自分のペースを維持できるという点を際立たせるものでした(44)。

期待を下げて、中核的な能力だけに焦点を絞り、そして教師の補助にテクノロジーを利用する、あるいはもしも必要なら、技術で教師を置き換えてしまおうというメッセージは、一部の教育専門家には同意を受けにくいものです。彼らの反応はまあ理解できます――わたしたちが主張しているのは二重構造の教育制度に見えますから。片方は、高価な私立学校で高い水準の教育を受ける金持ちの子弟向け、片方はその他向け、というわけです。この反対論がまったく見当ちがいというわけではありません。でも残念なことに、そういう分断はすでに存在していて、現状と私たちの提案とのちがいは、現行のシステムがほとんどの子供には基本的に何の役にも立っていないということだけです。もしもカリキュラムが根本から簡略化されて、教師の使命が、すべての子にそのすべてを習得させることなのだとはっきりと規定され、子供たちがそれを自分たちのペースで学び、必要ならそれを繰り返すことも許されれば、子供たちの大半は学校での数年間で何かを得ることができるはずです。加えて、才能のある子供は実際に自分自身の才能を発見するチャンスを得るでしょう。確かに、エリート学校の子供たちと同じような立場に置くことは難しいのですが、もしも子供たちが自信を持つことを学べば、彼らにもチャンスはあります。特に、制度が彼らを助けようとしてくれるならなおさらです。[45]「こんな生徒がほしい」と自分たちが思っているような生徒ではなく、現在実際に抱えている生徒に貢献すべきだと学校が認識することこそ、すべての子供に機会を与える学校制度を持つための第一歩なのです。

第5章　スダルノさんの大家族

インドの首相インディラ・ガンジーの次男で、1981年に飛行機事故で死亡するまでは彼女の後継者と目されていたサンジャイ・ガンジーは、人口抑制がインドの発展計画には不可欠だと確信していました。彼はそれを重要な目標として掲げて、民主的権利が一時的に停止されていた「非常事態」と呼ばれた期間（1975年半ばから77年初頭にかけて）に、公式の場に頻繁に姿を見せました。サンジャイ・ガンジーは公職にはついていないのに、かなり公然と事を仕切っていました。彼は十八番の控えめな口調で、家族計画プログラムは「多大な注目とともに取り組むべき重大事項」で、「なぜならすべてのわが国の産業、経済、そして農業の発展は、もしも現在の割合で人口が増え続けたら、まったく役に立たなくなる」と言いました(1)。

インドには、1960年代以来の長い家族計画の歴史がありました。1971年にはケララ州で移動不妊手術サービスが試みられ、この「不妊手術キャンプ」は、「非常事態」中のサンジャイ・ガンジーの計画の礎となりました。彼以前の政治家たちも人口抑制を重要な問題として考えていましたが、サンジャイ・ガンジーはこの問題に、空前の情熱と、自分が選んだ政策の実施に必要ならば多くの人の反対をねじ伏せる能力（そして意志）を注ぎこみました。１９７６年４月、インド内閣は家族計画を奨励する様々な手法を宣言した、全国人口政策の公式声明を承認しました。手法のなかには、不妊手術への同意に対する大きな金銭的インセンティブ（１カ月分の賃金、公共住宅への優先入居など）が含まれ、そして恐ろしいことに、各州に強制避妊手術法（例えば、２人以上子供がいる人すべてに強制とか）を制定する権限まで与えていました。そのような法案が提出された州は一つだけでしたが（そして可決はされませんでしたが）、州には避妊手術のノルマを決めて実施しろという露骨な重圧がかかり、その結果３州を除く全州で「自主的」に、中央政府によって提案されたよりも大きな目標がたてられました。その目標値は合計すると１９７６年から７７年にかけて８６０万人に避妊手術を行なうというものでした。

一度ノルマが決まると対応には本腰が入れられました。ウッタル・プラデシュ州の上級官僚は、現地の部下に次のような電報を送っています。「月間目標値未達者は給料停止、停職と厳罰。行政全体を叱咤激励し、私と州知事秘書官に日次報告を至急電信で送り続けるべし」。村レベルの鉄道の検札官や学校の教師を含む、すべての公務員に地域目標が周知されました。学童の親のところに教師が来て、避妊手術に同意しなければ、将来の子供は学校に入れないと脅しました。無賃乗車の人――それまでは貧しい人々ではごく普通のことでした――には、避妊手術を選択しない場合には重い罰金が科せられました。当然のことながら、こうした圧力は時に行き過ぎを招きました。首都デリー近くのムスリムの村、ウットワールではある夜、村じゅうの男性がでっちあげられた容疑で警察によって集められて署に連行され、そこから不妊手術に送りこまれました。

こんなインセンティブのため、不妊手術の数はたぶん過大に報告されているでしょうが、それでもこの政策は即座に目標を達成したようです。報告によれば、1976年から77年のあいだに825万人が不妊手術を受けたとされ、76年の7月から12月のあいだだけで650万人が不妊手術を受け、76年末まではインドの全夫婦の21パーセントが不妊手術を受けていたといいます。しかし、計画の実行に不可避な市民の自由の侵害が広く反感をかって、ついに77年に選挙が行なわれたときには不妊手術が大きな争点となりました。「インディラをお払い箱にして、ペニスを守れ」という印象的なスローガンがその雰囲気をうまく伝えています。インディラ・ガンジーが77年の選挙で敗北した理由の一部は、この計画に対する大衆の嫌悪だと広く信じられています。新政権はすぐにこの政策を廃止しました。

歴史家の大好きな皮肉な展開の一つですが、長期的に見ると、サンジャイ・ガンジーはむしろインドの人口増加の加速に貢献した可能性もあります。「非常事態」のせいで、インドでは家族計画に大きなミソがつき、日陰に追いやられました。そしてそのまま日陰のままです――ラジャスタンなどいくつかの州では、自主的な不妊手術は奨励され続けていますが、保健官僚以外はだれも見向きもしないようです。でも一方で、「非常事態」の遺産としてもっとも強く残っているのは、国の思惑すべてに対する広い不信感です。例えばいまだにしょっちゅう耳にするのは、スラムや村落の人々がポリオの予防注射を拒否するのは、それが子供をこっそり不妊化する手口だと信じているからだという話です。

このエピソードと中国における厳しい一人っ子政策は、厳格に強制された人口抑制手段の例としてもっとも有名ですが、ほとんどの発展途上国では何らかの人口政策がとられています。1994年の『サイエンス』誌の記事のなかで、人口協議会ジョン・ボンガーツは、1990年の時点で、人口が多すぎるから家族計画で人口を抑えるべきだという明示的な政策のある国に、発展途上世界の全人口の85パーセントが住んでいると述べます。(2)

確かに世界的に見て、人口増加を懸念すべき理由はいろいろあります。ジェフリー・サックスは『地球全体を幸福にする経済学』でそれについて論じています。(3)もっとも顕著なのは、環境に対する潜在的な影響です。人口増加は二酸化炭素排出量の増加、ひいては地球温暖化の原因になっています。世界の一部地域では、飲料水は毎日のように減っています。人口増加は食料の増産を意味し、そのための灌漑用水が増えることがその一因です（淡水の70パーセントが灌漑用です）。世界保健機構（WHO）によれば、世界の全人口の5分の1が水不足地域に住んでいます。(4)これらはきわめて重要な問題ですが、個々の家族が何人の子供を持つか決めるときにはそうした要素はまったく考慮されません。まさにそのせいで、人口政策が必要になってきます。困ったことに、なぜ一部の人がそんなにたくさんの子供を持つのか理解できなければ、まともな人口政策など作れません。彼らは自分の繁殖能力をコントロールできないのでしょうか（例えば経口避妊薬が手に入らないとか）、それとも意図してそのような選択をしているのでしょうか？　なぜそんな選択をするのでしょう？

大家族の何が問題か？

豊かな国は人口増加率が低くなっています。例えば、エチオピアの平均出生率は、女性1人当たり6・12人の子供という割合ですが、出生率が2・05人のアメリカに比べると51倍も貧しい国です。

こうした強い相関を見て、研究者や政策立案者など多くの人は、ロンドン近郊の東インド会社大学の歴史・政治経済学者だったトマス・マルサスが18世紀末に最初に広めたおなじみの議論が妥当なのだと納得します。マルサスは、ある国の資源はおおむね固定されているので（彼のお気に入りの例は土地です）、人口増加は国民をどんどん貧しくすると信じていました。[5] この考え方だと、１３４８年から７７年のあいだにイギリスの全人口の半分を殺した黒死病の流行のおかげで、その後に高給の時期がやってきたのだ、ということになります。ロンドン・スクール・オブ・エコノミクスの経済学者アルウィン・ヤングは、最近この議論を現在のアフリカにおけるＨＩＶ／ＡＩＤＳの流行という文脈で復権させました。「死という贈り物」というタイトルの論文は、この病気の流行は出生率を下げてアフリカの未来の世代の暮らしを楽にするはずだと主張しています。[6] この出生率の減少理由には、コンドームを使わない性交渉をいやがるという直接的なものと、その結果生じる労働力不足によって、女性は子供を作るよりも働くほうが魅力的になるという間接的なものがあります。ヤングの試算だと、今後10年の南アフリカでは人口減少による「恩恵」により、エイズによる孤児の多くがまともな教育を受けられないという事実を上回る価値が生じるとのことです。南アフリカはＨＩＶの直接的帰結によって今後ずっとこれまでより５・６パーセント豊かになるといいます。彼は生真面目な読者にあてつけるように、次のように述べて結んでいます。「発展途上世界における高い人口増加率をいつまでも嘆いているくせに、その逆の事態が起きたら同じように経済的惨劇だと結論するわけにはいかないのである」

ヤングの論文は、主にＨＩＶ／ＡＩＤＳの流行が本当に出生率を低下させたのかについての熱い議論を生みました。その後の入念な調査[7]によってこの主張は否定されました。でも彼の提起したもうひとつの前提——出生率を下げればみんなが豊かになる——は、みんなおおむね喜んで認めました。

でも話は一見したほど明白ではありません。そもそも、マルサスが最初にこの仮説を考案したときに比べ、今では地球には何倍もの人が住んでいるし、その多くはマルサスの時代の人々に比べてずっと豊かです。マルサスの説では考慮されていない技術進歩は、どこからともなく資源を生み出します。人が増えれば、新しいアイデアを探す人も増えて、技術的なブレークスルーも起こりやすくなります。実際、人類史（紀元前百万年以来）のほとんどにおいて、地域でも国でも人口が多いほうが他の地域より発展が速いのです。(8)

ですからこの話も、純粋理論だけでは片付かないでしょう。また、今日では出生率の高い国が貧しいからといって、彼らが貧しいのは出生率が高いのが原因とはいえません。貧しいからこそ出生率が高いのかもしれないし、あるいはもっと別の第3の要因が高い出生率と貧困の両方を引き起こすのかもしれません。例えば1960年代の韓国やブラジルのように、急速な経済成長の時期には出生率の急激な減少が伴うことが多いという「事実」でさえも、どう見てもあやふやです。家族は成長の加速期に、子供の面倒をみる時間が減ったとかで子供の数を減らすようになったのでしょうか？　あるいは、出生率の減少によって、他の投資にまわせる資源が解放されたのでしょうか？

本書で何度もやってきたことですが、ここでも発想を変えて、大きな疑問は脇において、貧乏人の生活と選択に注目する必要があります——そうしないと、この問題については何ら前進が期待できませんから。まずは家族のなかで何が起こっているのかを見極めましょう。大家族が貧しいのは、家族が大きいことが原因なのでしょうか？　彼らは子供の教育や健康に投資しにくいのでしょうか？

サンジャイ・ガンジーのお気に入りのスローガンの一つは、「小さな家族は幸せ家族」というものでした。いかにも幸せそうな夫婦が、ふっくらとした子供２人と一緒に描かれた漫画が添えられたそのポスターは、１９７０年代末のインドできわめて頻繁に目にするものでした。これはノーベル経済学賞を受賞したゲーリー・ベッカーが提案した有力な発想を絵にしたものともいえます。ゲーリーは、家族は「量と質のトレードオフ」なるものに直面していると主張しました。すなわち、子供が多いときには、親がそれぞれの子供の食物や教育に充てる資源が少なくなるため、それぞれの子供の「質」は下がるというものです。(9)もしも親が、自分の子供のなかでもっとも「才能のある」子供に多く投資するほうがいいと（正しいか間違っているかはさておき）信じている場合には、これは特に当てはまります。これは本書で論じてきたように、S字曲線の世界でまさに起こることです。これでは、チャンスをまったく与えられないまま終わってしまう子供もでてきます。もしも大家族に生まれた子供は適切な教育、栄養、ヘルスケア（経済学者が人的資本への投資と呼んでいるもの）を受けにくいなら、そして貧しい家族ほど（例えば、避妊具を買えないといった理由で）大家族になりがちならば、これは、貧乏な親が（たくさんの）貧乏な子供を作るという、世代を越えた貧困伝搬のメカニズムを生み出すことになります。このような貧困の罠があるなら、ジェフリー・サックスが『地球全体を幸福にする経済学』(10)で主張しているような人口政策にも、論理的根拠が出てくる可能性はあります。でも本当にそれは事実なんでしょうか？　大家族で育った子供は明らかに不利なんでしょうか？　わたしたちの持っている18カ国のデータでは、大家族に生まれた子供は教育をあまり受けない傾向にありますが、どこでもこれが当てはまるわけではありません——インドネシアの地方部、(11)コートジボワール、そしてガーナなども例外です。(12)そしてこれが当てはまるところであっても、それらの子供たちが貧しくて教育を受けられない原因は、兄弟が多いせいだという根拠はどこにもありません。単純に、たくさん子供を持つことを選択した貧しい家庭は、教育を重視しないだけかもしれません。

ベッカーのモデルを検討し、家族の規模が大きくなると、子供という人的資本への投資が減るのかを確かめるために、研究者たちは世帯人数が、ある意味で家族のコントロールの及ばない場合に着目しました。結果は驚くべきものでした。そのような場合、小さい家族に生まれた子供のほうが実際に多くの教育を受けていることを示す証拠は見つかりませんでした。

家族にとって予想以上に子供ができてしまう一例として、世界の貧しい人々のほとんどが不妊治療など受けないので、双子の出産が考えられます。例えば、もしもある家族が2人の子供を持つ予定だったのに、2回目で双子が生まれたら、最初の子供は予定より兄弟が1人増えることになります。子供たちの性別構成も原因になります。たいていの家族は男の子と女の子との両方を欲しがります。するとカップルの2人目の子供が1人目と同じ性別だった場合は、男の子と女の子が揃っている場合に比べて、3人目を作りたがる傾向が高いことになります(13)。途上国の多くでは、親は男の子がいないと、もっと子供を作ろうとしがちです。長女に妹がいる場合と、弟がいる場合を比べてみましょう。前者は後者に比べて、下の子が弟ではなく妹だったという、(少なくとも性選択技術が現れる以前には)純粋に偶発的な理由から、自分以外に2人、あるいはそれ以上の数の兄弟と一緒に育てられる確率が高くなります。こういった点に注目したイスラエルでの世帯人数調査によると、驚くべきことに、家族の人数が多いことによる、子供の教育への不利な影響は、たとえとても貧しいことが多いアラブ系イスラエル人であっても、まったくないことがわかっています。[14]

ナンシー・クアンは、中国における一人っ子政策の影響を調べて、さらに刺激的な結果を見つけました。いくつかの地域では、この政策は長子が女の子だったら2人目を産んでもいいというくらいに緩いものでした。この政策のせいで持てないはずだった兄弟を持つことになった女の子たちは、そのために教育を受けにくくなるどころか、むしろ多めの教育を受けていたのです。[15]これは明らかにベッカーの定理に反します。

もう一つの証拠はバングラデシュのマトラブ地方のものです。この地域では、自発的な家族計画に関する世界でもっとも驚異的な実験が行なわれました。1977年、141の村から半分をサンプルとして選んで、集中的に「家族計画と母と子の健康増進プログラム」（FPMCH）と名付けられた家族計画の支援活動が行なわれました。週に1度の訓練を受けた看護師が、受けいれてくれるすべての出産適齢既婚女性のいる家庭を訪れて、家族計画サービスを提供しました。彼女は出産前ケアを助けたり、予防接種を行なったりしました。当然ながら、このプログラムで子供の数は激減しました。1996年には、プログラムの実施された地域では、30歳から55歳の女性の子供の数は、プログラムの恩恵を受けなかった地域と比較すると1人当たりで1・2人も少なくなっていました。それと並行して、子供の死亡率も4分の1ほど減少しましたが、このプログラムは子供の健康の改善策も講じていたので、子供の生存率上昇が出生率変化の結果とする理由はどこにもありません。しかし、出生率が下がって子供の健康への支出が増えたのに、1996年の時点では、子供の身長、体重、就学率、そして就学年数には、男児、女児ともに大きな変化は表れませんでした。ここでもやはり、量と質の因果関係は存在しないようです。[16]

もちろん、これらの3つの調査だけで断言はできませんし、もっと調査は必要ですが、今のところ証拠を見る限り、サックス『地球全体を幸福にする経済学』の主張とは逆に、大家族が子供に有害だと示すような決定的な証拠はないようです。ならば、トップダウンの家族計画により子供を大家族での育成から守るというのは、正当化しにくくなります。

でも、家族の規模で子供が不利にならないというのは、直感に反するようです。一定の資源を多くの人で分ける以上、少なくともだれかが受け取るものは減るはずでは？　損をしているのが子供でないなら、一体だれが？　一つの可能性は、母親です。

コロンビアのプロファミリア・プログラムは、これがまちがいなく憂慮すべき問題だと主張します。フェルナンド・タマヨという名の若い産科医が1965年に始めたプロファミリアは、その後数十年間にわたってコロンビアで避妊薬を提供する中核となり、家族計画のプログラムとしては世界でもっとも長く続いているものの一つです。1986年には、コロンビアの出産可能年齢女性の53パーセントが、主にプロファミリアを通じて得た避妊薬を利用しています。そして、10代からこのプログラムを通じた家族計画を実行してきた女性の就学率は上がり、参加しなかった女性に比べて正規就業率が約7パーセント増えました(17)。

これと同様に、バングラデシュのマトラブ地方で実施されたプログラムの恩恵を受けた女性は対照群に比べると身長も体重も増え、収入も増えています。避妊薬のおかげで女性は妊娠出産を上手くコントロールできるようになりました——自分の子供の数だけでなく、いつ生むかも決められます。あまりに若くして妊娠すると、母体の健康に悪いというはっきりとした証拠が存在します[18]。そのうえ、若年での妊娠、あるいは結婚は、学校からの中退という結果を招きがちです[19]。でも、母親を守りたいという社会の願望をもとに、家族計画支持の議論を組み立てようとすると、ある明らかな問いが浮かび上がってきます。もしもまずい時期の妊娠が彼女の利益にならないのなら、なぜそれが起こるのでしょう？　もっと一般的に言うと、家族は子作りに関する意思決定をどう行なって、その決定を女性はどれだけ左右できるのでしょうか？

貧乏人は子作りの意思決定をコントロールするのか？

貧乏人が子作りをコントロールできないのは、現代的な避妊法が手に入らないせいもあるかもしれません。国連のミレニアム開発目標の進捗に関する公式発表によれば、現代的避妊具や避妊薬に対する「満たされていない要望」を満たすことによって、「望まない妊娠件数を年７５００万から２２００万に減らし、妊産婦の死亡率を27パーセント減らせる[20]」といいます。貧しく教育を受けていない女性は、豊かで教育を受けた女性に比べてずっと避妊をしない傾向にあります。そのうえここ10年間で見ても、貧しい女性のあいだで現代的な避妊法の利用率は増えていません。

それでも、使用率の低さはアクセス不足の表れとは限りません。教育分野で大論争となった需要供給戦争が、この家族計画の領域でも登場し、当然ながら、どちらの分野でも需要ワラーと供給ワラーはたいてい同じ人です。供給ワラー（例えばジェフリー・サックス）は、避妊法アクセスの重要性を強調し、現代的な避妊法の利用者は出産率がずっと低いことを指摘します。需要ワラーは、そうした相関は、子供を減らしたい人はわざわざ支援しなくても、適切な避妊法を自力で見つけているということの反映でしかないので、避妊法を提供するだけではあまり効果がないと反論します。

その正否を知るために、ドナ・ギボンズとマーク・ピット、マーク・ローゼンツワイクは、インドネシアの数千ものサブ地区レベルで、3時点（1976年、80年、86年）の家族計画診療所の数を、村レベルの出生率の調査データと苦労して照合しました。[21] 予想通り、診療所の多いところでは出生率は低いという結果が得られました。でも出生率の時系列的な減少は、診療所の増加とは無関係であることもわかりました。結論は、家族計画施設は人々がそれを求めるところに作られるが、出生率には直接影響しないというものでした。需要ワラー1点、供給ワラー0点。

マトラブ地方のプログラムは長いあいだ、供給ワラーにとって絵に描いたような好例でした。これでやっと、避妊具や避妊薬が入手できれば効果が上がるという議論の余地のない証拠ができた、と彼らは主張します。さっき見ましたが、1996年の調査では、プログラム実施地域では対照地域と比較して、30歳から55歳の女性の子供の数は平均1・2人少なかったのでした。でもマトラブ地方でのプログラムは避妊具や避妊薬を提供しただけではありません。重要な内容の一つとして、女性保健婦が2週間に1度、プルダ（女性用隔離部屋）にいて行動が制限されている女性の家庭を訪ね、避妊がタブーとされていたところにその議論を持ちこんだということがあります（これによってこのプログラムの費用は高くなり、当時は世界銀行の経済学者だったラント・プリチェトの試算によると、マトラブ地方のプログラムは出産可能な女性1人当たりの年間費用で見ると、アジアで実施されている標準的プログラムの35倍も費用がかかったといいます）。[22]

ですからこのプログラムは、単に妊娠出産のコントロール手段を与えただけでなく、家庭が望む子供の数を直接変えてしまったはずです。さらに、1991年以来、出生率の低下は止まって、プログラムが実施された地域とその他の地域との差は縮小しはじめています。データのある最後の年、1998年には、実施地域の出生率3・0人に対して、対照地域の出生率は3・6人、バングラデシュのそれ以外の地域の出生率は3・3人です。[23] マトラブ・プログラムは、国内の他の地域でも生じていた出生率低下の傾向を加速させただけかもしれません。だから、ここはよくても引き分けのようです。

コロンビアのプロファミリア・プログラムの調査も、このプログラムは全体的な出生率にほとんど影響を与えなかったと結論しています。プロファミリアにアクセスしても、女性の子供の数は5パーセントしか減らず、1960年代から続く全体的な出生率低下のたった10分の1でしかありません。需要ワラー2点、供給ワラー0点。

つまりデータはどう見ても、需要ワラーに勝利宣言を下しています。避妊を可能にすれば、他の方法よりずっと簡単に妊娠出産をコントロールできるので、人々は喜びます。でも、それ自体は出生率の減少には貢献していないようです。

セックス、制服、金持ちおじさん

でも避妊へのアクセスを改善すると、10代の妊娠を遅らせるのには役立ちます。プロファミリア・プログラムはコロンビアでそれを実現して、結果的に女性が良い仕事につくのを助けることになりました。残念ながら多くの国で、10代の若者は親の公認がない限り、家族計画サービスへのアクセスを禁じられています。たぶん10代の若者たちこそもっとも避妊を必要としているのに、そのニーズが満たされていません。大抵の場合、多くの国では彼らの性的欲望の正当性が認められていなかったり、あるいは若者は性欲をコントロールできないから、どうせ避妊法を的確に利用できないと思われたりしているためです。結果として、多くの発展途上国で10代の妊娠率はきわめて高くなり、特にそれはサハラ以南とラテンアメリカで顕著です。WHOによれば、コートジボワール、コンゴ、ザンビアでは10代の妊娠率は10パーセントを越え、メキシコ、パナマ、ボリビア、そしてグアテマラでは思春期の女性の100人のうち、8・2人から9・2人が出産を経験しているといいます（10代の妊娠率が先進国で最大級のアメリカでは、100人の思春期の女性のうち4・5人が出産を経験しています）[24]。さらにこの問題や、それと関係のある性感染症（HIV／AIDSを含む）の蔓延について実際に行なわれているわずかな対策ですら、まるっきり見当違いのことをやっています。

　エスターはケニアで、そうした見当違いの取り組みの明らかな結果をみつけています。パスカリン・デュパスとマイケル・クレマーの2人とともに、彼女は学校の女子生徒——調査開始時点で12歳から14歳の、妊娠経験のない生徒——を追跡調査しました[25]。1年、3年、5年後に調査すると、平均妊娠率はそれぞれ5パーセント、14パーセント、30パーセントでした。早期の妊娠はそれ自体が望ましくないのに加えて、ケニアではHIV／AIDSに罹るリスク上昇を意味する、危険なセックスの指標にもなります。ケニアにおけるこの問題に対する公的な対策では、市民グループ、様々な教会、国際機関、そして政府のあいだの綱渡り的協議の結果、性的禁欲こそがまちがいのない解決法だと強調されています。その標語にはこれらの戦略の序列がはっきりと表れています。「自制、信仰心、コンドーム……あるいは死か」（英語の頭文字をとってＡＢＣＤとも呼ばれています）。学校で生徒たちは、結婚まではセックスするなと教えられ、コンドームは話題にされません。この傾向は、長年にわたってエイズ予防対策の予算を禁欲オンリーのプログラムにつぎこんできたアメリカ政府によってあと押しされてきました[26]。

この戦略は、思春期の子供には、性行為とコンドームの使用の費用と便益を評価できるほどの責任感も知恵もないと想定しています。もし本当にそうなら、脅しをかけてセックス（あるいは少なくとも婚外セックス）をさせないのが彼らを守る唯一の方法ということになります。しかし、エスター、パスカリン・デュパス、マイケル・クレマーがケニアで並行して行なった実験を見ると、実はその正反対で、思春期の子供たちはたとえ情報が限られていても、だれとどのような状態でセックスをするかについて注意深く計算しているのです。

最初の調査では、１７０校の無作為に選んだ学校で教師にＡＢＣＤカリキュラムの指導方法について研修を行なって、ＡＢＣＤ作戦を評価しています。当然、この研修によって学校でエイズ教育に費やされる時間は増えましたが、性行為に関する報告、そしてエイズに関する知識についてすら、何の変化も見られませんでした。加えて、介入後１、３、５年後の変化を追ってみると、教師に研修を行なった学校とそうでない学校の思春期における妊娠率は同じでした。たぶん危険なセックスについても何の変化もないはずです。

同じ学校で行なった別の２つの戦略の効果は、これ以上ないほどかけ離れたものでした。２番目の戦略は、少女たちが知らなかったことを教えただけでした。つまり、高齢男性のほうが、若い男性に比べてＨＩＶの感染率が高いという事実を教えたのです。ＨＩＶに顕著な特徴として、15歳から19歳の女性は同じ年齢層の男性と比べて、5倍も感染率が高いということがあります。これは若い女性が比較的感染率の高い年上の男性とセックスするせいのようです。「金持ちおじさん」プログラムは単に生徒に、だれの感染確率が高いのかを教えただけでした。すると結果として年上男性(「金持ちおじさん」)とのセックスが激減するとともに、興味深いことですが、同年代の男性とのコンドームをつけたセックスも促進されました。1年後、プログラムが実施されなかった学校の妊娠率が5・5パーセントなのに対し、実施された学校では3・7パーセントでした。この減少は主に、年上の男性パートナーによる妊娠が3分の2も減ったことによるものです。[27]

3番目のプログラムは、少女たちが学校に残りやすくするために、学校の制服代を負担するというものです。制服が提供された学校における10代の妊娠率は、14パーセントだったのが1年後には11パーセントに減少しました。ちょっとちがう言い方をすれば、制服が無料になったことで学校に通い続けた少女の3人に2人は、最初の妊娠を遅らせたことになります。興味深いことに、この効果が現れたのは、教師が新しい性教育カリキュラムの研修を受けていない学校に集中していました。HIV/AIDSと制服の両方のプログラムが実施された学校では、何も行なわなかった学校に比べて少女が妊娠する確率は減っていませんでした。HIV/AIDS教育カリキュラムは、思春期の若者の性行為を減らすどころか、実際には制服配布のプラス効果を帳消しにしていたのです。

これらの異なる結果を併せて考えると、一つの筋の通ったストーリーが現れてきます。ケニアの少女たちは、避妊しないでセックスをすると妊娠することを十分理解しています。しかし、父親候補の子供を産めば、その人は自分の面倒をみざるを得ないはずだと考えているなら、妊娠はそんなに悪いことではありません。それどころか、学校の制服も買えなくて学校に残れない少女にとって、子供を作って自前の家庭をスタートさせることは、家にいて家族みんなから「おいおまえ」と軽んじられるのに比べれば――退学した未婚のティーン女性は一般にそうなります――かなり魅力的な選択肢です。だからこそ、十分な結婚資金もない若い男に比べれば年上の男は魅力的に見えます（少なくとも年上のほうがＨＩＶ感染確率が高いと知らない時には）。制服は少女たちが学校に残りやすくして、妊娠しなくてもいい理由を与えることで、出産率を下げます。しかし、性教育プログラムは、婚外セックスを阻止して結婚を奨励するので、少女たちは夫捜しに向かい（その相手はどうしても金持ちおじさんになってしまいます）、制服の効果は帳消しになってしまうのです。

ひとつだけ、かなりはっきりしていることがあります。貧乏人のほとんどが、たとえ思春期の少女であっても、自分自身の妊娠出産、性行為に関して意識的な選択をして、それをコントロールする方法――あまり楽しい方法ではないにしても――を見つけているということです。もしも若い女性が、きわめて大きな犠牲を払っても妊娠するならば、そこにはだれかの能動的な意志が反映されているはずです。

だれの選択？

でも妊娠出産の選択について考えるときに、真っ先に問題になるのは、だれの選択かということです。妊娠出産の決定はカップルが下しますが、子供を生む肉体的コストのほとんどは女性が負担することになります。当然、彼女たちの妊娠出産選好は、男性のそれとはかなり違ったものになります。男女別々に、希望する世帯規模について調査すると、男性は妻よりも大家族を理想とし、一貫して避妊需要も低いという結果が報告されています。意見の不一致が出やすい以上、女性が家庭内でどのくらい発言力を持っているかが明らかに重要になってきます。例えばおそらくは、夫よりも若い、あるいは夫より教育が少ない女性（どちらも早婚の結果です）が夫に対して自分の意見を貫き通すのは難しいでしょう。でも女性が仕事を見つけられるか、離婚の自由、そして離婚した場合に生きていく選択肢の有無も重要です。そしてこうした条件は、こんどは彼女とその夫が置かれている法的、社会的、政治的、経済的環境で決まり、それらの要素は社会政策に左右されます。例えばペルーでは、元不法占拠者たちにその土地の権利を与えると、権利を得た家庭では出生率が下がりましたが、それは登記が男女が連名で行なわれた世帯に限られていました(28)。考えられる説明は、登記書に名前が加えられることで、家族のなかで女性の交渉力が高まり、世帯人数を決める際にも意見が重視されるようになったというものです。

このように夫と妻のあいだに対立があれば、避妊具や避妊薬の入手を容易にするだけでは出生率の低下に効果がなくても、その入手方法をちょっと変えるだけで、ずっと大きな効果が出てくるかもしれません。ナヴァ・アシュラフとエリカ・フィールドはザンビアのルサカで836人の既婚女性に、家族計画を担当する看護師と個人的に面会してもらい、様々な現代的避妊薬や避妊具を無料ですぐにもらえるチケットを配りました。その際、一部の女性にはそれをこっそり渡し、一部の女性には夫のいる前でチケットを渡したのです。アシュラフとフィールドは、これが大きなちがいを生み出すことに気がつきました。女性が一人で現れた場合には、夫と一緒だった場合に比べて、家庭計画担当の看護師を訪ねてくる割合は23パーセントも多く、夫に隠したまま実行しやすい避妊方法（注射による避妊、体内に埋めこむ避妊具）を要求する割合は38パーセントほど多く、9週間から14週間後に望まない妊娠が報告される確率は57パーセントも少なかったのです[29]。マトラブ・プログラムが他の家族計画プログラムより妊娠出産の選択を大きく変えられた理由の一つは、おそらく女性の家を訪問したこともあるのでしょう。たぶんその時には夫が不在で、女性保健婦は女性たちの一部に、夫に知られることなく家族計画を使えるようにしてあげたはずです。これとは対照的に、プルダの習慣（夫の同伴なく家を離れることが禁じられている女性隔離）によって行動が制限されている女性は、集落の中心で行なわれるサービスを受けるためには夫に同伴してもらう必要があり、これによって女性たちの決定が変わってしまうことも考えられます。

マトラブ・プログラムの効果が比較的大きかったこと、特にその初期に効果が高かった理由は、それが社会変革を加速させたせいもあるでしょう。妊娠出産の変化に時間がかかる理由の一つは、夫と妻以外の人々も口出しするからです。妊娠出産には社会宗教的規範の要素もあり、そこから逸脱すると罰（村八分、冷笑、あるいは宗教的制裁）を受けることになります。だから共同体が何を適切な行動とみなすかが重要になってきます。マトラブのプログラムが実施された地域では、このような変化が他の地域よりも早く起こりました――地場の保健婦たちは、たいていは比較的教育水準の高い自信あふれる女性で、新しい規範の体現者であり、世界の他の地域で進んでいる規範の変化をその共同体に伝えたのです。

カイヴァン・ムンシは、マトラブ地方での避妊の決定に、社会規範が果たす役割について研究しています。彼はある若い女性の談話として、年齢が近い仲間と話すときには「何人子供を持つのか、どんなやり方が自分たちにあっているか……家族計画を取り入れるべきかどうか、そんなことを全部……すでに避妊法を取り入れている人から聞いたものです。もしもどこかの夫婦が避妊法を取り入れたら、噂はどこからともなく広まりました」と伝えています[30]。

ムンシによれば、保健士のいるマトラブの村では、同じ宗教グループの村人の避妊率がその前の6カ月間で高いときには、女性が避妊を導入する確率が高くなります。村のヒンズー教徒とムスリムは同じ保健士と会って、まったく同じように避妊法を利用できるにもかかわらず、ヒンズー教徒が避妊を導入するのは他のヒンズー教徒が導入したときだし、ムスリムが導入するのも他のムスリムが導入したときです。ヒンズー教徒の避妊導入は、近くに住むムスリムの避妊導入に何の影響も持ちませんし、その逆も同じです。このような傾向を見ると、女性たちは何が容認される行動なのかを共同体のなかで学んでいることがわかる、とムンシは結論しています。

伝統社会のなかで、社会規範の変化と折り合いをつけるのは、とても面倒なことです。例えば、ある種の質問（避妊は宗教に反しますか？　これからずっと子供を産めなくなるのですか？　どこにいけば避妊法が手に入りますか？）をするのは簡単なことではありません。なぜなら、質問すること自体がその人の意向を暴露してしまうからです。結果的に、人々はまったく予想外のところから情報を得ることになります。カトリックの国、ブラジルでは、国は家族計画の奨励からは注意深く距離を置いています。でも、テレビはとても人気があって、なかでもゴールデンタイムに主要なチャンネルの一つ、レデ・グロボで放映される連続メロドラマは大人気です。1970年代から90年代に、レデ・グロボの視聴率は飛躍的に伸び、それに伴ってドラマの視聴率も上がりました。ドラマ人気が最高だった1980年代には、メロドラマの登場人物は、階級、社会的態度の両面で平均的なブラジル人とはかけ離れた存在になる傾向にありました。1970年には平均的なブラジル人女性はほぼ6人の子供を持っていましたが、メロドラマのなかでは50歳以下の女性キャラクターのほとんどは子供を1人も持たず、いても1人だけでした。

ある地域でメロドラマが視聴できるようになると、すぐに出生者数が急に減少しました。そして子供が生まれると女性たちは、自分の子供にメロドラマの主人公の名前をつけました。[31] ドラマはこれまでブラジル人が馴染んできたのとはまったくちがう豊かな暮らしのイメージを伝えることになり、それが歴史的な影響を持ったというわけです。これはまったくの偶然というわけではありません――ブラジルという厳格な社会では、メロドラマは多くの創造的で進歩的なアーティストにとって、芸術表現を行なう場として好まれたのでした。

ハリー・トルーマンを苛立たせた「両手のある（煮え切らない）経済学者」式の発言に（またもや）聞こえてしまうかもしれませんが、「貧乏な人々は家族の数をコントロールしているのか」という問いへの答えには2つのステップがあるようです。いちばん明らかなレベルでは、答えは、している、ということになります。彼らの妊娠出産に関する決定は選択の結果であり、たとえ避妊法が手に入らなくても障害にはならないようです。でも同時に、彼らをそうした選択に導くもののなかには、彼らがすぐにコントロールできないこともあるでしょう。特に女性には、夫、義母、あるいは社会規範から、自分の望む以上に子供をたくさん作れというプレッシャーを受けています。すると、サンジャイ・ガンジーや今日の善意の国際機関などの政策とはまったく別の政策が示唆されます。避妊法を提供するだけでは不十分です。社会規範を変えるのは難しいことですが、ブラジルのテレビの例はそれが不可能ではないことを示しています。でも、社会規範は社会における経済的な利害を反映したものかもしれません。貧乏人が多くの子供を欲しがる理由のなかで、それが単に健全な経済投資になるからというのは、どのくらい重視されているのでしょうか？

金融資産としての子供

多くの親にとって、子供は先物取引です。保険証書、貯蓄商品、宝くじが便利なお手軽サイズにまとまっているようなものです。

インドネシアのチチャダス・スラムでゴミ拾いをやっているスダルノさんは、末っ子を中学に通わせていますが、その理由は彼にとってそれが価値のあるギャンブルだからです。彼には9人の子供とたくさんの孫がいます。そんなに子だくさんで嬉しいかと尋ねると、彼は「もちろん」と答えました。9人もいれば何人かはうまく育って、歳をとったら自分の面倒をみてくれるはずだというのです。もちろん子供の数が増えれば、だれかが悪いほうに転ぶリスクも増えます。実際、スダルノさんの9人の子供のうちの1人は、重い鬱病に苦しみ、3年前に失踪しています。彼はそれを悲しんでいますが、まだ他に8人が残っていて慰めてくれます。

豊かな国の多くの親は、こんな考え方をする必要がありません。なぜなら老後に対処する他の手段があるからです——社会保障、投資信託、そして退職金積立制度、公営、民間の健康保険があります。なぜこうした選択肢の多くをスダルノさんのような人たちが利用できないのかについては、後の章で詳しく検討します。ここでは、世界中の貧しい人々にとって、子供（そして子供以外の家族——兄弟やいとこなど）が年老いたり困ったりしたときには親の面倒をみるというのは、実に自然なことなのだということを確認するだけに留めておきます。例えば、2008年の中国では、高齢者の半分以上が子供と同居していますが、子供を7―8人持つ人（これは家族計画が実施される前のことで、子供をたくさん作ることは政治的にも奨励されていました）だとそれが70パーセントにまで上昇します。[32] さらに歳をとった親はしょっちゅう子供、主に息子から経済的援助も受けています。

もしも子供が遠い未来に備えた貯蓄手段の一つという意味合いを持つならば、出生率が下がれば銀行預金が増えるはずです。政府によって子供の数が制限されている中国は、この現象を示す赤裸々な例となります。革命直後には高い出生率を奨励した中国は、1972年には家族計画の推進を始め、87年には一人っ子政策を導入しました。アビジットは2人の中国生まれの共著者、ナンシー・クアン（一人っ子政策期間中に生まれた一人っ子）とキン・メン（それ以前に生まれた4人兄弟の一人）と共同で、家族計画導入後に貯蓄率がどう変わったかを調べました。[33] 第一子を1972年以降に持った家庭は、それ以前に持った家庭よりも子供の数が平均1人ほど少なく、貯蓄率は約10パーセントほど高いのです。これらの結果は、中国における過去30年の驚異的な貯蓄率上昇（家計貯蓄率は1978年の5パーセントから1994年には34パーセントに上昇しました）のうち、3分の1は家族計画政策による出生率の減少で説明できそうだと示唆しています。しかもその効果は、第一子が息子ではなく娘だった家庭では特に大きかったのです。これは親の面倒をみるのは息子の仕事だという考え方と一貫性を持ちます。

これはとても大きな効果ですが、もちろん中国の「実験」はかなり極端な例です。大規模で唐突な、強制的な家族規模の縮小でした。しかし、似たようなことがバングラデシュのマトラブ地域でも起きています。1996年には、避妊手法を提供された村の家族は、そうでない村の家族よりもあらゆる財産（宝石、土地、動物、住居の整備）をずっと多く持っていました。実施地域の家庭は、対照地域に比べ、資産価値にして平均5万5000タカ（購買力平価3600米ドル、バングラデシュの1人当たりGDPの2倍以上）も資産を多く持っていました。また、出生率と子供から親への仕送り額のあいだにも関係がありました。実施地域では親への仕送り額は、年平均2146タカほど減少していました[34]。

世帯規模と貯蓄の強い代替関係を見ると、子供の数が減ってもその子がもっと健康でよい教育を受けられるわけではない、という意外な発見も説明がつきそうです。子供の数が少ない親は、将来子供からもらえる期待金額が低いならば、将来のための貯金も殖やす必要があり、その分だけ子供への投資資金も減らされるわけです。それどころか、もしも子供への投資が、金融資産への投資よりも高収益になりそうなら（どうせ子供を喰わせるなんてそんなに高くはつきません）、子供が少ないとその家庭は生涯でみて貧しくなるはずです。

同じ理屈から考えて、もしも自分の面倒をみてくれる点で娘は息子の足下にも及ばないと親たちが考えるならば——娘の結婚には持参金を持たせなければならないし、女性は結婚するものだし、いったん結婚すれば夫に経済的に支配されるから——親は娘の生活にはあまり投資しないはずです。家族は最適な子供の数を決めるだけでなく、その性別構成も選択します。通常は子供の性別は決められないと思いがちですが、さにあらず。性別選択中絶により、女の胎児なら堕胎することができるし、これは今や様々な地域で可能でとても安上がりなのです。デリーの大きな道沿いの仕切り板に貼ってあったステッカーは、「いま500ルピー払えば、あとで5万ルピーの節約になります」（持参金のこと）という言葉で（違法の）性選別を宣伝していました。そして性選別のための中絶が選択肢の一つになる前から、各種の子供の病気がまともに治療しないとすぐに命にかかわるような環境下では、望まれない子供を始末する方法としてネグレクトが実に有効だったのです（それが故意であろうとなかろうと）。たとえ子供が出産前後に死ななくても、男の子が欲しい夫婦は、欲しいと思う数の男の子が生まれるまで子供を作り続けます。すると女児のほうが大家族で育てられる傾向にあり、女児の多くが本当は男児を望んでいた家庭に生まれるということになります。インドでは女の乳児は男児より母乳保育を切り上げられるのが早く、つまり早くから水を飲み始めるので、下痢のような水が媒介する命にかかわる病菌にさらされるのも早まります。[35] これは主に、母乳保育が避妊手段として機能するという事実がもたらした、意図せざる結果です。女の子が生まれると（特に他に男の兄弟がいないときには）、親は妻が再び妊娠するチャンスを増やすため、母乳保育を早めに切り上げてしまうのです。

女の乳児（あるいは潜在的な女の乳児）に対する差別の仕組みが正確にはどんなものであろうと、世界の女児の数は人間生物学の予想よりもずっと少ないという事実だけは厳然として存在します。1980年代に、『ニューヨーク・レビュー・オブ・ブックス』誌に掲載され、いまや古典となった記事のなかで、アマルティア・センは全世界で1億人の「行方不明の女性」が存在すると見積もっています。[36] これは性選別中絶が可能になる前の話です――そして事態はそれ以来悪化する一方です。中国の一部地域では、女児100人に対して男児は124人です。1991年から2001年（インドで最新の国勢調査が行なわれた年）のあいだに、インド全体で7歳以下の男女比は女児100人に対して、男児が105・8人から107・8人に増えました。パンジャブ州、ハリヤナ州、そしてグジャラート州はインドでもっとも豊かな3州であると同時に、女児に対する差別がもっとも厳しい3州としても知られていますが、そこでの男女比は2001年の時点で女児100人に対して、男児がそれぞれ126・1人、122・0人、そして113・8人です。[37] ほぼ確実に過少申告される自己報告で見ても、これらの州では中絶数もきわめて高くなっています。娘が2人いる家庭では、妊娠のうち6・6パーセントが意図的に中絶され、7・2パーセントが「自然発生的」な中絶で終わっています。

しかしこれは、少女が持つ結婚市場や労働力市場での価値が高い所では、問題になりにくいようです。インドでは少女は生まれた村では結婚しないことになっています。通常は、村から近すぎも遠すぎもしない決められた地域があって、少女の多くはそこに嫁いで行きます。この結婚「受け入れ」地域が経済的に発展したときに、何が起きるでしょうか？　娘を嫁がせるのに適した裕福な家庭が、見つけやすくなるはずです。アンドリュー・フォスターとマーク・ローゼンツワイクはこれを調査して、女児の結婚見込みが上がると、男児と女児の死亡率のちがいが小さくなることを発見しました。これとは対照的に、その村自体で経済成長がみられたときには、男児に投資することの価値が上がって（なぜなら男児は家に残るため）、男児と女児の死亡率の差は広がりました。[38]

おそらく、家庭における女児の扱われ方が、男児と女児の相対的な価値にどう左右されるかを示すもっとも顕著な例は、男児と女児の不均衡がもっとも大きい国の一つである中国でしょう。毛沢東主義の時代には、中央政府が計画した農業生産の対象は主食作物に焦点が絞られていました。改革開放初期（1978—80年）になると、茶や果物など換金作物の生産も許されました。繊細な指で摘む必要のある茶の生産には、男性よりも女性のほうが役に立つ傾向にあります。逆に重荷を持ち上げなければならない果物の生産には、男性のほうが女性よりも役に立ちます。ナンシー・クアンによれば、改革期以前に生まれた子供と以後に生まれた子供を比較すると、茶の栽培地域では女児の数が増加しているのに対し、果物の栽培に適した地域では女児は減少しています[39]。茶と果物のどちらの栽培にも特に適していない地域では、どちらの性が有利ということもなく農業収入が全体的に増えても、児童の性別構成に変化はありませんでした。

これらすべてが裏付けているのは、能動的受動的を問わず、伝統的家族の機能のなかに内包された暴力です。つい最近まで、面倒なことには目をつぶりたがるほとんどの（ただし全員ではない）経済学者は、これを無視してきました。しかしほとんどの社会では、子供に食物を与え、学校に通わせ、社会に適応させ、より一般的な意味で面倒をみるのは、親の善意に依存しています。その親たちが、自分の幼い女児を死なせようと企む親と同じ人なら、彼らが子供の面倒を上手にみる能力をどこまで信用できるでしょう？

家族

経済学者は自分たちのモデルのために、家族は一人の人間とはちがうという、不都合な真実をしばしば無視します。わたしたちは、家族がまるで一人の個人であるかのように決定を下すものと仮定して家族を一つの「単位」として扱います。王朝の長《おさ》である家長は、自分の配偶者と子供の代わりに、家族で何を消費し、だれにどのくらい教育を受けさせ、だれがどの遺産を引き継ぐのかといったことを決定します。彼は利他的かもしれませんが、明らかに全能です。でも家族の一員であったことがある人ならばだれでも知っているように、家族はこんなふうには機能しません。このような単純化は誤解を招きますし、家族の内部の複雑な力学を無視することで、重要な政策的影響が生じてしまう例も存在します。例えば、すでに見てきたように、女性に正式な土地所有権を与えるのは妊娠出産の選択にとって重要なことです。理由はそれが何人の子供を持ちたいかという女性の考えを変えるからではなく、彼女の考えがもっと重視されるようになるからです。

簡略化されたモデルでは家族の仕組みに関する重要な見方が欠落していると認識されるようになったことで、1980年代と1990年代には再評価が行なわれることになりました。[40] 家族の意思決定は、家族のメンバー間（あるいは少なくとも両親のあいだ）での交渉過程の結果として見られるようになったのです。両親は何を買い、休暇にはどこに行き、だれが何時間働き、何人子供を作るかについて話し合いますが、なるべく両者の利益にかなうような決定をします。言い換えれば、お金の使い方について意見が分かれても、片方にとって嬉しくて、それがもう一人の厚生を侵害しないなら、二人ともそれが実現するようにします。家族に関するこうした考え方は、通常「効率的家庭」モデルと呼ばれています。これは、家族というのがちょっと特別だということを認めるモデルです――なんといってもその構成員は、昨日会ったばかりではないし、たぶん長期的に絆で結ばれているのですから。ですから、家族として最良の結果を出すためならば、すべての決定事項について話し合うこともできます（そしてそのほうがみんなにとってよいはずです）。例えば、家族で小さな事業（農場、小事業など）を営んでいたら、その家族はまずは常に可能な限りその事業で稼いで、儲けを家族でどう分けるかは、後から考えるはずです。

クリストファー・ウドリーは、この予想をブルキナファソの農村で試してみました。そこでは家族のそれぞれ（夫と妻、あるいは妻たち）が別の農地区分で働きます。[41] 効率的家庭では、すべての投入（家族労働、肥料など）は、家族全体の収益を最大化するようにそれぞれの農地区画に分配されるはずです。しかし、得られたデータはこのような予測を真っ向から否定するものでした。女性が耕作する区画には、男性が耕作する区画に比べると系統的に、少ない肥料、少ない男性労働力、少ない児童労働力しか割り当てられません。結果としてこれらの世帯の生産高は、本来可能な量よりも少なくなっています。ある区画にほんの少しの肥料を使えば、生産力はずっと増えますが、その最初の水準以上に費用を増やしても、あまり効果はあがりません――たった一つの区画にたくさんの肥料を使うより、すべての区画に少しずつ肥料を使うほうが効果的なのです。しかし、ブルキナファソの肥料の多くは夫の農地にだけ使われています。多少の肥料に少しの労働力を妻たちの農地に再配分すれば、その家族は余計なお金を一銭も使うことなく、生産量を６パーセントも増やせます。家族は手持ち資源の最良の使い方について合意できていないために、文字通りお金をドブに捨てているのです。

彼らがそうする理由も明らかなようです。たとえ彼らが同一家族の一員であっても、夫が消費できる分は、夫が自分の農地で育てた量で決まるようです。同じ事が妻たちに関しても言えます(42)。コートジボワールでは、男性と女性は伝統的に別の作物を育てます。男性はコーヒーとココアを育て、女性はバナナ、野菜、そしてその他の穀物を育てます。作物がちがえば天候の影響も変わってきます。ある降雨パターンは、男性の作物を豊作にして、女性の作物は不作にするかもしれません。ウドリーとの共同研究で、エスターが発見したことですが、「男性」の豊作年には、酒、タバコ、そして男性の個人的な贅沢品（伝統的な服飾品など）への出費が増えます。「女性」の豊作年には、女性の道楽に使われる資源だけでなく、家族の食費に使われる資源も増えます。この結果で特に奇妙なのは、配偶者が互いの「保険」

になっていないことです。末永く一緒に暮らすことがわかっているなら、男性が豊作の年には、夫は妻たちに追加の贈り物をして、天候が逆の場合にはそのお返しをもらえばいいはずです。コートジボワールの同じ民族のなかでも、別の世帯とのあいだでならこのような非公式の保険取り決めはごく普通に見られます。[43] だったらなぜそれが家族のなかでは働かないのでしょうか？

コートジボワールにおけるある発見が、なぜ家族がそうではないのかを考える一つの有効なヒントを与えてくれます。家族のドラマには第三の「プレーヤー」がいたのです――栄養価が高く、貯蔵が簡単で、この地方の主食である、ありきたりのヤムイモです。ヤムイモは典型的な「男」の作物です。しかしフランスの人類学者クロード・メイヤスーによれば、これは夫が自由に売ったり使ったりできない作物なのです。[44] ヤムイモは一家が喰っていくための基本食物です。それを売っていいのは、子供の学費や医療費を払うときだけで、新しいブラウスやタバコを買うために売ってはいけません。実際、ヤムイモが豊作の年には、家族はたくさんのヤムイモを消費します。この消費増は別に驚くことではありませんが、同時に市場で食料の購入に使うお金や教育に使うお金も増えるのです。ヤムイモのおかげで、家族のみんながちゃんと食物を食べて、教育を受けられるのです。

ですから、家族を特別な存在にしているのは、そのメンバーが互いに上手に交渉できることではありません。その逆で、家族は「汝、新しいナイキの靴のために子供のヤムイモを売るべからず」といった、基本的な利益を守ってくれるような、社会的に強制できる簡単な決まりごとを守ることで、維持されているのです。だからいつも話し合ってばかりいる必要はないのです。この考え方に基づけば、他の結果も筋が通ったものに見えてきます。女性が自分の畑で多くのお金を稼ぐと、家族の食べる量は増えることがわかりました。これはメイヤスーが説いている別のルールの結果かもしれません。すなわち家族に喰わせるのは女性の責任です。夫は食費として妻に一定金額を渡しますが、一番うまい喰わせ方を考えるのは妻の仕事なのです。

つまり家族というのは、完全な調和で結ばれているわけでもなく、常に資源や責任を効率的に切り分けられるからまとまっているわけでもありません。それぞれのメンバーの他のメンバーに対する責任を規定した、とても不完全で、粗雑で、たいていはとてもゆるい「契約」でまとまっているのです。その契約は、たぶん社会的に強制される必要があるでしょう。なぜなら子供は親と、あるいは妻は夫と対等には話し合えませんが、家族全員が資源をそこそこ公正にもらえることで、社会全体は利益を得るからです。この契約が不完全なのは、おそらくそれ以上洗練された形での強制が難しいからです。親が子供にちゃんとヤムイモを与えているかはだれにも確認できませんが、スニーカーを買うためにヤムイモを売っているところを目撃された親を、社会として制裁したり非難することはできます。

社会規範に強制を頼るルールの問題は、規範の変化は遅いので、ルールが現実とまったくあわなくなる危険が常にあって、そうなると悲劇的な結果を招いてしまうことです。２００８年にインドネシアで、高床式の竹製の白と緑の小さい家で、ある中年夫婦に会いました。すぐとなりにはもう一軒、白と緑の家が建っていましたが、こちらはかなり大きく、広々としたコンクリートの家でした。それは中東で家政婦として働いている彼らの娘の家でした。夫婦はどう見てもとても貧乏そうでした。夫は咳が止まらず、絶えず頭痛に悩まされ、働くのもままなりません。でも医者に診てもらうお金がありません。一番下の子は街までのバス代が払えなくて中学校を中退していました。突然、部屋に４歳の子供が入ってきました。彼女は見るからに健康そうで、栄養が行き届いていて、かわいいドレスと、部屋を走り回ると小さなライトが点滅する靴でめかしこんでいました。娘の出稼ぎ中は、祖父母がその面倒をみているようです。彼女の母親は娘には送金しますが、自分の両親の分は送ってきませんでした。彼らはまだ変化していない規範の犠牲者のようでした——結婚した娘は、たとえそれがいくら不公平であろうと親の面倒をみるものとされていないのに、祖父母はいつまでも自分たちの孫娘の面倒をみるのが義務だと感じているのです。

たとえ家族にいろいろ明らかな限界があっても、社会は子供を育てるのに他の実現可能なモデルを持っていないし、いずれ社会年金プログラムと健康保険によって、今日の貧しい国々の高齢者が、老後の面倒を子供にみてもらう必要などなくなるとしても、それによって彼ら（あるいは彼らの子供）が幸せになるかどうかははっきりしません。政策の正しい方向性としては、家族に取って代わるよりはその活動を補い、時にはその悪用から人々を守ることのようです。それを効果的に行なうためには、まずは家族の仕組みを正しく理解するのが重要です。

例えば、メキシコのプログレッサのような、女性にお金を与える公的援助プログラムは、資源を子供に向けるのにずっと効果があることは、今や広く認められています。南アフリカではアパルトヘイトの終結とともに、個人年金未加入の65歳以上のすべての男性と60歳以上のすべての女性に、公的年金の受給資格を与えました。これら高齢者の多くは子供や孫と一緒に住んでいたので、受給されたお金は家族で共有されました。でも孫娘が利益を得たのは、祖母が孫娘と一緒に住んでいるときだけでした。これらの女児は発育不良になりにくくなりました。祖父が受け取った年金はこのような効果を持ちませんでした。もっとあります。効果が出たのは、年金を女児の母方の祖母が受け取ったときだけだったのです[45]。

本書の著者二人のうち、少なくとも一人はこの証拠を見て、男が女よりもずっと自己中心的というだけだと解釈したいところです。でもそれは、家族の意思決定で重要な役割を演じるとこれまで論じた、規範や社会的な通例が作用した結果なのかもしれません。思わぬ収入があったとき、女性はそれを何か家庭のために使うものと期待され、男性はそうでないのかもしれません。もしそうなら、だれがお金を得るかということだけでなく、そのお金がどうやって得られるかも重要になってきます。女性は自分自身が働いたり小事業で得たりしたお金については、家族や子供のためには使う必要はないと思っているかもしれません。逆説的ですが、家族における女性の伝統的役割があるからこそ、女性のエンパワーメントという公共政策でかなりの効果があがるのかもしれません。

ここで再び、貧乏人は本当にそんなに大家族を望んでいるのかという問題に立ち返ってみましょう。スダルノさんは望んで9人の子供を持ちました。彼の大家族は、自制心の欠如や、避妊手段へのアクセス欠如、あるいは社会から押し付けられた規範が原因で生じたわけではありません（もっともそういう決断を下せたのが彼だという事実は、規範の結果かもしれません。彼の妻は、自分自身がどう望んでいたか話してくれませんでした）。同時に彼は、9人も子供を持ったから自分が貧乏に陥ったと思っていました。ですから、彼は本当はそんなにたくさんの子供を「望んで」いたわけではないのです。そのなかの少なくとも1人が老後に自分を確実に養ってくれるようにする手段が他になかったからこそ、9人の子供が必要だっただけです。理想的な世界なら、ずっと少ない子供しか持たず、できる限りそれらの子供をうまく育てつつも、老後に彼らに頼る必要などないはずです。

アメリカでは年老いた人々の多くが、（少なくともテレビドラマを信じるなら）子供や孫ともっと多くの時間を過ごしたがってはいますが、彼らが社会保障とメディケアのおかげもあって、独立して生きるという選択肢を持っているという事実は、彼らの尊厳と自立心にとって非常に大切かもしれません。またそれは、自分たちの面倒をみてくれる人を確保するために、たくさん子供を作らなくてすむことを意味します。彼らは欲しいと思う数の子供を持てるし、その子たちのだれも彼らの面倒をみたくない、あるいはみられないときでも、公的な代替システムが常に存在しています。

ですから、もっとも有効な人口政策とは、子だくさん（特にたくさんの男児）を不要にすることかもしれません。効果的な社会的セーフティー・ネット（たとえば健康保険や高齢年金）や、あるいは老後に備えた収益性の高い貯蓄を実現する金融商品の開発で、出生率の十分な減少と、おそらく女児に対する差別の緩和も実現できます。第2部では、これをどう実現するかという問題にとりかかりましょう。

第2部 制度

第6章　はだしのファンドマネージャ

貧乏な人にとって、リスクは人生の中心にあってどうしようもないものです。彼らは小事業や畑を営んだり、日雇い労働者として働いたりして、定期雇用の保証はありません。そうした暮らしだと、ちょっとした不運が悲惨な結果を招くことがあります。

2008年の夏、ティナさんは身障者の母親と兄弟2人、そして3歳から19歳の子供4人とともに、インドネシアのバンドンの広大な都市スラム、チチャダスにある小さな家に住んでいました。下の子3人は少なくとも形ばかりは通学していますが、長男は落ちこぼれました。未婚の兄弟2人は日雇い建設工とタクシードライバーで、一家がなんとか飢えない程度には稼いでいましたが、学費や食べ物、子供の衣服、老いた母親の世話に必要なだけのお金はいつも不足しています。

でも、ティナさんの人生が昔からこうだったわけではないのです。若い頃には衣料工場で働いていました。結婚してからは夫の衣料事業を手伝いました。従業員が4人いて、事業は成功していました。問題が起きたのは、信頼していた取引先に、2000万ルピア（購買力平価3750米ドル）の不渡り小切手をつかまされたときでした。警察にいくと、捜査を始めるだけで250万ルピアの賄賂を要求されました。賄賂を支払うと、踏み倒した相手は捕まり、1週間投獄されてから、借りは返すと約束して釈放されました。ティナさんに400万ルピア支払って（そのうち警察が200万を持って行きました）、残りは後で返すと約束した後で、その人物は姿を消し、二度と見つかっていません。ティナさんと夫は、400万ルピア取り戻すのに、450万ルピアを賄賂として支払ったわけです。

その後3、4年にわたり、2人は何とか立ち直るべく必死にがんばり、やがて政府の融資プログラムPUKKから1500万ルピア（購買力平価2800米ドル）を受けるのに成功しました。その融資で衣料取引業を始めたのです。初の大型注文はショーツでした。そこで衣料メーカーからショーツを購入し、アイロンがけして売れるように包装したのですが、そこで小売り業者がキャンセルして、だれも買い手のいない何千ものショーツを抱えこむ羽目になりました。

悲劇続きで2人の結婚にはすさまじい負担がかかり、この2度目の不運の直後に2人は離婚しました。ティナさんは子供4人とショーツの山を抱えて母の実家に転がりこみました。わたしたちが彼女に会ったときにはまだそのショックから立ち直ろうとしているところで、もう一度やりなおす気力がない、と語っていました。気が晴れたら実家の片隅で小さな雑貨屋でも始めて、ショーツの在庫の一部をイスラム休日のイドル・フィトリで売るかもしれない、とのこと。

事態をさらに悪化させたのは、長女にかなりの世話が必要だということです。4年前、長女が15歳くらいの頃、隣に住むホームレスに誘拐されてしまったのです。数日後には解放されましたが、長女はその事件にショックを受け、それ以来引きこもってしまい、仕事にも学校にも行けなくなってしまいました。

ティナさんにはたまたま不運が続いただけでしょうか？　ある意味では、その通りです。彼女は、娘の誘拐は異常な事故だと思っていました（とはいえ、その事態ですら家が線路ちかくにあり、ホームレスがたくさん住んでいるあたりだったという事実とは無関係ではありません）。でも彼女はまた、事業での不運は小事業主の暮らしに典型的な出来事だと固く信じていました。

貧乏のもたらす危険

金融業界の友人の一人はいつも、貧乏人はヘッジファンド・マネージャみたいだと言います――大量のリスクを抱えて暮らしているという意味で。唯一のちがいは所得水準です。実は、彼は話をずいぶん過小に述べています。ヘッジファンド・マネージャで、損失を１００パーセント自分で負担しなくてはならない人はいませんが、あらゆる小事業主や小農家はそれを強いられています。さらに貧乏人は、自分の事業のための資本を全額自分で調達するのが通例です。それは家族の積み立てた「富」やどこかからの借り入れになりますが、ヘッジファンド・マネージャのほとんどは、そんな必要はまったくありません。

貧乏人の大半は小事業や農場を運営しています。18カ国のデータセットを見ると、都市貧困者の平均50パーセントが非農業事業を営んでいるし、地方貧困者で耕作事業を営んでいる割合は25パーセントから98パーセントにのぼります（唯一の例外は南アフリカで、ここでは黒人人口は歴史的に農業から排除されていました)。さらに、こうした世帯の相当部分は、非農業事業も営んでいます。また、貧乏人が耕す畑のほとんどは灌漑されていません。だから農業収入は天候に大きく左右されます。干ばつや、雨が遅れるだけでも、灌漑なしの畑では作物をダメにしてしまい、半年分の収入が消え失せかねません。

所得リスクにさらされているのは、事業主や農民だけではありません。貧乏人の他の主要な雇用は日雇い労働です。地方部極貧層のなかで雇用されている人々の半分は、日雇いです。都市部だとそれが4割になります。運が良ければ、数週間や、数カ月も続くような仕事が工事現場や農場で見つかるかもしれませんが、通常の仕事はほんの数日か数週間です。いまの仕事が終わったら、次の仕事があるかどうかは日雇い労働者にはまったくわかりません。事業に問題が起こったら、真っ先に切られるのは日雇い職です。第2章でお目にかかったソルヒンさんは、肥料価格と石油価格が上がって農場主が雇用を減らしたとき、すぐにクビでした。結果として、日雇い労働者は正規労働者よりも年間労働日数が少なく、大半は年にほんの数日しか働きません。インドのグジャラート州の調査では、日雇い労働者は平均で年254日しか働かず(給与労働者は354日、自営業者は338日です)、底辺3分の1の労働者は、たった137日しか働いていません。[1]

大規模な農業災害、例えば1974年のバングラデシュ干ばつ(このとき、賃金は購買力で見て半減し、一部の推計では100万人が死にました[2])やアフリカの食料危機(ニジェールの2005―06年干ばつなど)は、当然ながらメディアの注目を集めますが、「平年」ですら農業所得は年ごとに大きく変動します。バングラデシュでは、農業賃金は平年でも平均水準の最大18パーセントも高かったり低かったりします[3]。国が貧しくなるほど、この変動率は大きくなります。例えばインドの農業賃金は、アメリカよりも22倍も変動します。(4) これは当然です。アメリカの農家は保険もあり、補助金ももらえ、標準的な社会保障プログラムの恩恵も受けます。不作だからといって労働者をクビにしたり賃金を引き下げたりしなくてすみます。

お天道様の気まぐれだけでは足りないとでも言うように、農産物価格もすさまじく変動します。2005年から08年にかけて、空前の食料価格上昇が起こりました。世界金融危機のあいだはそれが下落しましたが、過去2年で、危機以前の水準に戻ってしまいました。高い食料価格は、原理的には生産者(地方の貧乏人)の得になり、消費者(都市部の貧乏人)には損なはずです。でも2008年夏、食料価格と肥料価格がどちらもピークに達したときには、インドネシアやインドなどの国で話をした人のほとんどは、自分たちがババをつかまされたと思っていました。農民たちは、食料価格より原材料費のほうが大きく上昇したと思っていました。労働者は、農民たちがお金をため込むから仕事が見つからないとこぼします。一方で都市住民は食費の捻出に苦闘していました。問題は単に価格水準だけでなく、不確実性にもありました。例えば肥料に高い値段を払う農民は、収穫時にも自分の作物価格が高いままかどうか自信がありませんでした。

貧乏人にとって、リスクは所得や食べ物だけではありません。以前の章で論じた健康も、大きなリスクの源です。また政治的暴力、犯罪(ティナさんの娘はこの被害者です)、汚職もあります。

貧乏人の日常生活はあまりにリスクだらけなので、逆説的ですが、富裕国では一大事とされるような出来事でも、貧乏人はほとんど気にも留めません。2009年2月に世界銀行総裁ロバート・ゼーリックは、世界の指導者たちにこう警告しました。「(2008年9月のリーマンブラザーズ破綻から生じた) 世界経済危機は、多くの発展途上国で人道危機をもたらす恐れがある。それを防ぐために途上国は、自国コミュニティにおける脆弱な人々を保護するために、的を絞った試みを実施しなくてはならない。世界の大半は銀行救済や景気刺激パッケージにばかり注目しているが、発展途上国の経済が崩れたら、それらの国の貧困者のほうがずっと大きな困難にさらされることを忘れてはならない」(5)。この問題について世界銀行は、世界的な需要が落ちこめば貧困者は農産物の市場や建設現場の日雇い職、工場での職を失うことになる、と付け加えています。学校や保健施設、失業対策なども、税収減と国際援助の急落という同時圧力の下で削減されてしまうだろう、と。

2009年1月、わたしたちは当時『ニューヨーク・タイムズ』紙のインド特派員だったソミニ・セングプタとともに、西ベンガルの農村地区であるマルダに出かけました。彼女は、貧乏な人が世界危機にどう影響されたかを記事にしたかったのです。セングプタはカリフォルニア育ちですが完璧なベンガル語を話します。そして、デリーの工事現場で働く多くの労働者はマルダ出身だと聞かされていました。またデリーの建設業も滞っているのは知っていました。そこで村から村へと行脚して、青年たちに出稼ぎ体験について尋ねてまわったのです。

みんな、出稼ぎに行った人をだれかしら知っていました。出稼ぎ人の多くは、インドのムスリムが遵守するムハッラムの月で里帰りしていました。みんな出稼ぎについて喜んで話してくれました。母親たちは、インドの南部や北部の遠い都市、例えばルディアーナ、コインバトール、バローダなどで息子や甥っ子が働いているんだよ、と話してくれました。もちろん悲劇もありました——ある女性は息子がデリーで謎の病気により死んだと語ります。でも全体に、論調は圧倒的に前向きでした。「都市に仕事はあるんですか?」とセングプタが尋ねます。うん、たくさんあるよ、とのこと。「仕事が減ったりしたことは?」ないねえ、ムンバイでは仕事は減ってないよ、絶好調だよ、云々。鉄道駅で、クビになって帰ってきた人がいないか探しました。若者3人がムンバイに向かうところでした。1人はこれが初めてですが、2人は年季が入っており、仕事なんか簡単に見つかると保証していました。結局セングプタは、貧困者が世界経済の停滞で苦しんだという記事は書かずじまいでした。

ここで言いたいのは、危機でムンバイの建設職が減らなかったということではありません――減った分は確実にあります――でもこうした若者のほとんどにとって、目先で重要なことは機会だったということです。仕事はまだあったし、それは村と比べて倍以上の日給を払ってくれます。これまで我慢してきたこと――まったく仕事が見つからないのではという日々の不安、果てしなく思える降雨待ち――に比べれば、出稼ぎ建設労働者の人生は、まだずっと魅力的なのです。

もちろん世界危機で貧乏人のリスクは増えましたが、世銀が心配するような危機がなくても日々直面するリスクの総量に比べたら微々たるものです。1998年のインドネシア危機で、インドネシア・ルピアは価値の75パーセントを失い、食料価格は250パーセント上昇、GDPは12パーセント下がりましたが、最貧層が多い米農家は、実は購買力は高くなったのでした。(6) いちばん損をしたのは公務員や比較的固定の現金所得を持っていた人々です。1997―98年のタイの大金融危機の時期には経済が10パーセント縮小しましたが、アンケート回答者1000人近くのうち3分の2は、所得が下がった主因は干ばつだと答えていました。(7) 失業を挙げたのは26パーセントだけで、その失業も、すべて危機のせいでなかったのはほぼ確実です。ほとんどの場合、どうやらここでも、例年に比べて貧乏人にとっては大して事態がひどいわけではなかったようですが、それはまさに彼らの状況がいつもかなりひどいものだからです。彼らとしてはおなじみの問題に対応しているだけでした。貧乏人にとって、毎年がすさまじい金融危機のさなかにいるようなものなのです。

貧乏人はそうでない人よりもリスクの多い暮らしを送るにとどまりません。同じ規模の不運でも、受ける被害はずっと大きいのです。まず、消費を減らすのは、もともとほとんど消費しない人のほうがつらいものです。貧乏でない世帯が消費を抑えるときには、ケータイの通話時間を減らしたり、肉を買う回数を減らしたり、子供をもっと安い寄宿学校に送ったりします。これは確かにつらいことです。でも貧乏人にとって、所得が大きく減ったら、不可欠な支出まで割を食うことになります。ここ1年で、ウダイプール地区地方部で調査した極貧家庭のうち、45パーセントがどこかで食事の量を抑えなくてはなりませんでした。そして食事を減らすのは、貧乏人が大嫌いなことです。食事の量を減らさなくてはいけなかった回答者たちは、減らさずにすんだ人々よりもずっと不幸だと申告しました。

第二に、今日の所得と未来の食事の関係がS字形なら、貧乏人が1回不運に見舞われる影響は、実は一時的な不幸よりずっとひどいものになりかねません。次頁の図3に、インドネシアの女性事業主ティナさんの、今日の所得と明日の所得の関係をプロットしてみました。

第1章では、少額しか投資できない人には投資収益が少なくて、たっぷり投資できる人には収益も多いような場合に貧困の罠が起きる可能性があることを見ました。ティナさんは明らかにこの状況に置かれていました。彼女の場合、明日の所得と今日の所得の関係はS字形になります。彼女の事業は、利益

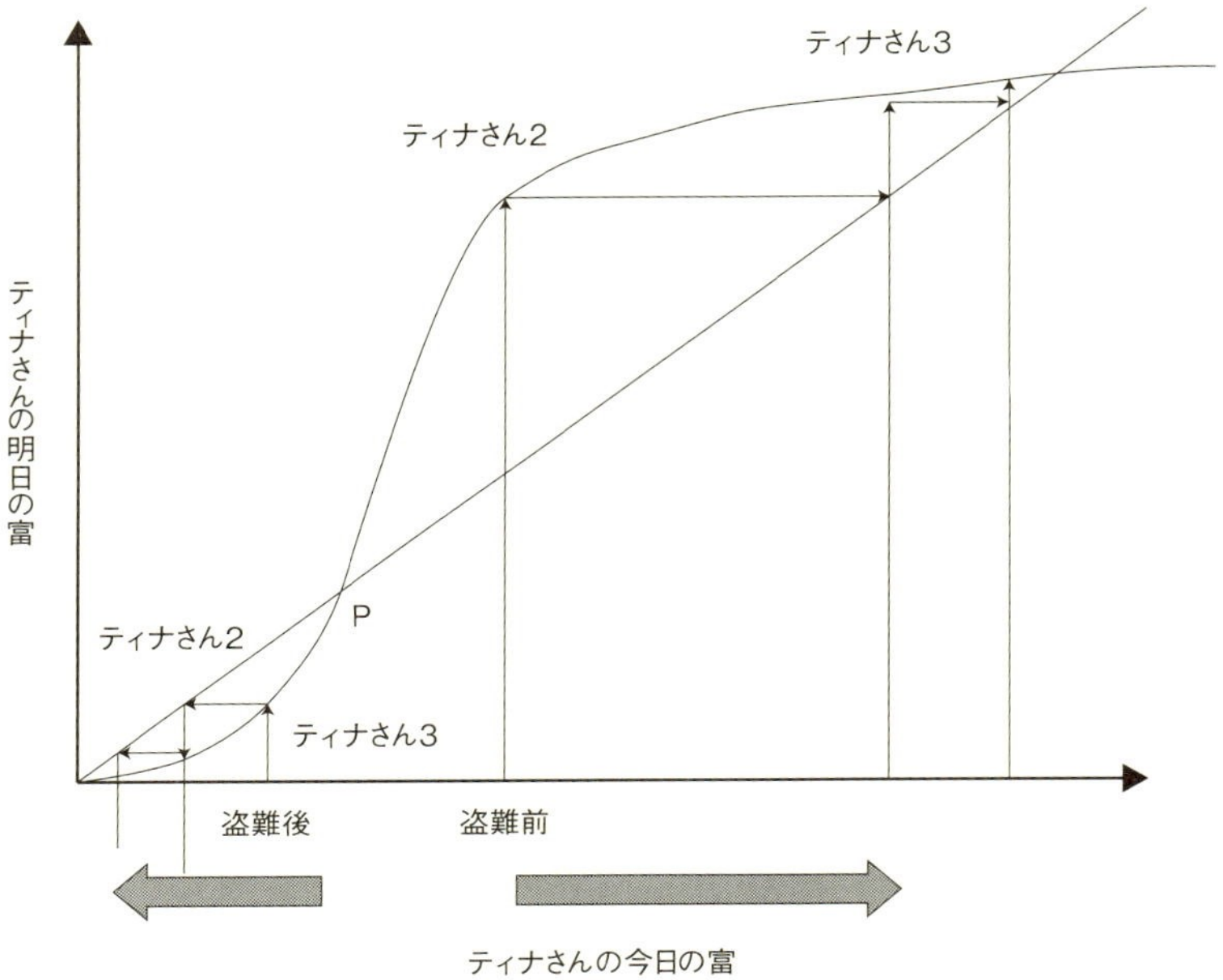

図3　ティナさんの運命に対するショックの影響

を上げるための最低限の規模があるからです（第9章では、これが貧乏人の事業の中心的な特徴だということを検討します。ティナさんの例は特殊ではありません）。詐欺にあうまで、彼女と夫は従業員4人を抱え、原材料を買って、ミシンと従業員で衣服を作れました。これはとても収益が高かったのです。詐欺の後だと、できることといえばせいぜいが、既製のショーツを買って袋詰めするくらいです。これは収益性がずっと低い活動でした（まったく儲からなかったかもしれません）。不渡り小切手をつかまされるまで、ティナさんとその夫は貧困の罠ゾーンの外にいました。その道筋をたどれば、いずれはかなりの所得に到達できる道筋にいたことがわかります。でも詐欺で財産が一掃されてしまいました。これで貧困の罠ゾーンに入ってしまいました。その後はほとんど儲からなかったので、どんどん貧しくなっていきました。わたしたちが会った頃には、ティナさんは兄弟のお情けにすがって暮らすまでに落ちぶれていました。このS字世界では、不運が一つあるだけで、永続的な結果が生じてしまいます。今日の所得と明日の所得との関係がS字形なら、中産階級への道から、いきなり永続的な貧乏に突き落とされることもあるのです。

このプロセスはしばしば、心理的なプロセスで強化されます。希望の喪失と、楽な出口なんかないのだという感覚があると、坂道をまた上ろうとするのに必要な自制心を持つのはそれだけ困難になります。第2章でお目にかかった、元農場労働者にしていまや片手間漁師のソルヒンさんもそうでしたし、ティナさんでもそうでした。立ち直ってやり直そうという精神状態ではなかったのです。ウダイプールでは、標準的なアンケートへの回答で、自分があまりに「不安で、緊張して心配」だったので、それが就寝や労働や食事などの日常活動に、1カ月にわたって障害となったと答える人に出会いました。その理由をきいてみました。なんでもラクダが死んで、それ以来泣きはらして緊張続きなのだとか。今にして思えば間抜けかもしれませんが、わたしたちはそこで、その悲しみにどう対処したかを尋ねました（友だちと語り合うとか、保健師に話をするとか、伝統的な治療師に相談するとか）。彼はムッとしたようでした。「自分のラクダが死んだんだぜ。悲しむのは当然じゃないか。どうしようもなかろうに」

別の心理的な力も働いているかもしれません。リスクに直面すると（所得リスクだけでなく、死や病気のリスクも含みます）、人は不安になり、不安になると緊張して憂鬱になります。鬱の症状は貧乏人のあいだにはずっとたくさん見られます。緊張していると集中できず、これは生産性を下げます。特に、貧困と身体の分泌するコーチゾルの水準には強い相関があり、コーチゾルはストレスの指標です。そして逆に、コーチゾル水準はその世帯が支援を受けると低下します。例えば、メキシコの補助金プログラムであるプログレッサ受益者の子供たちは、母親がこのプログラムの恩恵を受けていない対照群の子供たちに比べ、ずっとコーチゾル水準が低いことがわかっています。これは重要なことです。コーチゾル水準は、実は直接的に知覚力と意思決定力を阻害するからです。ストレスによるコーチゾル分泌は、前頭葉皮質、扁桃核、海馬など、知覚機能に重要な脳部位に影響します。特に、前頭葉皮質は衝動的な反応を抑制するのに重要です。ですから、実験室で人工的に高ストレス条件下に置かれた被験者たちが、各種の選択肢から選ぶときに経済的に合理的な選択をしにくいのも、うなずける話です。(8)

ヘッジをかける

こうしたリスクと対応するため、貧乏人には何ができるでしょうか？　賃金や稼ぎが減ったときの自然な反応は、もっと働こうとすることです。でもこれは、ときには自滅的かもしれません。景気の悪いとき（例えば干ばつがあったり投入価格が上がったりするとき）に、貧乏な労働者全員がたくさん働こうとしたら、競合して賃金が下がりかねません。村の外での職探しができない場合、これはなおさら悪化します。結果として、干ばつが起こるとインドでは、孤立した村の賃金のほうが下がりがちです。そうした村では、労働者が外にでかけて仕事を探すのが難しいからです。そうした場所では、稼ぎが減ったときの対応としてもっと働くというのは、必ずしも有効ではありません。(9)

打撃を受けた後でもっと働くのが実はあまりよい考えではないなら、最高のやり方は、ヘッジファンド・マネージャと同じく、分散ポートフォリオを構築することでリスクへの露呈を限定することです。そして貧乏な人がかなりの創意工夫を投資してこれを実現しているのは明らかです。唯一のちがいは、彼らは金融資産を分散するだけでなく、活動も分散するということです。貧乏な人で一つ驚くべき事実は、一世帯が従事しているとおぼしき職業の数がやたらに多いということです。西ベンガル州の27村を調査してみると、畑を一区画耕作していると述べる世帯ですら、農業に費やす時間はたった4割です。[10]この調査でのメジアン世帯は、働き手3人と7種類の職業を持っていました。一般には、地方部の家族のほとんどは農業と関係していますが、それだけで暮らしていることはほとんどありません。これはリスク軽減の手法かもしれません――どれかの活動が停滞しても、他の活動で切り抜けられます――でもこれから見るように、別の理由もあるかもしれません。

大きな畑を一つ持つのではなく、村のちがった場所に複数の畑を持つというのも、多少のリスク分散になります。村の一部分が病害虫に襲われたときにも、他の部分は逃れられるかもしれません。干ばつでも、地下水へのアクセスに有利な畑の作物は生き残る見込みが高いのです。そして一番驚くのは、同じ村でも場所がちがうと微気候が本当にちがうことがあるのです。これは傾斜、標高、湿度などで決まります。

一時的な出稼ぎもまたこの観点から解釈できます。家族全体がまとまって町に移住するのは、比較的まれなことです。通常、一部の家族――インドとメキシコでは、ほとんどは男性と10代の青年ですが、中国やフィリピン、タイでは10代以上の娘――が出稼ぎして、他は家に残ります。そうすれば一家の富が、都市に出稼ぎに出た一人の仕事だけに左右されないし、また一家と村との結びつきも保てます。この結びつきは、後で見ますが、有用なことが多いのです。

貧乏な人がリスクを制限する別の方法としては、農場や事業の管理においてきわめて保守的になることがあります。例えば、主要作物のもっと新しく生産性の高い種類が手に入ると聞いても、それを採用しないことにします。伝統的な技術にしがみつくメリットの一つは、農民たちが新しい種子を買わなくてすむということです。前のシーズンから植え直すのに十分なだけ種を貯蓄すればいいのです。新しい種子はしばしば、かなりお金がかかります。新しい種子は、うまくいけば投資を何倍も上回るだけのものを支払えますが、作物がダメになる可能性もわずかながら常にあります（例えば雨が来ないとか）。そして農民は、新しい種子への追加投資の分を失ってしまうのです。

リスク分散のためには、家族も独創的なやり方で使われます。インドの農村世帯は、大家族の「リスク・ポートフォリオ」を分散する手段として結婚を使います。女性が結婚後に嫁ぎ先の村に引っ越すと、これが出身世帯と嫁ぎ先の世帯との結びつきを作り、両家庭は問題に直面したらお互いを頼れます。(11) 農家は、関係を維持できるくらいには近く、でも天候パターンはちょっとちがうくらいには遠い村に娘を嫁がせます。こうすることで、ある村には雨が降っても別の村には降らない場合、お互いを助け合うことができます。安全を買う別の方法は子だくさんになることです。ご記憶のように、スダルノさんは子供を9人作ることで、少なくとも1人は面倒をみてくれるようにしたのでした。

こうした貧乏人のリスク対応手法はどれも、ずいぶん高くつくものばかりです。こうした例は農業ではたっぷり記録されています。インドでは、貧乏な農民は降雨が安定しない地域に住むときには、保守的で効率の低いやり方で農業への投入を使います[12]。降雨パターンの予測がつきやすい地域に住む貧困農民の利益率は、最大35パーセントも高くなります。さらに、リスクがこうした形で影響を与えるのは貧困者だけです。もっと豊かな農民の場合、農場の利益率と降雨の変動性とのあいだには何も相関がありません。これはたぶん、金持ちの農場は収穫を失っても平気なので、積極的にリスクがとれるからでしょう。

貧乏な農民がしばしば使う別の戦略としては、だれかの小作人の一人になることです。地主が農業の費用の一部を負担して、作物の一部は地主の懐に入る、という仕組みです。これは農民のリスクを下げますが、その分インセンティブも下がります。地主が収穫の（例えば）半分を持って行くのであれば、農民としてはあまり真剣に働く気もなくなります。インドでの調査では、自分が収穫の全量を受け取れる畑に比べて、収穫を共有する畑だとやる気は２割下がります[13]。結果として、こうした畑はきちんと耕されずに、効率も落ちます。

多くの貧乏人のようにたくさん仕事を掛け持ちするのも、効率の悪いことです。専門特化しない限り、何かの専門家になるのは難しいことです。事業を３つ掛け持ちする女性や、数週間ごとに村に戻りたいから都市での定職につけない男性は、主な職業での技能と経験を身につける機会を逃しています。こうした機会を逃すことで、彼らは本当に得意なことに専念することから得られる利得も失っているのです。

ですから貧乏な人が負うリスクは、打撃が起きたときに高くつくだけではありません。何か悪いことが起こるかもしれないという恐れだけで、貧乏な人は自分の可能性を十分に活かせなくなり、弱体化してしまうのです。

助け合い

もう一つのリスク対処方法、それもずっとよいかもしれない方法は、村人がお互いに助け合うことです。ほとんどの貧乏人は村や近隣に住んでいて、自分のことをよく知っている人々の広いネットワークを持っています。大家族、宗教や民族に基づくコミュニティなどです。なかには、そのネットワークの全員に影響するショック（例えばひどいモンスーンなど）もありますが、多くは個人に対するショックです。いまは落ち着いている人が、一時的に困っている人を助けてあげて、いずれ立場が逆転したら自分が助けてもらえるようにすれば、みんなが得をします。助け合いは慈善にならずにすむのです。

クリストファー・ウドリーによる調査は、そうしたインフォーマルな保険の威力とともに限界も示してくれます。ナイジェリア地方部で丸一年以上過ごしたウドリーは、村人たちがお互いにやりとりする贈り物とインフォーマルな融資をすべて記録してもらい、またそうした融資の返済条件も教えてもらいました。(14) また毎月全員に、何か悪いことが起こらなかったか尋ねてまわりました。すると、一般的な一家はいつも平均して、他の2・5家族からお金を借りたり貸したりしていました。さらに、その融資条件は借り手と貸し手双方の条件を反映する形で調整されていました。借り手が何か打撃に苦しんでいると、返済額は減ります（元金より少ないこともあります）。でも貸し手のほうが打撃を受けた場合には、借り手は自分の借りよりも多く返済するのです。相互貸借のこうした密なネットワークは、あらゆる個人が抱えるリスクを減らすのに大きく貢献しています。それでも、このインフォーマルな連帯が実現できることには限界がありました。家族は打撃を受けたときには、相変わらず消費額の下落に苦しんでいました。これはネットワーク内の他の人々の全体の所得がまったく変わっていない場合でもそうなのです。

インフォーマルな保険に関する大量の研究があって、コートジボワールからタイまで各地でこうした現象を調べていますが、結果は同じです。伝統的な連帯ネットワークは確かに打撃の吸収に役立ちますが、それが提供する保険は完璧にはほど遠いものです。リスクに十分に保険がかかっていれば、家族は常に、その平均的な稼ぎに応じておおむね同じ額を消費できるはずです。好調なときには他人を助け、困ったときには他の人が助けてくれるはずです。でも通常見られるのはこういうパターンではありません。

特に保険が劣悪なのは健康上の打撃についてです。インドネシアでは、家族の一員が重病にかかると消費が2割落ちこみます[15]。フィリピンでの調査では、村落内の連帯は致命的ではない重病の場合だと、特に機能しにくいことが記録されています[16]。一家が不作に見舞われたり、だれかが失業したりすれば、村の他の家族が助けにきてくれます。被害を受けた家族は贈り物や無利子融資など、各種の支援を受けます。でも人が健康上の打撃に苦しんでいると、どうもそうならないようです。一家は自分で対処するしかありません。

健康上の打撃に対する保険の欠如はちょっと驚きです。というのも他のときなら家族同士は立派に助け合うからです。前の章で、ジャワ島の小さな村の女性エンプタットさんにお目にかかりました。彼女の夫は眼病を患っていました。そして息子も、ぜんそくの薬が買えないので学校を辞めなければなりませんでした。エンプタットさんは夫の目を治すのに、地元の金貸しから10万ルピア（購売力平価18・75米ドル）を借りて、出会ったときには金利が積み重なって借金が100万ルピアになっていました。そして、借金取りが全財産を持って行くと脅しているので、とても心配していました。でも話を聞くうちに、娘の1人からごく最近、テレビが贈られたことがわかったのです。その娘は新しいテレビを80万ルピア(購売力平価150米ドル)で買ったばかりで、古いヤツ(まだ十分によい品です)を親にあげることにしたのです。このやりとりにはちょっと驚かされました。娘としては、古いテレビを手元において、新品を買ったお金を借金取りへの返済に使うほうが筋が通っているのでは?「お子さんのだれかが借金返済を手伝ってくれないんですか?」と尋ねてみました。エンプタットさんはかぶりを振って、子供たちは自分の問題を抱えているし、自分の家族の面倒もみなきゃいけないから、と答えました。そして贈り物がどんな形をとるかについて、こちらがとやかく言える立場ではないのだと暗に示しました。医療支出をだれも助けてくれないのは普通だと思っているようです。

どうして人々は、助け合いをある程度のところで止めてしまうのでしょう? なぜある種のリスクはカバーされなかったり、されても不十分だったりするのでしょう?

友達やご近所に無条件の支援を提供したがらない理由はいろいろあるでしょう。まずは、助けてもらえるのが確実なら相手に怠ける誘惑が起きてしまうかも、と心配するかもしれません——保険会社の言う〈モラルハザード〉です。あるいは困っていないのに、困っていると主張するかもしれません。あるいは、助け合うという約束がそもそも実行されないかもという不安もあります。こっちが助けても、助けてほしい段になったら手が回らないと言われるかも、というわけです。

これらはどれも、なぜ人助けを手控えようとするのかを説明できますが、でもなぜ重い病気にかかった人に助けをさしのべないのかについて、これで説明できるかどうかはわかりません。病気になるというのは、たぶん選択の余地はないことだからです。別の可能性は、ほとんどの経済学者がインフォーマルな保険について持っている考え方、つまり将来自分も助けてもらうかもしれないという理由で他人を助けるのがインフォーマルな保険なのだ、という発想では捉えきれない部分があるのかもしれない、ということです。ひどい状況のご近所がいたら、自分がそんな立場になることはないと思っていても、助けてあげるかもしれません。例えば、ご近所を飢えさせるのはとにかく不道徳なことだから、といった理由からです。１９７０年代半ばのバングラデシュ地方部での暮らしを描いた、ベッツィー・ハートマンとジェイムズ・ボイスの著書[17]は、隣同士の２家族を描いています。一方はヒンズーで、一方はムスリムです。両家は特に仲がいいわけではありません。ヒンズー一家は稼ぎ頭を失って飢えていました。思いあまって、一家の女性はこっそり柵を越えて隣家の庭に忍びこみ、ときどき食べられる葉っぱを盗んでいくのでした。ハートマンは、ムスリム一家がこの件について知っているのに、見て見ぬふりをすることにしているのを発見しました。ムスリム一家は語ります。「根は悪い人じゃないんだよ。私も彼女のような立場になったら、たぶん盗んだりすると思うからね。ちょっとしたものがなくなったくらいで、目くじらたてないようにしてるんだ。「これを持って行った人は、私よりもおなかが空いてるんだ」と考えるんだよ」

人々が苦しいときに助け合うのが道徳的な義務感からでしかなく、将来必ずしも助けてもらえると期待してのことでないなら、なぜインフォーマルなネットワークが健康ショックに対応できないかもある程度は説明できます。かなり貧乏な世帯ですら、自分が十分に食べられるときにそうでないご近所を見たら、手持ちを分け与えます。でも、例えば入院費用の支払いを助けるとなると、この基本的な共有行動を超えたものとなります。入院は高くつくので、多くの世帯がお金を出し合わなくてはなりません。結果として、物入りなご近所を助けるという基本的な道徳的活動から高価な健康問題は除外するほうが筋が通っています。そうしたものをうまく運営するには、ずっと入念な社会契約が必要となってしまうからです。

このように、保険は主に困った人を助けるという道徳的な義務だという見方は、ナイジェリアの村で村民たちが個人ベースでのみ助け合い、共通の蓄えにみんなが貢献することはしない理由の説明になります——みんなで持ち寄るほうが、リスク共有のやり方としては効率がよいのですが。また、エンプタットさんの娘が母親にテレビは贈ったのに、医療代金は負担しなかった理由もそこにあるのかもしれません。彼女は、両親の医療費に責任を負う唯一の子供になりたくなかったのです（そして兄弟姉妹の鷹揚さもあてにできないと思ったのです）。だから両親に何か親切なことはしてあげるけれど、自分の手に余るような支援には手を出さなかったのです。

貧乏人向けの保険会社はないの？

リスクがもたらす高い費用と、インフォーマルな連帯ネットワークから得られる保険が限られていることを考えれば、なぜ貧乏人がもっと正規の保険にアクセスできないかを不思議に思うかもしれません。つまり、保険会社が出す保険はないのか、ということです。どんなものであれ、正規の保険は貧乏人のあいだではほとんど見られません。健康保険、悪天候に対する保険、家畜の死に対する保険は、富裕国の農民の暮らしでは普通の商品ですが、発展途上国にはほぼないも同然です。

いまやマイクロファイナンスのことはだれでも知っているので、志の高い創意あふれる資本家たちにとっては、貧乏人向けの保険は明らかに有望で狙い目に思えます（『フォーブス』誌の論説はこれを「未活用の自然市場」と呼んでいます）[18]。貧乏人はすさまじいリスクに直面しているから、自分の命や健康、家畜、収穫に保険をかけるためなら、そこそこの保険料を喜んで支払うはずだ、というわけです。保険を待つ貧乏人は何十億人といるので、1件当たりの利潤がごくわずかでも、事業の見通しとしては莫大なものになりそうですし、同時に世界の貧乏人も大助かりです。唯一欠けているのは、だれかがこの市場をまとめあげることのように思えます。こうした発想で、国際機関（例えば世界銀行）や大規模財団（例えばゲイツ財団）は何億ドルもかけて、貧乏人向けの保険開発を奨励してきました。

もちろん保険の提供には明らかな困難がいろいろあります。それは貧乏人に限った問題ではありません。保険に本質的な問題なのですが、保険会社を規制したり、被保険者を監視したりするのがずっと難しい貧困国では、その問題に拍車がかかるのです。すでに「モラルハザード」の話はしました。自分が全責任を負わなくてすむとなれば、人は行動を変えるかもしれません（耕作を雑にしたり、ヘルスケアにお金を無駄遣いしたり等々）。例えば健康保険を提供する際の問題はどうでしょう。健康保険なしですら、貧乏人は何らかの健康提供者をしょっちゅう訪れるというのはすでに見た通りです。その訪問が無料になったら、みんなどうするでしょうか？　そして医師のほうも、無用な検査や薬を処方する理由ができるのではないでしょうか。特にその医者が検査施設を持っている場合はそうです（そしてアメリカでもインドでも、そういう医師は多いのです）。あるいは、薬局からキックバックを受けたりするのではないでしょうか？　どうもあらゆるものが同じ方向へと事態を押しやりそうです。患者は何でもいいから治療を求めるので、やたらに薬を出したがる医者のほうを好み、医師も薬をたくさん処方したほうが儲かります。ヘルスケアの規制が弱いかほとんどなく、だれでも「医者」の看板を出せる国で、外来診療に対して払い戻しベースの健康保険を出すというのは、破産への第一歩に思えます。

次の問題は「逆選択」です。もし保険を義務化しないと、将来自分が困ったことになりそうだと知っている人のほうが、保険を買いやすくなります。保険会社のほうもそれを知っていれば、その分を保険の掛け金に反映させればいいので、何も問題はありません。でも今すぐ保険支払いを受けたいために保険に入る人を保険会社が見分けられなければ、全員の保険料を上げるしか手はありません。でも保険料が上がれば、たぶん自分は保険は不要だろうと思う人は加入しなくなるので、当初の問題はさらにひどくなり、事態は悪化します。だからこそアメリカでは、雇い主を通じてでない限り、まともな値段で健康保険を買うのはとても困難になっているのです。そしてだからこそ、安い健康保険プログラムは通常は強制加入です――みんなが加入を義務づけられていれば、保険会社はハイリスクの人々だけを抱えこむことはなくなります。

第三の問題は露骨な詐欺です。病院が保険会社にでっちあげの請求を山ほど出したり、実際の医療費よりはるかに多い金額を患者に請求したりしないという保証はあるでしょうか？　また農民が水牛のために保険を買った場合、その水牛が死んだという架空請求をしないという保証は？　ＩＣＩＣＩ財団のナチケット・モルとビンドゥ・アナンスは、インドの金融セクターで貧乏人向けのもっとよい金融サービスを設計するのに一番熱心な人たちです。２人は自虐的なユーモアをこめて、何年も前に牛の保険を提供しようという初の試みが大惨事に終わった話をしてくれました。保険を買った人たちが全員そろって、牛が死んだと架空申告をしてきたので、家畜が本当に死んだことを証明するために、死んだ牛の耳を見せなくてはならないことにしたそうです。結果として、牛の耳の立派な市場ができあがってしまいました。保険の有無を問わず、牛はすべて耳を切り取られ、耳は牛に保険をかけた人に売られたのです。そうすれば、保険金はもらえて牛は無事、というわけです。インドのソフト大手インフォシス創業者で元ＣＥＯのナンダン・ニレカニは政府の依頼で、すべてのインド人に「固有ＩＤ」を与えることになりました。２００９年の会議で彼は、その仕組みでの人々の同定方法を説明していました。彼は聴衆に、指十本の指紋と虹彩の写真でだれでも十分に同定できる、と確約していました。モルは熱心に耳を傾けていました。そしてニレカニが一息ついたところでこう言いました。「牛に指がなかったのはまったく残念です」

なかには他より保険をかけやすいリスクもあります。例えば天候はどうでしょう。手近の気象観測所で計測された降雨量が、ある致命的な水準以下になったら一定額の保険金（これは支払い保険料で決まります）が支払われるという保険は、農民に喜ばれるでしょう。だれも天候は左右できないし、保険金の支払いには人の判断の入りこむ余地がないので（医療だと、どの検査や治療が必要だったかをだれかが判断しなくてはなりません）、モラルハザードや詐欺の入りこむ余地がありません。

ヘルスケアの分野では、危機的な健康上のできごと――大病や事故によるケガ――に保険をかけるのは外来診療をカバーするよりずっと簡単そうです。意味もなく手術や化学療法を受けたがる人はいませんし、治療の実施を確認するのも簡単です。過剰治療の危険はまだありますが、保険会社は治療ごとに支払い上限額を決められます。残る大きな問題は逆選択です。保険会社としては、保険加入者が病人ばかりになってもらっては困ります。

逆選択を避けるには、健康以外の理由でまとまった大量の人々から始めるのが肝心です――大企業の従業員、マイクロ融資の顧客、共産党の党員など――そしてその全員に保険をかけるのです。だからこそ多くのマイクロファイナンス機関は、健康保険の提供を検討したのです。彼らは保険商品を売りこめる借り手をたくさん抱えています。そして危機的な健康問題によって、それまでとても優秀だったマイクロ融資の借り手が債務不履行に陥ってしまうこともありますから、健康保険を提供すればマイクロファイナンス機関側にとってもちょっとした保険になります。さらに、顧客から保険料を徴収するのも簡単です。融資担当者はもともと借り手と毎週会っているからです――要するに、融資の返済額に保険料も織りこんでしまえばいいのです。

2007年に、当時インド最大手のマイクロファイナンス機関だったSKSマイクロファイナンスは、「スワヤム・シャクティ」を導入しました。これは試験的な健康保険プログラムで、妊娠、入院、事故をカバーしていました。逆選択を避けるため、融資を受けるグループすべてにこの保険は義務づけられました。詐欺の可能性に対処するため、保険金額には上限が定められ、顧客はSKSが長期的なネットワーク関係を持っている病院を使うよう強く奨励されました。これを魅力的にするため、こうした病院に行けば顧客は「キャッシュレス診療」が受けられることになりました。保険対象の病気であれば、治療費を支払う必要はないのです――SKSが直接病院に支払いを行ないます。

SKSが初めてこの商品を導入したとき、同社は顧客に保険加入を義務づけようとしました。でも顧客が反抗したので、SKSは最初の融資更新時のときだけそれを義務づけることにしました。結果として一部の顧客は融資を更新せず、保険を提供している地域でSKSは顧客を失いはじめました。数カ月たつと、SKSの融資の更新率は60パーセントくらいだったのが50パーセントほどに下がりました。競合マイクロファイナンス機関のCEOに、SKSと共同で何をやっているのか訊かれたことがあります。マイクロ融資の顧客に健康保険を義務づけるとどんな影響が出るかを評価していると説明すると、彼女は笑いました。「ああ、その影響ならわかってるわよ！　SKSがその商品を義務づけたところではすべて、うちの顧客がぐっと増えるのよ。みんなSKSをやめてうちに乗り換えるから！」。顧客の4分の1は、SKSからの融資は喜んで受けつつも保険からは逃れようとして、抜け道を見つけました。彼らは1年の保険期間が終わる直前に、融資を全額繰り上げ返済したのです。こうすれば、融資を更新したときには形の上ではまだ保険期間中だから、新規の期間については保険料を払わずにすみます。こうした抵抗に遭ったので、SKSは保険加入を希望者のみにしました。でもごく少数の顧客しか買わない自発的な商品は、またもや逆選択とモラルハザードにさらされます。保険をかけた顧客当たりの保険支払額は爆発的に増え、SKSの発売する保険を提供していたICICIロンバードは、これでは損をする一方だと判断して、新規顧客に保険は出すなとSKSに要請しました。同様の方式を提供していた他の組織も、まったく同じ問題に直面しています。顧客が強制保険加入に抵抗するのです。

問題にぶちあたった保険は、マイクロ健康保険だけではありません。MITの同僚ロバート・タウンゼントたちは、とても単純な天候保険を提供したらどうなるかを計測しようとしました。まえに説明したものと非常に似たもので、一定量よりも降雨が少なければ一定額のお金を支払う、という保険です。(19)

この商品はインドの2州（グジャラートとアンドラ・プラデシュ）で売り出されました。どちらも乾燥していて干ばつの起きやすいところです。どちらの場合も、この保険は名のあるまともなマイクロファイナンス機関を通じて売り出されました。農民にこの保険を売り出して説明する方法がいろいろ試されました。全体としての加入率はきわめて低いものでした。最大でも農民の2割が加入しただけで、それもそうした有名マイクロファイナンス機関の人が戸別訪問して売り歩いた場合だけです。そして加入した人ですら、加入額は微々たるものでした。ほとんどの農民は、本当に干ばつになったときの損失額の、2、3パーセントくらいしかカバーしない保険しか買いませんでした。

なぜ貧乏人は保険を買いたがらないの？

保険需要が少ない第一の可能性は、政府が市場を台無しにした、というものです。これはおなじみの需要ワラーの議論です。市場が働かないときには、政府や国際機関がそれを提供しすぎているのが悪いと相場は決まっています。具体的な議論としては、災厄が起こったら、こうしたお節介な連中が助けにやってくるので、結果として人々は保険など不要になってしまうのだ、という話になります。

確かにモンスーンのひどい年だと、インドの州は「干ばつ被害」州の指定を受けようと競い合います。そうすれば政府支援の扉が開くからです。政府の建設現場で職が提供され、食料が配分される等々。でもこれは貧乏人が必要とするもののごく一部にしかならないことははっきりさせておきましょう。まず、政府は大規模災害にしか介入しません。水牛が死んだり、だれかが車にひかれたりするだけでは政府は動きません。そして災害支援ですら、貧乏人の手元に届く頃にはまったく不十分になってしまう場合がほとんどです。

別の可能性としては、貧乏な人は保険の概念をよくわかっていないのかもしれません。保険は確かに、貧乏人が慣れ親しんでいる普通の取引とはちがいます。支払いはしても、決してそれが必要にならなければいいと願うような商品です。SKSの顧客と話をすると、過去1年で保険金を一切使っていないのに、支払った保険料が戻ってこないのはどういうわけだ、と怒っている人がたくさんいました。確かに保険の考え方をもっとうまく説明することはできます。でも、SKSの方式に抜け道を発見できるほどの知恵がある人々が、保険の基本的な考え方を理解できないとは、どうしても思えません。天候保険を売ろうとするなかで、タウンゼントは人々が保険の仕組みを理解しているかどうかをつきとめる実験を行ないました。農民を訪問する営業マンが仮想的な保険商品（気温保険）の短い説明を朗読し、潜在的な顧客に、仮想的な例を挙げて保険料が支払われるかどうか質問をしてみました。回答者は、4回に3回は正解しました。平均的なアメリカ人やフランス人でも、成績がこれより大してましかどうか。だから降雨保険商品をもっとうまく説明してみても、農民たちの保険購買意欲にはまったく影響がなかったのも当然でしょう[20]。

農民たちは、保険の中心的なコンセプトとその仕組みは理解できたのですが、とにかく買いたがらなかったのでした。でも、ほんのちょっとしたことでその決定は揺らぎました。ちょっと家庭訪問するだけで、いっさい売りこみはかけなくても、天候保険を買う人の数は比率で4倍増えました。フィリピンでは無作為に世帯を選び、健康について基礎的なアンケートに答えてもらうと、その世帯はアンケートに答えなかった同等世帯に比べ、後に保険に入る確率が高まりました。たぶん健康問題の可能性についてあれこれ質問に答えたことで、何が起こりかねないかについて認識が高まったのでしょう(21)。

ずいぶんリスクを背負いこんでいるのに、なぜ貧乏な人たちはこうしたちょっとしたあと押しなしでも、もっと保険に入るメリットに大喜びしないのでしょうか？

思うに中心的な問題は、これまで述べてきた問題のせいで、市場が提供できるような保険というのが、本当に危機的なシナリオに対してだけ人々を保護するようなものに限られてしまうということなのでしょう。これはいろいろ問題を引き起こします。

保険商品では、信用がいつも問題となります。保険契約では、世帯は保険料を前払いして、将来の保険金払いは保険会社の裁量任せとなるので、世帯は完全に保険会社を信用しなくてはなりません。天候保険の場合、この商品を売りこむチームは、ときには農民たちがよく知っているバシックスという組織の人と同行し、ときには自分たちだけで出かけました。すると、バシックスの人がいれば保険加入がかなり増えることがわかりました。信頼が問題となっているようです。

残念ながら、信頼の欠如は慢性的になりがちです。これはその商品の性質もあるし、また少しでも詐欺の可能性があるときの保険会社の対応のせいもあります。２００９年冬、健康保険を更新しないことにしたＳＫＳの顧客を何人か訪ねました。ある女性は、胃の感染症で病院に行ったのに、ＳＫＳがその費用を負担しなかったので、更新しないことにしたと語りました。保険は危機的なことしかカバーしないことになっていたので、胃の感染症は、ひどいものではありますが、保険対象にはならないと判断されたのです。でも彼女がそのちがいを理解できたかどうかは不明です——だって病院に行って治療を受けたにはちがいないのですから。また、彼女は別の融資グループ（ほとんどのマイクロファイナンス機関同様、ＳＫＳも顧客にグループを作らせます）の女性についても話してくれました。重い感染症で彼女の夫が死んだのですが、死ぬまでに妻は、医者や薬でかなりのお金を使いました。夫の死後、彼女はその請求書を保険会社に提出しましたが、会社はその夫が１日も入院していないからと言って、支払いを拒絶しました。このことに失望して、そのグループ全体が保険料の支払いを止めたのです。純粋に法的に言えば、保険会社は確かに支払いを拒絶する権利が十分にあります。一方で、夫が病死する以上に致命的なできごとがあるでしょうか？

天候保険も同じ問題をかなり抱えています。作物が干上がって農民たちが飢えていても、降雨計のところでの降雨量が基準以上だったら、その地域のだれもいっさい保険金をもらえません。でも、微気候は様々です。地域の平均降雨量が基準をぎりぎり上回る水準の年には、多くの個別農民はひたすら偶然の作用で、干ばつに近い状況にさらされます。苦しむ農民たちにとって、降雨計の審判を受け入れるのは容易ではありません。特に汚職のありがちな環境であればなおさらです。

第二の問題は、時間の不一致からくるもので、これは健康についての章ですでにお目にかかりました。保険を買うかどうか決めるときには、いま考える（そして保険料を支払う）必要がありますが、保険金がくるのは、それがあればの話ですが、ずっと未来です。すでに、こうした検討は人間が実に苦手なものだということは見ました。問題をさらに悪化させるのは、保険が危機的な事象だけしかカバーしないときです。支払いが行なわれるのはただの未来ではなく、だれも考えたくないほど不愉快な未来なのです。そうした出来事についてはなるべく考えないようにするというのは、ごく自然な防御反応かもしれません。アンケートに答えて無理にそうした事象について考えると、保険を買う確率が高まるというのは、これで説明がつくでしょう。

こうした理由から、マイクロ保険は次の10億顧客市場機会にはならないかもしれません。ほとんどの人が、市場の提供したがる保険商品にあまり安心できないのには、深い理由がありそうです。一方で、貧乏人は明らかに、容認しがたいほどのリスクを背負っています。

ここには明らかに政府の行動が果たすべき役割があります。だからといって、政府が民間保険市場の肩代わりをしろということではありません。たぶん政府が介入しなくてはなりません。民間企業は、現在売っているのとまったく同じ種類の保険を売り続ければすみます（厳格な上限額を持つ天災補償、インデックス化した天候保険など）。でも今のところは、政府が貧困者の保険料を部分的に肩代わりすべきです。これがうまくいくという証拠はすでにあります。ガーナでは、天候保険が保険料に大量の補助金つきで提供されると、勧められた農民のほぼ全員が契約しました。悪いショックを恐れて、貧乏人は高くつく緩和戦略を取ろうとします。だから保険を補助すれば、貧乏人の所得向上という形で十分な見返りがあるのです。ガーナでは、安い保険を受けた農民は、そうでない農民よりも作物に施肥する確率が高く、結果として収益も上がりました。そして例えば、食事を抜く必要がずっと減ったと報告されています[22]。いずれ、人々が保険の仕組みを理解しはじめて市場が拡大してくれれば、補助金もだんだんなくせるでしょう。それが無理でも、貧乏人が自分の人生のヘッジファンド・マネージャにならずにすむことで得られる巨大な潜在利得を考えれば、公共的な善を促進するために公共の資金を使う場所として、これはすばらしい例ではないでしょうか。

第７章　カブールから来た男とインドの宦官たち

——貧乏人融資のやさしい（わけではない）経済学

　ほとんどの発展途上国の都市では、無数の果物や野菜売りが街角に並んでいる光景がごく普通に見られます。売り手（ほとんど女性ひとり）はそれぞれ小さな屋台か、歩道にビニールシートを敷いただけで、そこにトマトやタマネギや、手持ちのものを何でも売っています。売り手は朝に卸業者から商品を仕入れ（通常は後払いです）、日中それを販売し、夜に卸業者に代金を支払います。ときには野菜を運んで陳列する屋台も、１日単位のレンタルです。

　富裕国でも、多くの事業は同じ形で運営されています。運転資金の融資を受けて、財を作ったり仕入れたりして、その売り上げのなかから融資を返済します。驚くのは、裕福な人に比べて貧乏人の返済額がいかに多いかということです。インドのチェンナイでは、一般の果物売りが朝に仕入れた１０００ルピー（購買力平価51米ドル）分の野菜の返済をするとき、平均で１０４６・９ルピーを渡すことになります。利息は１日４・69パーセント[1]。これが何を意味するか見るには、こんな計算をしてみてください。今日

100ルピー（購買力平価5・10米ドル）借りて明日返済したら、104・69ルピー支払うわけです。さらに24時間借りて2日後に返したら、返済額は109・6ルピーです。30日後には借金は400ルピー近くなり、1年後には18億4245万9409ルピー（購買力平価9350万米ドル）となります。だから5ドル借りて1年後まで返さなければ、1億ドル近い借金ができあがるわけです。

こうしたバカ高い利息を見て、マイクロファイナンスの創設者たちは行動を起こしました。例えばインド最大級のマイクロファイナンス機関のひとつスパンダナのCEOのパドマジャ・レディの話では、スパンダナ創設を思いついたのはアンドラ・プラデシュ州のグンタルでボロ拾いと話をしたときだったそうです。ボロ拾いが屋台を一つ買うだけの資金さえ得られれば、日々の屋台レンタル料を支払わずにすむ分を貯金して、「屋台を山ほど」買えるようになるのだ、ということに気がついたとか。でもボロ拾いには屋台を買うお金などありません。なぜだれも、このボロ拾いが屋台1台買うだけのお金を貸してあげないのだろう、とパドマジャは自問しました。パドマジャの話だと、ボロ拾いによれば銀行は自分のような者に貸してくれないと説明したそうです。金貸しから融資を得てもいいが、金利が高すぎてまったく引き合いません。結局、パドマジャは自分で融資してあげることにしました。ボロ拾いはそれをきちんと返済して大成功しました。まもなく融資を求めてパドマジャの家の前に人々が行列するようになり、パドマジャは仕事をやめてスパンダナを創設しました。13年後の2010年7月、スパンダナは融資顧客420万人を擁し、融資残高は420億ルピーにのぼります。

パドマジャのこの話は、現代マイクロファイナンスの父として称揚されるムハマド・ユヌスが語る話と大差ありません。銀行は貧乏人には触れたがらない、というわけです。この銀行の空白地帯に、収奪的な高利貸しや商人がやってきて法外な利息をかけます。このお話だと、マイクロファイナンスはすばらしくも単純なアイデアです。貧乏人を喰い物にする気のないだれかが市場にやってきて、財務的な持続性には十分でちょっと利益も得られそうな金利を貧乏人に課しますが、それ以上の利息は取りません。複利計算の威力で、金利がちょっと下がれば顧客の生活は一変します。果物売りを考えましょう。1000ルピー（購買力平価51米ドル）の融資が、これでも結構高いのですが、月額10パーセントとかの金利になったとします。すると野菜は掛けで買わなくても、現金で買えます。1カ月では、卸業者に支払う金利の分だけで4000ルピー（購買力平価203米ドル）の節約で、マイクロファイナンス機関への返済には十分すぎるほどです。自分の事業を拡大して、ものの数カ月で貧困から抜け出せるわけです——少なくとも理屈の上では。

でも、この単純なお話ですら疑問が生じます。チェンナイには果物の卸業者なんてたくさんいます。なぜその一人や、目端の利く金貸しが、女性たちに対する金利をちょっと下げようと思わないのでしょうか？　その人は市場をまるごと独占できてしまうはずで、しかもまだまだ十分な利ざやは残ります。どうして果物売りたちは、ムハマド・ユヌスやパドマジャ・レディのような人たちの出現を待たねばならなかったのでしょう？

この意味で、マイクロファイナンス支持者たちはあまりに慎ましすぎます。独占のあったところに競争を導入する以上のことを何かやっているはずなのです。一方で、この支持者たちは、小規模融資が人々を貧困から引き出せる可能性について、あまりに強気すぎるかもしれません。マイクロファイナンス機関の各種ウェブサイトには、果物売りが果物長者になった個々のエピソードが山ほどありますが、それでもチェンナイにはまだ貧乏な果物売りがたくさんいます。その多くは、町に何軒もあるマイクロファイナンス機関からお金を借りようとはしません。彼らは貧困脱出の切符をみすみす見送っているのか、それともマイクロファイナンスというのが、言われているほどの奇跡ではないということなのでしょうか？

貧乏人に貸す

商業銀行や協同組合などのまともな融資機関から融資を受ける貧乏な世帯は、きわめて少数です。わたしたちがインド地方部のウダイプールでやった調査では、貧乏な人の3分の2ほどはお金を借りていました。そのうち23パーセントは親戚から、18パーセントは金貸しから、37パーセントは商店主から、そして正規の融資機関からはたった6・4パーセントです。銀行融資の比率が低いのは、銀行への物理的なアクセスがないからではありません。同じパターンはハイデラバードの都市部でも起こります。そこでは1日2ドル以下で暮らす世帯は、主に金貸し（52パーセント）、友達やご近所（24パーセント）、親族（13パーセント）からお金を借ります。融資のうち商業銀行からのものはたった5パーセントです。18カ国のデータセットの対象国すべてで、地方部の貧乏な人のうち銀行融資を受けているのは5パーセント以下で、都市部の貧乏な人でも10パーセント以下です。

インフォーマルな資金源からの融資は、だいたい高価です。ウダイプールの調査では1日99セント以下で暮らす人々は、インフォーマルな融資先に対して平均で1月当たり3・84パーセント（年利に換算すると57パーセント）の金利を支払っています。高利で悪名高いアメリカのクレジットカード融資ですら、これと比べればかわいいものです。バンク・オブ・アメリカの標準クレジットカードの金利は、年率20パーセントほどです。1日1人当たり99セントから2ドル消費する人の金利は、ちょっと低めです。1月で3・13パーセント。この金利差には二つの理由があります。まず、多少貧乏の度合いが低い人たちは、極貧者よりはインフォーマルな融資に頼る分が少なく、正規の融資に頼りますし、そのほうが安いのです。でも第二に、インフォーマルな融資者が極貧者に課す金利は、それほど貧しくない人に比べて高いのです。インフォーマルな融資金利は平均で、借り手の保有する土地が1ヘクタール増えるたびに、月当たり0・4パーセントずつ下がります。

金利は産業分野や国ごとにちがいますが、基本的なところはどこも同じです。年率40パーセントから200パーセント（いやそれ以上）はごくふつうで、貧乏だと金持ちよりも高い金利がかかります。多くの人が実際にこの利率で借りるという事実が持つ意味合いは、かなり衝撃的です。平均的なアメリカ人預金者がぜひとも受け取りたいような金利で、喜んでお金を借りる人が何百万人もいるのです。なぜ投資家たちはお金をかかえてそっちに殺到しないのでしょうか？

実は、だれもやろうとしなかったわけではないのです。1960年代から80年代末まで、多くの発展途上国は政府出資の融資プログラムを持ち、地方部の貧乏な人向けに金利補助がついていました。例えばインドでは1977年から、銀行が都市部で支店を1カ所開くごとに、地方部で銀行のない場所4カ所にも追加で支店を出すことが義務づけられていました。さらに、銀行は融資ポートフォリオの4割を「優先セクター」、つまり小企業、農業、協同組合などに融資するよう指導されました。ロビン・バ

ージェスとロヒニ・パンデは、この政策のおかげで銀行支店が増えた地域では貧困の減り方が速かったことを示しています。(2)

問題は、こうした強制融資プログラムが貸し付けプログラムとしてはあまりうまく機能しなかったということです。債務不履行率はこわいほどの高さでした（1980年代には40パーセント）。融資は経済的な必要性よりは政治的な優先度で決まりました（かなりの融資は、選挙直前に接戦となりそうな地区で農民に対して行なわれたものです）。(3) そしてお金は結局は地元エリートの手に渡るのが常でした。全体としてはかなり好意的なバージェスとパンデの研究ですら、銀行支店開設により貧乏な人の所得を1ルピー増やすには、1ルピーよりずっと高くつくという結論に達しました。さらに、その後の研究によれば長期的に見た場合、支店が増えた地域は実はもっと貧乏になったとされています。(4) 1992年にインドを自由化した改革の波のなかで、地方部で支店を開けという要件は廃止されましたし、同様に公的な融資プログラムに対する政府支援を手控える動きは、他の途上国ほとんどで見られます。

社会的バンキング実験が失敗したのは、そもそも政府が補助付き融資などに手を出すべきではないからなのかもしれません。政治家たちは、ついつい融資を手土産代わりに使ってしまうし、返済不要の融資ほど手土産に好都合なものはありません。でも、なぜ民間銀行が小事業主に融資しないのでしょう？そうした事業主は月4パーセントの利息を払うし、これは銀行の平均的な融資金利の何倍も高いのですから、そっちに融資するほうがいいのでは？　アメリカの一部ウェブサイトは、富裕国の融資希望者たちが、貧困国の起業家候補たちに融資できるようにしています。彼らは他のみんなが見逃していたものを、ついに見つけ出したのでしょうか？

それとも、インフォーマルな金貸したちにできて、銀行にはできないことがあるのかもしれません。それは一体なんでしょう？　そしてなぜ金持ちに貸すほうが安上がりなのでしょうか？

貧乏人融資のやさしい（わけではない）経済学

なぜ一部の人が高い金利を払わされるかというと、標準的な説明ではその人たちのほうが債務不履行の可能性が高いからです。これは単純な計算の問題です。金貸しとして事業を続けるだけで、100ルピーの融資ごとに平均で元利110ルピーを回収しなくてはならないなら（例えばそれが彼の資金コストかもしれません）、債務不履行がなければ金利10パーセントをつければすみます。でも借り手の半分が不履行に陥ったら、実際に返済してくれる残り半分からは最低220ルピーを回収しなくてはなりません。つまり平均120パーセントの利率です。とはいえ、インフォーマルな融資の債務不履行率は、政府出資の銀行融資とはちがって、そんなに高くありません。返済が遅れることはありますが、でもまったく返済がないのはかなり珍しいことです。パキスタン地方部の金貸しの研究によれば、彼らの平均金利は78パーセントなのに、貸し倒れ率は金貸し平均でたった2パーセントとのこと(5)。

困ったことに、こうした低い債務不履行率は、放っておいても勝手に実現されるようなものではまったくないのです。貸し手ががんばって取り立てなくてはなりません。融資契約の強制はいつの時代も難問です。借金を変な使い方にまわしても許されたり、たまたま運のめぐりが悪くて手持ちのお金がなければ、回収のしようがありません。そうなれば、貸し手としては融資を回収する手立てはないも同然です。ですから借り手のほうには、お金があってもないふりをするという誘惑が生じますから、貸し手にとってはなおさら困ったことです。これをきちんとチェックできないなら、借り手のプロジェクトが本当に成功した場合でも、お金は絶対に返ってこないでしょう。

世界中の貸し手が各種の意図的な債務不履行に対して自衛する手段は、まず頭金を要求し、担保を求め、プロモーターの貢献分などと呼ばれるもの、つまり起業家が自腹で負担する企業資本の一部を要求することです。借り手が債務不履行になったら、貸し手は担保を差し押さえて罰を与えることができます。借り手の出した分が多ければ、その分だけ借りたお金を持ち逃げする誘惑は減ります。これはつまり、借り手が差し出せるものが多いほど、貸し手は融資額を増やせるということです。というわけで、融資金額と、借り手がすでに持っている金額とを比例させるおなじみの法則（少なくともサブプライム期の頭金無し住宅ローンのイケイケ時代以前にはおなじみの法則）が得られます。フランス人が言うように、「*On ne prête qu'aux riches*（金を貸すなら金持ちだけ）」。

つまり、貧乏な借り手は借りられる金額が少ないということです。でもこれだけでは、なぜ貧乏人があんなに高金利を払わされるのかとか、なぜ銀行が融資したがらないのかという説明にはなりません。つまり、別のものが効いてくるのです。融資を回収できるためには、貸し手は借り手についていろいろ知る必要があります。例えばその借り手が信用できるかなど、貸すかどうかを決める前に知っておきたいこともありますし、借り手の所在や事業の中身など、トラブルがあったときに融資回収の役に立つ情報もあります。貸し手はまた、借り手を見張ってときどき訪問し、お金が約束通りの使われ方をしているかを確認して、必要ならその事業を自分の望む方向にあと押しすることも考えるでしょう。これはすべて時間のかかる活動ですし、時は金なり。それをカバーするためには金利も上がります。

さらに、こうした費用の多くは融資金額には比例しません。融資がどんなに少額だろうと、借り手についての基本情報を集めずにすませることはあり得ません。結果として、融資が少額になれば、監視と選別のための費用は融資額の比率で見ると上昇します。そしてそうした費用は集めた金利でカバーするので、利率もそのぶん上がります。

さらに悪いことに、これは経済学者の言う〈乗数効果〉を作り出します。金利が上がると、借り手はますます借金を踏み倒したくなります。すると借り手をもっときっちり監視・選別する必要が出てきて、これは融資費用を増やします。すると金利がもっと上がり、それがもっと監視を要求して云々。金利上昇圧力がさらなる金利上昇を必要とさせ、金利は急騰します。あるいは実際にはむしろ、貸し手は貧乏人に融資するのは引き合わないと判断するようになります。融資額が小さくて、手間に見合わないのです。

いったんこれを理解すれば、多くの点についても合点がいきます。貧乏人への融資で主要な制約は、彼らについての情報収集なので、彼らのことをよく知っている人たちから借金をしているのも筋の通った話です。例えばご近所、雇い主、取引相手、あるいは地元の金貸しなどです。実際、まさにその通りになっています。奇妙に思えるかもしれませんが、こうした契約強制の重視のおかげで、貧乏人は支払いが滞ったら本気で自分を痛めつけることができる相手からお金を借りるようになります。そうした貸し手は監視にあまり手間をかけずにすみ（借り手は怖いので黙っていてもがんばりますから）、結果として利息も低くなるからです。1960年代と70年代のカルカッタでは、多くの金貸しはカブーリワラ（カブールから来た男たち）でした――アフガニスタンの装束をまとった大男たちで、肩から布の袋をかけていて家々をまわり、表向きは乾燥フルーツやナッツを売るのですが、実はそれを隠れ蓑にして金貸し商売をしているのです。でも、もっと地元の人が金貸しをしてもよいのでは？　もっとも可能性の高い答えは、こうした男たちは強面で甘くないという評判があったということです。これはベンガル地方のあらゆる学童が教科書に載っているお話を通じて抱いているステレオタイプです。そのお話では、心優しいが乱暴なカブーリワラが、自分をだまそうとした相手を殺してしまいます。同じ理屈で、アメリカではマフィアが多くの人にとって「最後にすがる貸し手」となっている理由もわかります。

脅しの威力を示すもっと大仰な例が、ロンドンの『サンデー・テレグラフ』紙1999年8月22日付け記事「さっさと払え――さもないと宦官を派遣するぞ」に描かれています。[6] この報告では、インドの取り立て屋たちが宦官たちに対する昔ながらの社会的偏見を利用して、債務不履行常習者たちの取り立てを行なっている様子が描かれています。人々は宦官の性器を見るのが不運をもたらすと信じているので、宦官たちは債務不履行者たちの家に出かけて、このまま非協力的な態度を取ると「ご開陳」におよぶぞ、と脅すよう指示されていたのです。

借り手についての情報収集が高価であることを考えると、村ごとに複数の金貸しがいるときですら、競争で借金の価格が下がらないことも納得がいきます。貸し手がいったんある借り手の審査費用を負担し、その借り手についてよい評価が得られたら、この関係は放棄しづらくなります。もし借り手がどこかよそで融資を求めたら、新規の貸し手は信用調査を全部やりなおさざるを得ません。これは高価なので、金利をもっと高くすることになります。さらに、貸し手のほうもそんな新規顧客は怪しく思うでしょう。既存の関係を放棄するのにはずいぶんコストがかかるのに、なぜこの人は敢えてそんなことをするのかな？と考えるわけです。そうなると金貸しは二重に慎重になり、これはさらに金利を押し上げかねません。ですから一見すると貸し手を選べそうな場合でも、借り手はある程度はすでにつきあいのあるところに縛られているのです。そして金貸しはこの優位性を利用して金利をつり上げます。

これで銀行が貧乏な人に貸さない理由も説明がつきます。銀行融資担当者は、必要な信用調査を全部やれるような立場にはいません。村に滞在していないし、村人を知らないし、しょっちゅう異動もあります。立派な銀行はカブーリワラと張り合う立場にもありません。返済しないとひざをかち割るぞと脅すわけにもいかないし、宦官を派遣するぞというのすら困難です。シティバンクのインド支店は、自動車ローンを返済しない人々を脅すのに「グーンダ」（地元のチンピラ）を使っているのがバレて、ずいぶん困った立場に追いこまれました。そして裁判に訴えるのも、まともな選択肢とはいえません。198 8年にインド法制局は、（破産した借り手の）資産競売申し立ての4割が8年以上待たされていると発表しました。[7] 貸し手の立場からして、これが何を意味するか考えてみましょう。債務不履行企業に対して裁判で絶対勝てるとわかっていても、担保資産を手に入れられるのは何年もたってからです（そのあいだに借り手のほうは資産の名義をいくらでも書き換えられます）。もちろんこれはつまり、貸し手から見れば融資時点での借り手の資産価値はその分だけ低くなるということです。当時はＩＣＩＣＩ銀行の副社長の一人だったナチケット・モルは、農業融資を農民たちに返済させるための、実にすばらしい方法を思いついたことがあると話してくれました。それぞれの融資を実施する時点で、支払期日づけの同額の小切手を切ってもらうというやり方です。ここでの見事な洞察は、もし農民が返済しなければ、その小切手の回収に警察を使えるということです。小切手の不渡りは刑事犯罪だからです。これはしばらくはうまくいきましたが、やがて崩壊しました。警察は、自分たちが何百もの不渡り小切手を追いかけることになっているのに気がついて、こんなのウチの仕事じゃありませんよ、とていねいに銀行に断りを入れてきたのでした。

銀行担当者が返済を受けられても、事態が火を噴くことはありません。銀行は「農民の自殺」を自分たちと結びつける新聞の見出しが好きではありません。そして揚げ句の果てには、選挙が目前になると政府はやたらに徳政令を出したがります。これらを考えると、銀行としては貧乏人への融資にそもそも手を出さず、そっちは金貸しに任せておこうと思うのも当然でしょう。でも金貸しは債権回収に優位性を持ってはいますが、銀行よりも回収にかかるお金はずっと高額になります。これは人々が、金利が些少かゼロでも安全のために貯金を喜んで銀行に預けるのに対し、金貸しに貯金を預けようと思う人がいないからです。これに乗数効果と金貸しが享受しがちな独占力とが組み合わさると、なぜ貧乏人がこんなに高い金利を課されるのかという説明がつきます。

ムハマド・ユヌスやパドマジャ・レディのような人々のイノベーションは、もっと手の届く金利で貧乏人に融資するという発想だけではありません。それを実現する方法を考案したことなのです。

マクロ計画のためのマイクロ洞察

発端は1970年代半ばのバングラデシュ・リハビリ支援委員会（一般にBRACとして知られています）とグラミン銀行という慎ましいものでしたが、マイクロ融資はいまや世界的な現象です。借り手は1・

５億人とも2億人とも言われ、そのほとんどが女性で、融資を受けられる人はもっとたくさんいます。時にはギリシア神話に登場する乳房の二つある獣であるかのように説明されます――利潤をあげるという任務と、社会的な任務の両面を持つのです。そして聞こえてくるのは、この両面でマイクロファイナンスは驚異的な成功をおさめているという話ばかりです。一方では、ムハマド・ユヌスとグラミン銀行に与えられたノーベル平和賞を頂点に、多くの公的な賞賛が寄せられています。他方では、２００７年春に行なわれたメキシコの大マイクロファイナンス機関コンパルタモスの株式公開は、商業側での（議論を呼ぶ）勝利でした。この株式公開でコンパルタモスは4・67億ドルを調達しましたが、同機関の金利が１００パーセント超であることも注目されました（ユヌスは公式に不満を表明して、コンパルタモスのＣＥＯを新たな高利貸しと呼びましたが、他のマイクロファイナンス機関もすでに同じ道を進んでいます。２０１０年7月には、インド最大のマイクロファイナンス機関ＳＫＳマイクロファイナンスが株式公開で3・54億ドルを調達しました）。

ユヌスが高利貸しといっしょにされるのを嫌がる理由はよくわかりますが、ある（よい）意味で、マイクロ融資というのは社会目的のために再発明された金貸しです。伝統的な金貸しのように、マイクロファイナンス機関は顧客を密接にチェックできることで成り立っていますが、その方法の一部はその顧客をよく知っている他の顧客を参加させることです。典型的なマイクロファイナンス契約は、借り手のグループに対して融資を行ない、そのグループは仲間のローンにそれぞれ連帯責任を負い、したがって他の人たちにちゃんと返済させる理由があります。借りにくるときにはすでにお互いをよく知っていることが条件だとする組織もあれば、週ごとの集会への出席を義務づけることで、人々がお互いに知り合うようにする組織もあります。毎週顔を合わせるというだけで、顧客はお互いをよく知るようになり、一時的に仲間が困難に直面したときにも、助けようという気になりやすくなります。(8)

マイクロファイナンス機関も金貸しと同じで、まったく返済しない相手には今後融資しないぞと脅しますし、悪質な借り手に対しては村の社会ネットワークとのコネを使って、容赦なく圧力をかけます。金貸しとちがうのは、公式な方針として本当の肉体的な脅しは決して使わないとしている点です。(9)でも、恥の力だけで十分なようです。ハイデラバードでお目にかかった借り手は、複数のマイクロファイナンス機関からの融資返済に苦労していました。でも一度も滞納したことはなく、そのために子供から借金したり、一日食事を抜いたりしても仕方ないと言います。融資担当者が玄関にやってきて、ご近所の目の前で「ゴネられる」なんてまっぴらだといいます。

伝統的な金貸しとマイクロファイナンス機関がはっきり分かれるのは、マイクロファイナンスがほとんどまったく柔軟性を排除したというところです。金貸しは借り手に対し、借り方や返済方法を好きに選ばせてくれます――週ごとに払う人もいますが、手元に余裕があるときに随時返済する人もいます。利息だけ払って、元金はまとめて返す人もいます。これに対してマイクロファイナンスの顧客は、毎週一定額を返済させられるのが通例です。返済は融資の翌週から始まり、少なくとも初回の融資だと、それでも融資額は決まっています。さらに借り手は返済を週ごとの集会の場で行なわなくてはなりません。これはグループごとに毎週決まった時間に開かれます。この長所は、返済をとても簡単に確認できることです。融資担当者はその集団から受け取るはずの返済総額を数えるだけで、帳尻があえば（ほとんどの場合はあいます）それでおしまい。次のグループに移れます。おかげで融資担当者は毎日１００人、２

００人の返済を集められます。でも金貸しだと、いつお金が戻ってくるのかわからないままうろうろするしかありません。さらに取引がとてもシンプルなので、融資担当者には大して教育も訓練も要りませんから、これまた安上がりです。さらに融資担当者はものすごい成果主義の契約になっていて、新規顧客の勧誘数と担当全員の確実な返済で給料が決まるのです。

こうしたイノベーションはすべて、融資の管理コストを引き下げるのに貢献します。そうしないと管理コストは、さっき述べたように乗数効果でふくれあがって、貧乏人への融資を実に高価にしてしまいます。南アジアのマイクロファイナンス機関のほとんどは、こうすることで年利25パーセントで貧乏人にお金を貸せます。地元の金貸しは普通、その2倍から4倍の利息を取ります。同じマイクロファイナンスでも、世界の他の地域ではもっと金利が高く（おそらく融資担当者の給料が高いからでしょう）、時に年率１００パーセント以上ですが、それでも貧乏な人たちにとっては他の選択肢よりずっと低いのです。例えばブラジル都市部では、マイクロファイナンス機関の提供するマイクロ融資は月4パーセント（年率60パーセント）で、それに代わるいちばん手の届く選択肢はクレジットカードによる負債ファイナンスですが、月12パーセントから20パーセントです（年率２８９パーセントから８００パーセント近く）。有名なことですが、マイクロファイナンスだと債務不履行は（少なくとも政治的な動機による危機時以外は）ほとんど見られません。「ポートフォリオ・アット・リスク」（不履行に陥るかもしれないけれど、でも全部がそうなるわけではない融資）は、２００９年には南アジアでは4パーセント以下で、ラテンアメリカやアフリカ諸国のほとんどでも7パーセント超にはなりません。(10) だからマイクロファイナンスは、１・５―２億人の顧客を擁して、貧困対策としてもっとも目に見える手法としての地位を確立したのでした。でも、うまくいっているのでしょうか？

マイクロ融資はうまくいくのか？

答えは明らかに「うまくいく」の意味合い次第です。マイクロファイナンスの熱烈な支持者たちにとって、それは人々の生活を一変させることです。貧困者支援コンサルグループ（CGAP）は、世界銀行内の組織でマイクロ融資推進に携わっていますが、ウェブサイトのFAQで、あるときこう主張しました。「貧困世帯に対する金融サービス――マイクロファイナンス――の提供がミレニアム開発目標の一部（例えば万人への小学校教育、児童死亡率低下、母体の健康など）の達成をあと押しできるという証拠は大量に増えています(11)」。基本的な発想としては、それが経済的な力を女性にもたらし、女性はこうした点を男性よりも気にかける、というものです。

残念ながら、CGAPの主張とは裏腹に、ごく最近までこの問題については、肯定否定どちら側にもほとんど裏付けがありませんでした。CGAPが証拠と称しているのは、実は事例集でしかなく、しかもそのほとんどが当のマイクロファイナンス機関自身の手前味噌です。マイクロ融資の支持者の多くは、それで十分だと考えているようです。ある有力なシリコンバレーのベンチャー資本家兼投資家でマイクロファイナンス支持者（SKS初期の支援者でした）に会ったときには、これ以上証拠なんかいらないと言われました。「伝聞のデータ」をたくさん見て、真実はもうわかっているというのです。でも伝聞のデータだけでは懐疑派の役には立ちません。そうした懐疑派のなかには、マイクロ融資が「新たな高利貸し」なのではないかと心配する各地の政府も含まれます。２０１０年10月、ＳＫＳの株式公開成功のわずか2カ月後に、アンドラ・プラデシュ州政府は農民57人の自殺がＳＫＳのせいだと主張しました。融資担当者の強引な取り立て手口により、耐えがたい圧力に曝されたのだというのです。ＳＫＳとスパンダナの融資担当者数名は逮捕され、政府は融資の週ごとの回収を難しくする法律を可決しました――例えば返済は選挙で選ばれた係官のいるところで行なわなければならないなど――そしてこれで、借り手は返済しなくていいという明確なシグナルを送ったのです。12月始めになると、主要マイクロファイナンス機関（ＳＫＳ、スパンデックス、シェア）の融資担当者は座して損失が積み上がっていくのを見ることになりました。自殺した農民57人の返済は滞っていなかったから、ＳＫＳ融資担当者が彼らを死に追いやったというのはあり得ないという伝聞もあり、ＳＫＳのＣＥＯヴイクラム・アクラも確かにそうだと保証しましたが、事態はほとんど改善しませんでした。

マイクロファイナンス機関が自衛のための強い論陣を張れない理由の一つは、自分たちの効果を証明するきちんとした証拠を集めるのをこれまで自ら嫌がってきたからです。わたしたちは２００２年頃からマイクロファイナンス機関に接触して、いっしょに評価をしてみませんかと提案してきたのですが、通常の反応は「リンゴ売りじゃあるまいし、なんでうちが評価なんか受けなきゃいけないんですか」というものでした。つまりは、顧客が追加融資を求めて戻ってくる以上、マイクロ融資は彼らにとって有益に決まってる、というわけです。そしてマイクロファイナンス機関は財務的にも持続可能で、ドナーの鷹揚さに頼らなくてもいいので、それがどれだけ有益かを正確に評価するなど不要だということになります。これはちょっと不誠実です。ほとんどのマイクロファイナンス機関は、ドナーの鷹揚さと職員の熱烈な努力で補助されています。これは主に、マイクロ融資が他の方法に比べれば貧乏な人を助けるのに有益だという信念からくるものです。ときには政策的な補助もあります。インドではマイクロファイナンスは「優先セクター」に含まれ、おかげで銀行はかなりの低金利で彼らに融資するという強い金銭的なインセンティブを与えられています。これは暗黙の巨額補助です。

さらに、人々は融資を受けるといった長期的な判断をするとき、完全に合理的かどうかは明らかとはいえません——アメリカの新聞を見れば、クレジットカードを使いすぎて困ったことになった人々の話だらけです。多くの規制当局が信じているように、人々は本当に貸し手からの保護が必要なのかもしれません。アンドラ・プラデシュ州での政府の立場はまさに、借り手たちは返済できない融資を受けた時点で、自分がどんな契約をしているか理解していなかったのだというものでした。

こうした批判もあり、また多くのマイクロファイナンス機関のトップは本音では自分が貧乏人を助けているか知りたがっていたこともあり、一部のマイクロファイナンス機関が自分のプログラムの評価を開始しました。わたしたちもそうした評価に参加しました。スパンダナがハイデラバード市で実施しているプログラムの評価です。スパンダナは、業界でもっとも高収益の機関だと思われているし、アンドラ・プラデシュ州政府によるマイクロファイナンス潰しの主要な標的の一つでもあります。スパンダナの創設者兼ＣＥＯパドマジャ・レディは、小柄で活気に満ち、恐ろしいほど知的な女性です。グントゥール地域の裕福な農家に生まれ、兄は村で初めて高校を卒業して、そのままとても成功した医者となりました。その兄が両親を説得してパドマジャを大学に通わせ、その後ＭＢＡを取らせたのです。貧乏な人を助けたかったので、ＮＧＯで働き始めました。このとき、さっき話に出たボロ拾いと出会い、マイクロ融資事業を開始しようと考えました。勤め先のNGOがそれを断ると、彼女はスパンダナを創設したのです。その成功ぶりとマイクロファイナンスへの献身にもかかわらず、パドマジャ・レディはマイクロファイナンスの可能性について控えめです。彼女にとっては、マイクロファイナンスへのアクセスが重要なのは、貧乏な人がそれまでは不可能だった未来を思い描けるようになるからで、それが生活改善の第一歩だからなのです。融資で買うのが機械だろうと道具だろうと自宅用テレビだろうと、重要なちがいというのは、彼らが自分たちの求める人生のビジョンに向けて頑張るようになるということなのです。流れにまかせて生きるのではなく、貯金し、探し求めて、必要ならもっと一生懸命に働く、ということなのです。

スパンダナのプログラム評価で彼女がわたしたちとの共同作業に合意してくれたのは、彼女がずっと大風呂敷を広げすぎないように注意してきたせいもあるのかもしれません。評価はスパンダナがハイデラバード市の一部地域に拡張する機会を利用しました[12]。104の近隣地区のうち、無作為に52が選ばれてスパンダナが進出しました。残りは対照グループとしてそのままにしておきました。

こうした二組の近隣地区で、スパンダナの融資開始から15—18カ月後に世帯を比較してみると、マイクロファイナンスがうまくいっているという明らかな証拠が得られました。スパンダナ融資のある近隣地区の人々は起業の確率が高く、自転車や冷蔵庫、テレビなどの大型耐久財を買う人も多かったのです。融資のある近隣地区で起業しなかった世帯は、消費額は増えていましたが、起業した世帯はむしろ消費額が減り、自分の使う分を減らしても機会を最大限に活用しようとしていました。一部の評論家が恐れたような、無謀な消費の明らかな証拠は見られません。むしろ正反対のことが見られました。世帯はちよっとした「無駄」な消費と自覚しているもの、例えばお茶やスナックなどの支出にはお金を使わないようになります。パドマジャの予想通り、彼らがいまや自分たちの将来を前より理解するようになったという徴かもしれません。

一方で、劇的な人生の変化は特に見られませんでした。女性がもっと力を得たように感じている証拠は、少なくとも計測できる範囲ではまったく見られませんでした。例えば家計の支出方法についてもっと口出しできるようになったりはしていません。また、教育や保険への支出も増えていないし、子供が私立学校に通う比率などにもまったくちがいは生じませんでした。新規の起業など、検出できるだけのちがいがあるときですら、その影響はさほどめざましいものではありません。この15カ月間で、新規に起業をした世帯の比率は5パーセントくらいから7パーセント強に上がった程度――ゼロではありませんが、革命的な変化とはとても言えません。

経済学者としてのわたしたちは、この結果にとても満足でした。マイクロファイナンスの基本的な目的は実現されているようです。奇跡的な成果ではありませんが、うまくいっています。これがたまたま偶然ではないことを確認するためにもっと研究は必要ですし、長期的にどんな結果になっているかを観察するのも重要ですが、いまのところはまあまあの成果です。わたしたちに言わせれば、マイクロ融資は貧困に対する戦いにおける重要な道具の一つ、という地位を正当に得たことになります。

おもしろいことに、この結果の核心はメディアやブログ界隈ではこのように解釈されませんでした。結果の否定的な部分が引用されて、マイクロファイナンスなんて言われてるほどのものじゃない、という証拠だとされたのです。そして一部のマイクロファイナンス機関はこの結果をきちんと受け止めてくれましたが――その筆頭はパドマジャ・レディで、彼女はこれがまさに予想通りだと言い、長期的な影響を計測する第2弾調査にもお金を出してくれました――マイクロファイナンスの国際的な大プレーヤーたちは反撃することにしたのです。

世界最大級のマイクロファイナンス機関である「ビッグシックス」（ユニタス、ACCIONインターナショナル、国際コミュニティ支援財団〈FINCA〉、グラミン財団、オポテュニティ・インターナショナル、女性世界バンキング）は、わたしたちの調査が公表されてまもなくワシントンDCで会合を開きました。わたしたちも招待されたので、調査の結果の意味について多少の対話でもあるかと思って、同僚のイクバル・ダリワルが出かけていきました。ところが実は、ビッグシックスが求めていたのは単に、他のランダム化影響調査の結果がいつ発表予定なのか教えろということだけでした。そうすれば反論するための狙撃チームを用意しておけるからというわけです（彼らは明らかに、研究結果がすべて否定的なものになると確信していました）。数週間後、その狙撃チームは被害を抑えるべく初の反論を発表しました。2つの研究（わたしたちのものと、それよりもっと弱い結果しか出なかった、ディーン・カーランとジョナサン・ジンマンの研究[13]）に対して、成功した借り手の事例を6件挙げて反論しました。続いて、『シアトル・タイムズ』紙にユニタスCEOのブリジット・ヘルムスによる論説が掲載され、あっさりこう宣言されていました。「こうした調査は、基本的な金融サービスへのアクセスを増やすことに本当の便益など何もないのだというまちがった印象を与えている」[14]。これを読んだときにはちょっと驚きました。というのもわたしたちの証拠はその正反対で、マイクロファイナンスが有益な金融商品だということを示していたからです。でも、それだけではどうやら不十分なようです。何十年もの大風呂敷のせいで、マイクロファイナンス業界の主要プレーヤーたちは明らかに闇雲な否定の力に頼ることにしてしまったのです。結果を受け入れ、考え直して、マイクロファイナンスが貧困削減の戦いにおいては、武器の一つにすぎないということを認めたくはないのです。

ありがたいことに、業界の他の機関はそんなふるまいはしないようです。2010年秋にニューヨークで開かれた会議では、似たような結果が提示され、参加者全員は今のようなマイクロ融資が強みとともに限界も持っていることに合意しました。そして、次に業界としてやるべきなのは、マイクロファイナンス組織がもっと顧客のためになる方法を検討することだ、という点でも意見が一致しました。

マイクロ融資の限界

どうしてマイクロ融資は現状より多くの成果を挙げられなかったのでしょうか？　手の届く金利で資本が手に入るようになったのに、どうしてもっと多くの世帯が新規事業を始めなかったのでしょう。答えの一部は、多くの貧乏な人はお金が借りられても、事業を始める意欲も能力もないということです（なぜそうなるかは第9章、起業家精神に関する章の中心的なテーマとなります）。さらにそれよりずっと不思議なことなのですが、ハイデラバード市のスラムでは3つ以上のマイクロファイナンス機関が融資を提供していたのに、利用したのは全世帯の4分の1ほどでした。ずっと高金利の金貸しからは半数の世帯が借金をしていて、マイクロ融資が導入されても高利貸しの利用率はほとんど減りませんでした。なぜマイクロ融資がもっと人気が出ないかを説明しきれるとは言えませんが、たぶんその理由は比較的安く効率的に貸せる点と関係しているはずです――つまり、その厳格なルールや顧客に課す時間費用です。

標準的なマイクロ融資モデルが厳格で細かく決まっているのは、グループメンバーたちが連帯責任を持つためであり、結果として、他人のことに口出しをしたくない女性は参加したがりません。またグループの構成員たちは、あまり知らない人をグループに入れたがらないので、新参者は排除されがちです。共同責任は、リスクを取りたい人には不利に作用します。グループの構成員なら、グループの他の人たちにはなるべく安全にふるまってほしいと思うのが常でしょう。

週ごとの返済が融資翌週から始まるというのも、すぐにお金が必要でも返済がいつ始められるかはっきりとはわからない人にとっては、理想的とはいえません。マイクロファイナンス機関もこの点は認識していて、ときには緊急のヘルスケア費用などだと例外を設けますが、緊急融資が必要な理由は他にもいろいろあります。例えば、息子が就職機会をすごく高めるような講義を受ける機会に突然出くわしたらどうでしょう。ただしその学費は１００万ルピー（購買力平価１７９米ドル）で、今度の日曜が期限です。おそらくは地元の金貸しから借りて、学費を払い、それから融資返済のために追加の職探しを始めることでしょう。マイクロ融資はこうした柔軟性を与えてくれません。

この要件は、しばらく時間がたたないと儲けが出ないプロジェクトへの参加を尻込みさせることにもなるはずです。というのも、予定通りに支払いを行なうには、毎週十分なキャッシュフローが必要だからです。ロヒニ・パンデとエリカ・フィールドは、コルカタ本拠のインドのマイクロファイナンス機関、村落福祉協会を説得して、顧客を無作為に選別し、融資が承認されてから返済が１週間後に始まるのではなく、２カ月後に始まるようにしてみました。遅い返済を認められた顧客と標準的な返済スケジュールの顧客とを比べてみると、前者のほうがリスクの高い大規模事業を始める確率が高いことがわかりました。例えばサリーを買って転売するのではなく、ミシンを買うなどです[15]。これはおそらく、長期的にはミシンを買うほうが儲かるのだ、ということでしょう。でも顧客満足度が明らかに高まったにもかかわらず、このマイクロファイナンス機関は伝統的なモデルに戻ることにしました。新しい方式の集団では、貸し倒れ率はまだ低いとはいえ、もとの方式での貸し倒れ率よりも8パーセントポイント高かったのです。

こうした結果をまとめれば、ほとんどのマイクロファイナンス機関を特徴づける「貸し倒れゼロ」へのこだわりが、多くの潜在利用者にとって多くの点で厳しすぎるということが言えるでしょう。特に、マイクロ融資の精神と真の起業家精神とのあいだには緊張関係があります。起業家精神は通常はリスクをとるものですし、まちがいなくときどきは失敗して倒産するのですから。例えば破産が簡単で（少なくとも以前はそうでした）あまり尾を引かないアメリカ型モデルが（特にヨーロッパ型モデルと比べれば）アメリカの起業文化の活力に大いに影響していると論じられています。これに対し、マイクロファイナンス機関の規則は一切の倒産を許さない形になっています。

マイクロファイナンス機関が貸し倒れゼロにこだわるのは正しいのでしょうか？　多少の貸し倒れの余地を残すルールを定めたほうが、社会的にも商業的にももっと成功するでしょうか？　ほとんどのマイクロファイナンス業界の指導者は、絶対にそれはあり得ないと固く信じています。債務不履行に対する警戒を下げてしまったら、ひどい結果に終わりかねない、と。そして、それはまったくその通りかもしれません。なんといっても、彼らが活動しているのはいまだに、顧客が返済をやめようと決意したら何ら回収方法がないような環境です。そうなったら、まさに銀行と同じく、緩慢であてにならない法廷制度に頼るしかありません。多くの点で、マイクロファイナンスの成功は返済を暗黙の社会契約にしたところからきています。そこではコミュニティが融資の返済を保証し、それでマイクロファイナンスは融資を出し続けるわけです。こうした一歩ずつの信頼醸成のおかげで、多くのマイクロファイナンス機関はだんだん正式な連帯責任の要件を緩めるようになりました。そして確かに、ある研究では顧客が正式に連帯責任契約を結ぼうが結ぶまいが、返済にはまったく差がないことがわかっています。必要なのは、彼らが定期的に顔を合わせ続けることだけです（顔を合わせるのが毎週ではなく月ごとになると、別の調査によればグループ内の社会的な結びつきはあまりすぐには形成されず、やがて債務不履行の比率は確かにじわじわ増えてくるそうです）[16]。

でも集合的な責任と継続的な関係の組み合わせに基づく社会均衡は、必然的に多少の脆弱性を持ちます。だれかが返済する大きな理由二つが、他のみんなも返済しているからということと、将来また新規融資が受けられるということなら、自分が返済するかどうかは他の人が何をしているかという自分の信念と、その融資機関の将来性に依存することになります。もし他のみんなが債務不履行になると確信できるなら、その融資機関はまもなく破産するだろうから、そこからこれ以上の融資は受けられないと考えたほうがいいことになります。結果として、信念が変わると状況は即座に変化しかねません。

これこそまさに、インドのマイクロファイナンス運動の震源地とも言うべきアンドラ・プラデシュ州クリシュナ地区で、スパンダナに起こったことでした。この地区の一部の官僚や政治家たちは、自分たちによるマイクロファイナンスを推進したがっていて、競合相手を始末しなくてはと決めたのでした。

2005年のある日、地元言語の新聞（あるいは一説によると、本物に見せかけた偽新聞）は突然、パドマジャ・レディに関する記事だらけになりました。ある記事では、彼女はアメリカに逃亡したことになっていました。ある記事では、夫を殺したと書かれました。そこで匂わされていたのは、スパンダナはお先真っ暗、ということで、したがってスパンダナの融資を返済しても意味ないよ、ということです。ある「新聞」のページでは、パドマジャ自身が支払いを止めるように言ったと主張されていました。自分はもう十分に儲けたからやめる、と彼女が語ったことになっているのです。

これはスパンダナを完全に破滅させる方向に信念を動かそうとする、見事な試みでした。あるマイクロファイナンス機関に未来がないと人々に納得させられれば、本当にその機関の将来をなくすためのいちばんの近道となります——そうなれば、みんな債務を返済しないのがいちばん得になるからです。パドマジャは取り乱していました（でも、自分の責務に直面しないですむようにアメリカに逃げる、という発想には笑っていました——だっていま彼女の金を持っているのは、借り手たちのほうであって、その逆ではないのですから）。でも断固として戦う決意でした。州のあちこちを車でまわり、あらゆる小さな町や大きな村の集会に顔を出して「あたしはまだいますよ、どこにも行きませんからね」と言い続けたのです。

この危機はこうして回避されました。でも数カ月後の2006年3月、新しい「スキャンダル」が勃発して、別の脆弱性があらわになりました。今回はスパンダナとその主要競合先であるシェアが、多くの農民の自殺を引き起こしたと糾弾されたのです。メディアの一連の記事によれば、融資担当者たちは顧客に無理矢理過剰な借り入れを強いて、返済するように不当な圧力をかけたとされました。マイクロファイナンス機関はもちろんそんな非難を否定しましたが、話が何も解決しないうちに、クリシュナ地区長官（地区の行政長官）が、スパンダナやシェアに融資の返済をするのは……違法だと宣言してしまいました。ものの数日で、クリシュナの顧客ほとんど全員が返済を止めました。この危機の時点で、スパンダナはクリシュナ地区でおよそ5・9億ルピー（購買力平価3450万米ドル）の融資残高があり、これは2006年時点のスパンダナの総融資ポートフォリオの15パーセントを占めていました。

各種のマイクロファイナンス機関のトップたちは長官の上司にかけあって、すぐにこの政令を撤回させましたが、手遅れでした。人々が返済するのは他の人たちが返済するからで、いったん人々が支払いをやめたら、再開させるのは困難です。1年後、融資残高の7割が滞納されていました。その後スパンダナは影響のあった村ひとつひとつを回って、古い借金だけ（追加利息なしで）払ってくれたら新規の融資を出す、と申し出ました。こうした提案は一部の村では有効で、融資残高の半分はなんとか回収できましたが、でもまわりのやっていることに合わせる、という圧力は明らかです。[17] 一部の村では、みんなが返済しました。他の村では、みんなが返済を拒否します。あとたった数回の返済で新規融資が受けられる人たちですら拒否するのです。新規融資を得るのにあと1回だけ返済すればいい人（つまり150ルピーほど支払えば追加で8000ルピーもらえ、それを返済してもいいし、また債務不履行してそのまま懐にいれてもいい人）だけを見ても、支払いをあと1回残すだけの融資のうち、4分の1は完済されていません。こうしたデフォルト組は、他のだれも返済していないグループに属している人がほとんどです。

クリシュナ地方の返済危機は、カルナタカ州とオリッサ州でそれぞれ2008年と2009年に、はっきりした政治的介入がないのに繰り返され、大規模マイクロファイナンス機関KASはこのために倒産しました。KASが流動性へのアクセスを失って新規融資を提供できなくなると、みんな返済を止めてしまったのです。2010年秋のアンドラ・プラデシュ州での危機は、ほとんど2006年の危機を大規模に繰り返したようなものでした。ここでも、農民の自殺を口実に政治家がマイクロファイナンス機関を攻撃し、そしてまたもや政府が介入したとたんに、返済は完全に停まりました。最大級のマイクロファイナンス機関（SKS、スパンダナ、シェア）が倒産寸前に追いこまれました。こうした話を見ると、マイクロファイナンス機関が人々の信念を管理しようとするのも当然だと思えます。ですから返済の規律の優先度を何より高めろとこだわるのも納得がいきます。起業に必要なリスクテイキングを奨励する手段としてであっても、債務不履行の扉を開けてしまったら、返済率を引き上げて金利を比較的低く抑える社会契約の崩壊をもたらしかねません。

返済の規律へのこだわりは不可欠ですが、これは同時にマイクロファイナンスがマイクロ企業を超えて成長したい起業家への資金源としては、自然でもないし最高でもないということでもあります。シリコンバレーでもどこでも、成功した起業家一人の背後には多くの失敗者が必然的にいます。マイクロファイナンスのモデルは、これまで見た通り、破綻しかねない人の手に多額のお金を渡すにはあまり向いた仕組みになっていません。これは偶然ではないし、またマイクロ融資のビジョンに欠陥があるせいでもありません。マイクロ融資が多くの貧乏な人に低金利で融資できるようにしたルールの、必然的な副産物なのです。

さらに、マイクロ融資は大企業を育てるような起業家を見つけるには、あまり有効な方法ですらないかもしれません。マイクロファイナンスは顧客がなるべく安全な方向に向かうよう全力でうながしますから、リスクをとりたがる人物を見つけるにはまったく向いていないのです。もちろん反例はたくさんあります――あらゆるマイクロファイナンス機関はウェブサイトで、街角の屋台が小売チェーンにまで育った自慢話を載せていますが、そうした事例は実にまれです。スパンダナが提供する平均的な融資は、初回は７０００ルピー（購買力平価３２０米ドル）ですが、３年後には1万ルピー（購買力平価４６０米ドル）に増えるだけで、1万５０００ルピー（購買力平価６８６米ドル）を超える融資はほとんどないも同然です。グラミン銀行も30年やってきましたが、ほとんどの融資は相変わらずきわめて少額のままです。

少し大きめの企業はどうやって資金調達を？

でも、マイクロ融資が大きめの借り手に融資する設計になっていないのは、問題ではないかもしれません。すでに見た通り、ちょっと豊かな借り手よりも極貧の借り手のほうが、融資の制約はずっと強いようです。だったら自然な移行プロセスがあるのかもしれません――まずはマイクロファイナンス機関から借り入れて、事業を育て、それから銀行に移行すればいいのではないでしょうか。

残念ながら、もっと確立した事業でも、融資を受けるのがそのぶん容易というわけではないようです。特に彼らは、伝統的な金貸しやマイクロファイナンス機関には大きすぎ、銀行には小さすぎるというリスクを抱えることになります。２０１０年夏のことです。ミヤオ・レイは中国の杭州の成功した実業家でした。エンジニアとして教育を受けた彼は、各種地元企業にコンピュータシステムを設定するという事業を始めました。問題は、まず自分でハードとソフトを買わねばならず、支払いを受けるのはシステム設定が終わった後、ということです。融資してくれる人はまったくいませんでした。一度、たまたま潜在的にとても儲かりそうな事業への応札機会がありましたが、手持ち現金以上の資金が必要になるのは明らかでした。でも誘惑には抗しがたく、彼はとにかく応札しました。それが落札できた後の日々を彼は回想してくれました。あちこちかけずりまわって資金調達をしようとしましたが、何もうまくいかないようでした。契約不履行になったら、キャリアはそれっきりおしまいです。焦るあまり、彼はもっと大きなギャンブルに出ました。ある国営企業から別の契約の入札が出ていました。その契約がとれたら前渡し金がもらえるから、それを使って最初の契約の支払いができます。そうすれば、こんどは最初の契約からの支払いを使って二番目の契約をこなせるでしょう。彼は入札価格をものすごく抑えました――この仕事を取るためなら、少し損してもかまわなかったのです。いまでも開札結果を待っていた夜のことは忘れないそうです。社員を早退させて、無人のオフィスで何時間も行ったり来たりしたとのこと。結局は落札できて、なんとかすべてうまくいきました。お金が流れこみ、銀行家たちが融資の申し出を持ってやってきました(売り上げが2000万元を超えたら、銀行家たちが行列するようになったそうです)。わたしたちが会った頃には、彼は4つの企業を経営していました。

ミャオ・レイは、よい学位とまともなビジネスモデルを持っていたのに、生き残りを賭けたギャンブルが必要でした。ナラヤン・ムルティとナンダン・ニレカニは、ものすごく高評価のインド工科大学卒なのに、インフォシスを起業するための融資を受けられませんでした。銀行家が、担保になるような在庫が見あたらないと言って反対したからです。今日のインフォシスは世界最大級のソフトウェア企業です。この3人と同じような立場の人がもっといると思うのは人情でしょう。そういう人は、適切な時に適切な資金が得られないために成功できずにいるのです。

なんとか起業して、生き延びて一定規模に成長する事業ですら、資本へのアクセスが制約され続けている状態からは逃れられないようです。南インドのティルプールの町は、インドのTシャツ首都です（インドのニット製品の7割はここで作られています）。この地域で活動する企業は世界的な評判を確立しています。世界中のバイヤーたちがやってきて、自分たちのコレクション用に大量の発注を行なうのです。当然ながら、この町は有能な繊維事業家をインド全土から引き寄せました。また地元の起業家も多く、これは富裕農家の子弟（ゴウンダーカースト出身）です。よそ者は、当然ながら、この業種における専門家です。彼らの企業は、ゴウンダーたちが創業した企業よりずっと高効率です。資本水準がどうであれ、よそ者企業のほうが生産額も輸出額も大きくなります。でももっと驚かされるのが、ゴウンダーの保有する企業はよそ者が興した企業よりも、平均で約３倍の資本で出発するということです[18]。金持ちゴウンダーたちは、この業種で何の経験もないくせに、専門家であるよそ者にお金を貸すよりも、自分で創業したのです。なぜそんなことをするのでしょう？　それを言うなら、なぜ銀行が乗りこんできて、よそ者たちがもっと大きな会社を興すのを助けないのでしょう？　答えは、こうしたちょっと大きめの企業ですら――よそ者保有の企業は平均で資本ストック２９０万ルピー（購買力平価34・7万米ドル）です――さっき述べた問題に直面するということです。ゴウンダーたちが自前の会社を創業するのは、自分のコミュニティを信頼していて、よそ者たちが返済してくれるか確信が持てなかったからです。

この問題に気がついた発展途上国は、こうしたちょっと大きめの企業に融資させるため、しばしば規制を使おうとしてきました。インドには「優先セクター」規制があって、銀行は融資ポートフォリオの４割を優先セクターに貸し付けなくてはなりません。これは農業、マイクロファイナンス、中小企業です（ただしこの中小企業にはかなりでかいものも含まれます。該当する最大の企業は、インド企業の95パーセントより大きいのです）。そして企業はこうした資金の一部を、明らかに生産的な形で投資できています。1998年に優先セクターが拡大されて、中の上くらいの規模の企業も含むようになると、新規に資格のできた企業は、優先セクターにいたおかげで得られた追加融資を投資して、大儲けしました。融資が10パーセント増えると、利潤は元利返済後で9パーセント増えました[19]。これはすばらしい収益率です。でも最近の流行りは、こうした貸し出し義務を廃止しようというものがほとんどです。理由の一部は、そうした企業への融資が高価でリスクが高すぎると銀行が文句を言っているからです。

有望な新事業を見つけて出資しようとする人は確かにいます。中国のビジネスマン、ミャオ・レイはまさにそれをやっています。これは彼自身の体験のせいかもしれません。有望な新興企業の株を買うのです。でも中小企業についてマイクロファイナンス革命に相当するものが登場するにはほど遠い状態です。だれもそれを、利益の出る形で大規模に実施する方法を見つけていません。法廷の機能が改善するなど、事業環境が変われば確かにちがいが生じるかもしれません。インドでは、裁判が迅速化されたので、融資回収がずっと短期間ですむようになり、融資額も増え、金利も下がりました。でもそれですべて解決とはいきません。債権回収法廷が導入されると、最大手企業への貸し付けは増えましたが、小さい企業への融資は実は下がったのです[20]。これはどうやら、いまや担保回収が確実になった以上、銀行の担当者としては最大手企業に融資したほうが儲けが大きいと考えたからのようです。

結局のところ、この問題は銀行の構造から出てくるものです。銀行は本質的に大組織なので、従業員に対して企業をスクリーニングし、プロジェクトを監視して、価値ある投資をするようなインセンティブを提供するのは困難なのです。例えば、デフォルトが起きたときにその融資担当者を処罰するようにしたら（もちろんある程度のペナルティはつきますが）、融資担当者は鉄壁の安全プロジェクトを探そうとしますが、たぶんそれは小さな無名の企業ではないでしょう。未来のミャオ・レイやナラヤン・ムルティは資金が得られずに終わりかねません。

マイクロファイナンス運動は、困難はあっても貧乏な人に貸すのは可能だということを実証しました。でもマイクロファイナンス機関がどれだけ貧乏人の暮らしを変えるかについては議論の余地があるでしょう。でもマイクロファイナンス融資がいまのような規模に達したという事実だけでも、驚くべき成果です。貧乏な人に向けたプログラムのなかで、これほど多くの人を助けたものはありません。でも、貧乏人への融資を成功に導いたプログラムの構造そのものが、もっと大きな事業の創設と資金提供への踏み台になれない原因になっています。発展途上国の金融にとって、次の大きな挑戦は中規模企業への資金提供手法を見つけることです。

第8章　レンガひとつずつ貯蓄

どんな途上国でも、都心からもっと貧しい郊外へと車を走らせると、未完成の家がたくさんあるのでびっくりします。四方の壁はできているのに屋根がなかったり、屋根はあっても窓がなかったり、作りかけの家で壁が一、二枚なかったり、屋根から梁が突き出していたり、塗りかけたもののいつまでも塗りおえられない壁など。でもセメントミキサーや左官が作業中というわけではないのです。そうした家のほとんどは何カ月もほったらかしです。モロッコのタンジェの新興地区では、これがあまりに多すぎて、完成した家やきちんとペンキを塗った家のほうが目立つくらいです。

所有者たちに、なぜ未完成の家なんか持ってるんですか、と尋ねたら、普通は簡単な答えが返ってきます。これは貯蓄の手段なんだよ、と。よくある話です。アビジットの祖父は、手元に現金が余ると家に部屋を増築したものです。そうやってだいたい一部屋ずつ、一家がいまでも住む家は建てられてきました。もっと貧乏な人たちは、部屋をまるごと作るのは無理です。アビジットの一家の運転手は、ときどき1日休暇を取りました。そしてセメントを1袋、砂を1袋、レンガを1山買って、1日の休暇を使ってレンガを積みます。彼の家は何年にもわたり、レンガ100個ずつ建てられていったのです。

一見すると、未完の家は貯蓄手段としてあまり魅力的には思えません。屋根のない家には住めません。建てかけの家は雨で潰れかねません。家が完成する前に緊急事態でお金が必要になっても、仕掛かり家屋には元のレンガ代ほどの値段もつかないかもしれません。あれこれ考えると、現金を（例えば銀行に）預金して十分なお金を貯めてから、少なくとも屋根のある部屋を丸ごと一気に増築するほうが現実的じゃないかと思えます。

貧乏人がレンガで貯金するなら、それはたぶんそれよりマシな貯蓄方法がないからにちがいありません。銀行は貧乏人の貯金を集める方法を見つけていないのでしょうか？　すると「マイクロ貯金革命」が実現を待っているということでしょうか？　それとも何かわたしたちが見落としているだけで、未完成の家は実は魅力的な投資だったりするのでしょうか？　そしてしばしば1日99セント以下で暮らしていることも多いこうした人々が、人生のちょっとした楽しみを何年も犠牲にしてまで自分の家を完成させようとするすさまじい辛抱強さには、感心すべきなのでしょうか？　それともレンガ一つずつ建てるしか方法がないなら、なぜもっと貯蓄してすばやく竣工させないのかと驚くべきなのでしょうか？

なぜ貧乏な人はもっと貯蓄しないのか

貧乏な人は事業の資金調達で融資をほとんどあてにできないし、リスクへの対処として保険もあまり使えないとなると、なるべくたくさん貯金しようとすべきではないでしょうか？　貯金は不作の年や病気に対するバッファとなります。また新規事業のたちあげにもカギとなります。

こう話すとありがちな反応はこういうものです。「貧乏な人に貯蓄なんかできないだろう――だってお金がないんだから」。でもこれが正論に思えるのは見かけだけのことです。貧乏な人だって他のみなと同じように、現在と未来を持つのだから貯金すべきなのです。今日はほとんどお金を持っていなくても、寝ているうちにお金が降ってくるとでも思っていない限り、明日もほとんどお金がないことは予想しているはずです。それどころか、彼らはお金持ちよりもっと貯金すべき理由があります。将来、ちょっとバッファがあるだけで大災厄を免れる可能性が多少はあるのですから。例えばこうした金銭的なクッションがあれば、インドのウダイプール地区の貧乏な世帯は、お金がなくなっても食事を抜かなくていいはずです。彼らによればそれをやると実に不幸になるそうなのですから。同じくケニアでは、市場の屋台売りがマラリアで倒れると、一家は事業の運転資金の一部を薬代に使わざるを得ませんが、そうなると回復した患者は売る物がほとんど何もなくなるので、仕事に戻りにくくなってしまいます。薬代用にちょっと予備のお金があれば、そんなことは避けられるのではないでしょうか？

ヴィクトリア時代の人々は、貧乏人というのはまさにそういうものだと思っていました――あまりにこらえ性がなくて、先のことまで考えられないのだ、と。だから貧乏人が怠惰に陥らないようにする唯一の方法は、狭いまっすぐな道から少しでもずれたら、どんな極度に悲惨な生活が待っているか脅す、というものでした。だから悪夢のような救貧院（貧窮者を収容するところです）や、借金人監獄などディケンズの描いた施設が作られました。貧乏人は基本的に人種がちがっていて、生得的に近視眼的な行動に走るために貧乏なままなのだという見方は、形はちょっと変わってもいまだにずっと続いています。

同じ見方の変種はマイクロファイナンス機関の批判者のなかにも見られ、彼らはマイクロファイナンス機関が貧乏な人の浪費癖を食い物にしていると批判します。まったくちがう批判として、ノーベル経済学賞をもらい、家族についての現代経済学の父であるゲーリー・ベッカーは、富の保有は人々がもっと辛抱強くなるような投資をうながすのだ、と1997年の論文で論じました。これは要するに、だから貧困は人々を(永続的に)こらえ性のない人間にしてしまう、ということになります。[1]

近年のマイクロ融資支持者らの動きのとてもよいところは、あらゆる貧乏な男女のなかに資本主義者の萌芽を認めることで、貧乏な人がまったく何も気にかけないとか、まったく無能だといった見方を否定したことでした。リスクと保険を扱った第6章で、貧乏な人は実は絶えず将来のこと(特にせまりくる災厄)を心配していて、自分の直面するリスクを減らすために、あれこれいろいろ巧妙または高価な手法を講じているのだ、ということを見ました。自分の金銭を管理するときにも、貧乏な人は同じくらいの巧妙さを発揮します。フォーマルな貯蓄機関に口座を持っていることはほとんどありません。わたしたちの18カ国データセットを見ると、メジアン国(インドネシア)では地方貧困者の7パーセント、都市貧困者の8パーセントがフォーマルな貯蓄口座を持っています。ブラジル、パナマ、ペルーでは、それが1パーセント未満です。でも彼らは貯蓄しています。貧乏な人の貯蓄を助けるのに専念しているバングラデシュのマイクロファイナンス機関、セーフセーブ創設者のスチュアート・ラザフォードは、すばらしい本2冊、『貧乏人とそのお金』『最底辺のポートフォリオ』でその手法について語っています。[2] この本のための基礎情報を得るために、バングラデシュ、インド、南アフリカの貧乏な250世帯を対象に、丸1年にわたり2週間ごとに調査研究者が訪問して、金銭取引を一つ残らず調べました。そこでの大きな発見ですが、貧乏な人たちもいろいろ巧みな貯蓄方法を見つけているのです。他の貯蓄者と貯蓄「クラブ」を作り、それぞれのメンバーが他のメンバーの貯蓄目標実現を監視しあうこともあります。「自助グループ」（ＳＨＧ）はインドの一部で人気があるし、他の地域でも見られますが、ただの貯蓄クラブにとどまらず、グループのプールした貯蓄からメンバーに融資も行ないます。アフリカで一番人気のある手法は回転型貯蓄信用組合（ＲＯＳＣＡ）――アフリカの英語圏では「メリーゴーラウンド」と呼ばれ、フランス語圏では「トンタン」と呼ばれるものです。ＲＯＳＣＡのメンバーは定期的に集まり、集会ごとに共通のお鍋に同じ金額を預けます。毎回順ぐりに、メンバー一人がそのお鍋の全額を受け取るのです。他の貯蓄の仕組みとしては、預金の集金人に預金額を支払って銀行に預けてもらう、貯蓄を地元の金貸しに預ける、「お金の番人《マネーガード》」（ちょっとした手数料か無料で少額のお金を預かってくれる知人）に預ける、そしてさっき述べた、ゆっくりと家を建てるなどがあります。同じような仕組みはアメリカでも見られ、特に移民してきたばかりのコミュニティ内で見かけます。

　西ケニアの小さな町ブマラで屋台商人を営むジェニファー・アウマさんは、こうした高度な手法の体現者です。アウマさんはトウモロコシ、コーリャン、豆を売っています。わたしたちと話している間も、彼女は見事に豆を選り分け、赤い豆は右に、白いのは左に寄せていました。出会ったときには少なくとも6つのＲＯＳＣＡに参加していて、それぞれ規模と集会の頻度がちがいます。月に1回１０００ケニアシリング（以下、シリングと表記）、つまり購買力平価で17・50ドルを貢献するものもあれば、月2回、５８０シリング（お鍋用に５００、儀式で不可欠なお茶用の砂糖に50、福祉基金用に30）を支払うものもあります。別の組合では、貢献額は月５００シリングで、加えて追加貯蓄に２００。さらに週ごとのＲＯＳＣＡ（週１５０シリング）、週3回集会を開くもの（50シリング）、毎日開くもの（20シリング）もあります。それぞれのＲＯＳＣＡは、はっきり決まった別々の目的を持っているんだ、と彼女は説明しました。小さいのは賃料（これは自分の家を建てる前のことです）、大きめのは長期的プロジェクト向け（例えば家の増築）や学費向けです。アウマさんに言わせると、通常の貯蓄口座に比べてＲＯＳＣＡにはいろいろ長所があります。手数料はないし、少額預金ができるし、平均で見ると同じ額を毎週貯金した場合より、お鍋はずっと早くまわってきます。さらにＲＯＳＣＡはいろいろ相談するにもよい場所です。

でも彼女の金融ポートフォリオは、ＲＯＳＣＡ６つだけではありませんでした。彼女は２００9年5月初頭（わたしたちと会う2カ月少々前）にＲＯＳＣＡの貯蓄プールから借り入れをして、６０００シリング分（購買力平価１０５米ドル）のトウモロコシを買いました。また村落貯蓄銀行のメンバーでもあり、そこにも貯蓄口座を持っていますが、それはいまほとんど空っぽでした。そのお金を使って村落銀行の株１万２０００シリング分（購買力平価２１０米ドル）を買いました。すでに持っていた株とあわせて（1株ごとに、村落銀行から最大4シリングの融資が受けられます）、これで彼女は7万シリング（購買力平価１２２２米ドル）借りて家を建てました。また家のあちこちにへそくりを隠してあり、健康上のニーズなどちょっとした非常事態に対応していますが、ときにはそうした健康用のお金を使ってお客にごちそうもするのだ、と彼女は指摘しました。最後に、いろんな人に対する貸しもあります。顧客には１２００シリング貸しているし、かつて村落貯蓄銀行で連帯責任グループを組んでいたメンバーにも４０００シリングの貸しがあります。その人は銀行に6万シリング（購買力平価１０５０米ドル）の借金がある状態で債務不履行を起こしたので、グループのメンバーはその穴埋めをしなければならず、そしてその人はやっと最近、ゆっくりとメンバーたちに返済を始めたところでした。

市場の屋台商人で農民を夫に持つジェニファー・アウマさんはたぶん、1日2ドルよりずっと少額で暮らしていたはずです。でも、実に研ぎ澄まされた各種の金融ツールを持っていました。こうした金融的な創意工夫は、何度もお目にかかるものです。

でも、貧乏な人々が貯蓄のために使う各種の創意工夫は、単にもっと伝統的で単純な代案がないことからくる症状にすぎないのかもしれません。銀行は少額口座を扱いたがりません。管理費用が高すぎるのが主因です。預金機関は厳しく規制されています。これは当然です――政府としては、いい加減な金融業者が人々の貯蓄を持ち逃げするのを恐れています。でもこれはつまり、それぞれの口座を管理するために銀行職員はある程度の書類作業が必要だということで、この手間はそうした小さな口座から銀行が期待できる儲けにくらべ、すぐに過大な負担となってしまいます。ジェニファー・アウマさんの説明では、村落貯蓄銀行での貯蓄口座は少額貯金には向いていないとのことで、それは引き出し手数料が高すぎるからとのことです。500シリング以下の引き出し手数料は1件30シリングで、500シリングから1000シリングの引き出し手数料は1件50シリング、それ以上の引き出しは1件100シリングの手数料です。こうした管理手数料の結果として、多くの貧困者は銀行口座が作れても、欲しがらないかもしれません。

貧乏な人はまともな銀行口座へアクセスできないので、貯蓄するのに複雑で高価な代替戦略を使わなければなりません。これはつまり、貧乏人は銀行口座があれば貯蓄したはずの金額に比べ、少額しか貯金していない、ということかもしれません。これが本当か確かめるために、パスカリン・デュパスとジヨナサン・ロビンソンはブマラで小事業主を無作為に選んで（輪タクドライバー、市場の屋台商人、大工など）、地元村落銀行の貯蓄口座開設手数料を肩代わりしました。その銀行はこれらの事業主たちが商売を営む中央市場のなかにオフィスを持っていました。金利のつかない口座で、それどころか引き出しごとに手数料を取ります。(3)

提供された口座を結局使ったのは、男性はごくわずかでしたが、女性の3分の2は少なくとも一度は預金しました。そしてそうした女性は、口座をもらえなかった同等の女性よりも貯金額は多く、事業への投資額も多く、病気になっても運転資金を食いつぶす率は少なかったのでした。6カ月後には、自分や家族のために1割多い食べ物を毎日買えるようになっていました。

貧乏な人は確かにお金を取っておく高度な手法を見つけますが、こうした結果を見ると、銀行口座を開くのがずっと安上がりならばそのほうがいいことがわかります。現状では、ケニアで預金口座を開くには450シリングかかり、少なくとも一度は使われる口座の平均預金額はおよそ5000シリングです。つまりデュパスとロビンソンが手数料を肩代わりしなければ、こうした貧乏な顧客たちは口座を持つという特権のためだけに1割近い「税金」を払うことになり、さらに引き出しにも手数料を取られることになります。加えて、貧乏な人々が銀行に行く費用もあります。銀行はふつうは町の中心部にあって、貧乏な人の暮らす場所からは遠いのです。貧乏な人向けの貯蓄口座が経済的に引き合うものになるためには、少額貯蓄の管理費用が銀行にとってかなり下がらないとダメです。

インドなどで人気のある「自助グループ」は、費用を引き下げる方法の一つです。メンバーたちが貯蓄をプールして、引き出しや預け入れを協調して行なえば、その口座の総額が増え、銀行もそれを喜んで扱ってくれる、というアイデアを活用したものです。テクノロジーもまた有益です。ケニアのM―PESAでは利用者が携帯電話とリンクした口座にお金を預金できて、その携帯電話を使って他の人の口座に送金や、支払いができるのです。例えばジェニファー・アウマさんのような人は、数多くのM―PESA提携地元雑貨屋で現金を預金します。すると彼女のM―PESA口座にお金が入ります。そして彼女がいとこのラムにテキストメッセージを送ると、相手はそれを地元の提携商店に見せるだけでお金を受け取れます。その時点でお金はアウマさんの口座から引き落とされるのです。M―PESAが銀行と結びつけば、人々は地元M―PESA提携店を使って貯蓄口座からお金を出し入れできるので、いちいち銀行に出向かずにすみます。

もちろん、技術がどれだけ発達しても、銀行口座の規制が不要になることはあり得ません。でも問題の一部は、現在の規制だと預金者のお金を扱えるのは高給取りの銀行職員だけになってしまうことです。これはたぶん不要でしょう。むしろ地元の商店主を使って預金を受ければよいのです。地元の商店主が預金者に、銀行が法的に責任を負うお金の受取証を渡しさえすれば、預金者は保護されます。すると、その商店主が貯蓄者のお金を持ち逃げしないようにするのは、銀行側の問題となります。銀行がそのリスクを負担する気があるなら――そして多くの銀行は喜んで負担するでしょう――規制当局がとやかく言う必要はありません。この認識は最近だんだんシステムのなかに広まりつつあり、多くの国はこの種の預金方式を認める新しい法律を可決させています（例えばインドでは、これは銀行駐在員法と呼ばれています）。これはいずれ、貯蓄商売すべてを革命的に変えるかもしれません。

貧乏な人の貯金口座アクセスを増やそうという重要な国際運動が進んでいます（その先導役の筆頭はビル&メリンダ・ゲイツ財団です）。マイクロ貯蓄は、次のマイクロファイナンス革命になりそうな気配です。でもフォーマルな貯蓄口座へのアクセス不足だけが問題なのでしょうか？　貯金を簡単で安全にすることだけに専念していればいいのでしょうか？　デュパスとロビンソンの結果を見ると、それだけではすまないようです。まず、ほとんどの男性が（無料）口座を使わなかったという頭の痛い事実があります。ほとんどの女性も、無料口座を使わないか、使ってもごくわずかです。女性の４割は一度も預金せず、２回以上預金した人は半分以下でした。口座を使い始めた人の多くは、しばらくすると利用を止めてしまいました。ケニアのブシアで行なわれた別の調査では、(4) 最大３つの口座（妻と夫のそれぞれ、および共同口座）を無料で提供された夫婦のうち、そのどれか一つにどんな少額であれ預金した夫婦はたった25パーセントでした。預金の出し入れを手軽で安上がりにする無料ＡＴＭカードをもらっても、その率は31パーセントにしか上がりませんでした。貯蓄口座が人々の役に立つのは明らかです。でも、貧乏な人が貯蓄しないのは、口座がないだけが理由ではないのです。

前の章で、とても有望な貯蓄機会を持ちながらそれを活用しない人々の例を見ました。チェンナイの果物売りは、毎朝１日当たり４・69パーセントの金利で１０００ルピー（購買力平価45・75米ドル）を借りていました。こうした商人たちが、３日にわたりお茶の飲むのを２杯分だけ控えることにしたとしましょう。すると1日5ルピー節約できて、それを借入額の削減に使えます。お茶を減らした初日が終わると、翌日の借り入れ額を5ルピー減らすことになります。つまり２日目の終わりの返済額は5・23ルピー減ります（借りずにすんだ5ルピーと利息分の23パイサです）。この２日目もお茶は控えているので、その分の5ルピーを加えると、翌日は借り入れを10・23ルピー減らせます。この理屈で、4日目には15・71ルピーを借りずに果物の仕入れに使えます。さて、この時点でお茶の量は元に戻しつつ、お茶を控えた3日間からの貯金15・71ルピーを商売に還元することにしましょう（つまり借金を減らすのに使うわけです）。累積額はどんどん増えます（10ルピーが2日で10・71ルピーになったのと同じ理屈です）。そしてちょうど90日後に、まったく無借金になります。1日40ルピーを節約できますが、これは半日分の稼ぎに相当します。お茶6杯分の値段でこれが実現できるのです！

要するに、こうした商人たちは他のどこにも見つからないお金のなる木に等しい物の下に座っているということです。なぜそれをちょっと揺すってみないのでしょう？　この事実と、ジェニファー・アウマさんに見られた高度な資産計画とでどう折り合いをつければよいのでしょう？

貯蓄の心理

人々が未来をどう考えるかを理解すると、こうした矛盾に見えるものも解消できます。アンドレイ・シュレイファーは、多くの人がときにばかげたことをするという理論をもっとも世間に広めた人物でしょう（高度なトレーダーに無慈悲に食い物にされる、うぶなトレーダーたちの振る舞いを表すのに「ノイズトレーダー」という表現を考案、もしくは広めたのは彼です）。彼はケニアから戻ってすぐに、そこで気がついたことを話してくれました。尼僧の集団が運営している畑は、みずみずしく豊かなのですが、そのご近所の畑はずっとできが悪く、その差がすさまじかったのだそうです。尼僧たちは肥料とハイブリッド種子を使っていました。なぜ農民たちは、尼僧たちのやっていることができないんだろう、とシュレイファーはわたしたちに尋ねました。農民たちのほうがずっとこらえ性がないからなんだろうか?と――尼僧たちの職業はおそらく辛抱強くなるよう仕向けるのでしょう。彼女たちの報酬は主に死後の世界でやってくるんですから。

シュレイファーは、わたしたちも長いこと疑問に思っていた話にぶちあたったのでした。数年にわたり実施された調査のなかで、マイケル・クレマー、ジョナサン・ロビンソン、そしてエスターは西ケニアのブシア地区（これはジェフリー・サックスとアンジェリーナ・ジョリーが、肥料配布のプロジェクトで若き農民ケネディに出会った、サウリ村からも遠からぬところです）の農民たちのうち一度でも肥料を使ったことがあるのはわずか4割で、肥料を使う農民はいつの年でも全体の4分の1でしかないことを発見しました。(5) 農民を無作為に選んで、畑のごく一部に肥料を使ってもらい、その収穫を同じ農民所有の似たような畑からの収穫と比べると、平均で肥料を使うことによる年間収益率は控えめに見ても7割を超えると推計されます。つまり肥料に1ドルかければ、平均的な農民はトウモロコシからの収穫を1・7ドル増やせるということです。果物商人ほどの収益率ではないにしても、ちょっと貯金するだけの努力には十分見合っているように思えます。なぜもっと肥料を使わないのでしょう?　農民たちは肥料の使い方をきちんと知らないのかもしれません。あるいはその効果を見くびっているのかもしれません。でももしそうなら、無料の肥料をもらって（最高の使い方のデモも見せてもらって）高い収益をあげた農民は、その後のシーズンでも目の色を変えて肥料を使うはずです。ところがエスターとクレマー、ロビンソンの調査結果では、あるシーズンに無料で肥料をもらった農民でも、その翌シーズンに肥料を使う可能性は10

パーセントポイント高いだけで、大半は肥料を使わない農法に戻ってしまったのです。別に肥料の効果を見て感心しなかったわけではありません。大半は納得し、これからは絶対に肥料を使うと言っていたのです。

なぜ結局肥料を使わなかったのか、農民の何人かに訊いてみると、作付け時の肥料を使うときに十分な手持ちのお金がなかったのだと答える人がほとんどでした。驚くのは、肥料は少量ずつ買って使えるということです。だからこれはごくわずかでも貯金があれば簡単に活用できる投資機会なのです。どうやら問題はまたもや、農民たちは収穫期から作付け時期までのあいだに、ごく少額のお金であってもついつい使ってしまうということのようなのです。ケニア西部のブダレンギでトウモロコシを作っているマイケルとアンナ・モディンバ夫妻が語るように、貯蓄はむずかしい。二人の農場では、前のシーズンには肥料を使いましたが、その前には使いませんでした。肥料を買うお金が残っていなかったからです。家でお金を貯めるのは難しいというのが二人の説明です。なんだかんだと物いりで（だれかが病気、服を買わなきゃ、お客の食事が等々）、それを断るのもつらいのです。

同じ日に会った別の農民、ワイクリフ・オティエノさんはこの問題の解決策を見つけました。肥料を買うかどうかの判断を、いつも収穫の直後に行なうのです。収穫が学費や一家の食費に十分なら、残りの作物はすぐさま売り払って、そのお金でハイブリッド種子を買い、それでもお金が余れば肥料を買うのです。そして種子と肥料は次の作付けまでしまっておきます。説明によれば、肥料はいつも必ず事前に買っておくんだとのこと。家にお金を置いておけば、モディンバ夫妻と同じく、貯金できないのがわかっているからだと言います。家にお金があると、何かしら必ず起きて、お金は消えてしまうんだそうです。

肥料を買い置きしたあとで、だれかが病気になったらどうするのか訊いてみました。赤字でも肥料を売りたい誘惑にかられませんか？　答えは、肥料を転売する必要にかられたことはない、とのこと。お金が手近になければ、どんな物いりだろうと、それが本当に緊急事態か見直すのだと言います。そして本当に何か支払いが必要なら、ニワトリを殺すか、輪タクドライバー（農繁期でないときの副業）としてちょっとがんばって働くのだといいます。モディンバ夫妻も肥料を買い置きしたことはないものの、同意見でした。問題が起きてお金が（例えば肥料を買ったせいで）手元になければ、何とかすると言います――友達から借りたり、あるいは彼らの表現では「その問題を凍結する」のです。でも肥料は転売しません。家の現金に手をつけるよりも、別の解決策を見つけるよう無理強いされるほうが自分たちとしてもありがたい、というのが彼らの意見でした。

だからモディンバ夫妻のような人を助けるために、エスターとクレマー、ロビンソンは貯蓄肥料イニシアティブ・プログラムを考案しました。収穫直後――農民たちの手元にお金があるとき――に、農民は耕作期に肥料と交換できるバウチャーを買う機会が与えられます。(6)この地域で活動するNGOのICSアフリカが、このプログラムを実施します。肥料は市場価格で売られますが、ICSのフィールド担当者が農家を訪問してバウチャーを売り、希望の時期に肥料が届けられます。このプログラムで、肥料を使う農民比率は少なくとも5割増えました。つまるところ、このプログラムの効果は、肥料価格が半額になったよりも大きかったのです。マイケル＆アンナ・モディンバ夫妻とワイクリフ・オティエノさんが予測した通り、適切な時期に玄関まで届けてもらえば、農民たちは喜んで肥料を買うのです。

でもこれでは、農民たちが自主的に事前に肥料を買わないことの説明にはなりません。バウチャーを買った農民の大半は、肥料を即座に届けてもらい、それをずっとしまっておいて、後になって使いました。言い換えると、オティエノさんが語ったように、肥料がいったん手元にくると、転売はしないのです。でも本当に肥料が欲しいなら、どうして自分で肥料を買いに行かないのでしょう？　これをモディンバ夫妻に訊いてみました。答えは、肥料屋は収穫直後だと必ずしも肥料を置いていないのだというものでした――肥料が入荷するのは、作付けの直前になってからなのです。マイケル・モディンバさん曰く「こっちにお金があるときは向こうに肥料がない。向こうに肥料があるとこっちにはお金がない」。ワイクリフ・オティエノさんにとっては、こうした問題はありません。輪タクドライバーとしての仕事でしょっちゅう町に出かけるから、肥料が入荷したかどうか定期的にチェックできるし、在庫のある店で買えばいいのです。でもモディンバ夫妻のような農民は、市場町から歩いて1時間もかかるし、町に出る理由もあまりないので、店をチェックするのはもっと手間なのです。肥料の入荷をチェックし続けるというちょっとした不便――友達に見てきてもらったり、店に電話をしたり――のために、彼らの貯蓄と生産性は低迷していました。わたしたちの介入は、このつまらないボトルネックを取り除いただけです。

貯蓄と自制心

インドの果物商人たちやケニアの農民たちの経験を見ると、多くの人々がよい貯蓄機会へのアクセスを持っていても貯蓄に失敗するようです。これはつまり、貯蓄への障害はすべて外部からくるものとは限らないことを示唆しています。問題の一部は人間心理からきています。わたしたちのほとんどは「クッキーの箱の横に座っていたら、いつのまにかクッキーが消えちゃったんだよ」という弁解を怒り狂った親に納得してもらおうとした記憶を持っているはずです。クッキーを食べたら面倒なことになるのは知っているのですが、誘惑が強すぎたわけです。

第３章の予防医療で論じたことですが、人間の脳は現在と将来をかなりちがった形で処理します。要するに、自分が将来どう行動すべきかというビジョンは、実際の今日の行動や明日の行動とは整合していないのです。この「時間不整合」はときにこういう形をとります――いま消費しつつ、同時に将来は貯蓄するぞと計画する、のです。言い換えると、〈明日の自分〉は〈今日の自分〉よりもこらえ性があるはずだと願っているわけです。

時間不整合はまたこんな形にもなります――今日は欲しいモノ（アルコール、甘い物、脂肪たっぷりの食べ物、ガラクタ）を買って、明日からはもっと有意義なお金の使い方（学費、蚊帳、屋根の修理）をしようと計画するのです。つまり、明日これを買ったら自慢できると思うようなものを、人は必ずしも今日買うとは限らないのです。明日になったらまた自分が飲みすぎると思うのは、ほとんどの人にはおもしろくないことです――それどころか、がっかりするでしょう――でも明日になったら、多くの人は誘惑に負けてしまいます。この意味でアルコールは、多くの人にとって〈誘惑財〉です。つまり将来的な喜びは与えてくれないのに、目先ではわたしたちをとらえてしまうものです。これに対し、テレビはたぶん誘惑財ではありません。多くの貧乏な人はテレビを買うために何カ月も、ときに何年も計画をたてて貯金するのですから。

経済学者と心理学者、神経科学者のグループの共同研究で、そうした意思決定の断絶には肉体的な基盤があるのだということが証明されました。(7) 日付入りのギフトカードを使って、様々な時点で享受できる各種の報酬のどれかを選ぶよう、参加者たちに選択してもらったのです。つまりそれぞれの参加者は、いくつか意思決定をしなければなりません。現在20ドル受け取るか、2週間後に30ドル受け取るか（現在vs将来）、2週間後に20ドル受け取るか、4週間後に30ドル受け取るか（将来vsもっと先の将来）、4週間後に20ドル受け取るか、6週間後に30ドル受け取るか（もっと先の将来vsさらに先の将来）。ひねりは、被験者たちはこうした意思決定をｆＭＲＩスキャナーの内部で行なったので、研究者たちは脳のどの部位が活性化しているかを見ることができたという点です。大脳辺縁系（ここは即物的で即時的な報酬にだけ反応すると考えられています）は、その意思決定が今日の報酬と将来の報酬を比べるものだった場合にだけ活性化しました。これに対して、外側前頭前野（脳のもっと「計算高い」部分）は、選択肢の時点とは関係なく、あらゆる意思決定で同じくらいの強さの反応を見せました。

こういう働きの脳は、各種の善意の失敗を生み出します。そしてその実例もよく見かけます。新年の誓いや、ちっとも使われないジムの会員証などです。でもモディンバ夫妻やワイクリフ・オティエノさんは、こうした不整合を十分に承知しているようです。それを避けるための手段として、お金を肥料に替えて固定してしまうんだと語るのです。また、自分たちの直面する「非常事態」は実は実質的に一種の誘惑財なのだ、と彼らは確信しているようでした。というのもその時点では単に「その問題を凍結する」（マイケル・モディンバさんの表現です）よりもお金を使うほうが簡単だし、追加で稼ぐために家を出るよりも、家にいるほうが楽だからです。

ハイデラバードでは、スラム住人にどんな買い物を控えたいか教えてくれとはっきり尋ねてみました。

みんなすぐに、お茶、お菓子、アルコール、タバコを挙げました。そして確かに、彼らの話や集めたデータを見ると、彼らの予算の相当部分はこうした品物に費やされているのは明らかでした。エスターやクレマー、ロビンソンがケニア肥料プログラムの参加者に対し、いつバウチャーを売りにくればいいかを収穫に先立って尋ねると、みんな同じような自覚を持っていることがわかりました。その大半は、早めにきてくれというのです。農民たちは、収穫の直後には手持ちのお金があっても、それがすぐになくなってしまうと自覚しているのです。

この自覚からすると当然のことですが、多くの貧乏な人の貯金方法はお金を他人から安全に守るだけでなく、自分自身から守るようにも意図されているのです。例えばある目標（ウシや冷蔵庫や屋根を買う）を実現したければ、その目標実現にちょうどいいお鍋サイズを持つＲＯＳＣＡに入るというのは実によい選択肢です。いったん入ったら、毎週か毎月一定額を拠出しなければならず、お鍋を受け取ったら、それは心待ちにしていたものを買えるだけの金額で、そのお金があれこれ流出する前に、すぐにそれを買えるからです。家をレンガ一つずつ建てるのも、自分の貯蓄を具体的な目標にだけ確実に集中させるための一手段なのでしょう。

実際、もし自制心の欠如が本当に深刻ならば、だれかにお金を払って無理に貯蓄を強制する価値があるはずです。例えば、新築の壁のモルタルが雨で流れてしまうリスクを負うほうが、手元に現金を置いて、ふとした気まぐれで宴会に散財するリスクに比べればマシかもしれません。そしていささかパラドックスじみた話ですが、一部のマイクロファイナンス顧客が借金をするのは、まさに貯蓄をするためなのです。ハイデラバードのスラムで会った女性は、スパンダナで1万ルピー（購買力平価621米ドル）

借りて、そのお金をすぐに貯蓄口座に預金したと話してくれました。つまりスパンダナに年24パーセントの利息を払い、貯蓄口座で4パーセント稼いでいるというわけです。それに何の意味があるのか尋ねてみると、いま16歳の娘があと2年ほどで結婚しなければならないからだ、と言います。1万ルピーはその持参金の種金なのだそうです。なぜスパンダナへの返済金を自分の貯蓄口座に毎週直接預金しないのかと尋ねると、そんなのは無理だと言われました。いろいろ他の使途が出てきてしまうから、と。

それでもわたしたちは、このいささか風変わりなやりかたにちょっと困惑して、いろいろ質問を浴びせました。すると他の女性たちのグループが近づいてきました。彼女たちはわたしたちの無知さかげんがおかしくてたまらないようです。みんなやってることなのよ、あなたたちそんなことも知らないの? そしてわたしたちもだんだんわかってきたのですが、要するにスパンダナに借りた物を返すという返済義務——これはきちんと強制されています——は借り手たちに、自前では実現できないような規律を課すのです。

でもどう考えても、貯蓄するのに利子を20パーセント以上も支払う必要などないはずです。マイクロファイナンス契約の持つ約束の特徴を持ちつつ、それに伴う金利はないような金融商品を設計すれば、多くの人には明らかにとても有益なはずです。研究者たちは、フィリピンで貧乏な人相手に営業する銀行と組んで、まさにそうした商品を設計してみました(8)。顧客ごとの貯蓄目標と連動する新種の口座です。この目標はある金額でもいいし(その金額に達するまで預金を引き出さないと顧客は約束します)、ある日付でもかまいません(その日までは口座のお金に手をつけないと約束します)。顧客は約束の種類と具体的な目標を選びます。でもいったんその目標を定めたら、それは拘束力を持ち、銀行がそれを強制施行します。

金利は通常の口座と同じです。こうした口座を、無作為に選んだ顧客に提案してみました。アプローチした顧客のうち、4人に1人はそうした口座の開設に合意しました。開設者のうち、3分の2強は日付目標を選び、残り3分の1は金額目標を選びました。1年たって、口座を提供された人の貯蓄口座残高は、そうした口座のない同等の人々に比べ81パーセント高くなっていました。でも口座を提供された人のうち、実際にそれを開設したのは4人に1人だったのです。それにその効果は、本来よりたぶん小さかったでしょう。預金をいっさい引き出さないという約束はありましたが。その顧客が貯金向けに預金するよう積極的にうながすことはなかったので、開設口座の多くは休眠状態のままだったのです。

でもほとんどの人は、そんな口座の申し出は断るほうを選びました。目標達成まで引き出さないよう自分で自分を縛ることについて、明らかに不安を感じたのです。デュパスとロビンソンも、ケニアで同じ問題に出くわしました――多くの人は二人の提供した口座を使わずじまいでした。一部は引き出し手数料が高すぎたからで、もう一つはお金をその口座に縛られるのをいやがったからです。これはおもしろいパラドックスを明らかにしています。自制心問題を迂回する方法はあるのですが、それを活用するには、通常は最初の段階でかなりの自制心を発揮する必要があります。パスカリン・デュパスとジョナサン・ロビンソンは、ケニアのブマラ市場における屋台商人を対象にした別の調査で、この点を見事に実証しました。[9] 多くの小事業は、そのオーナー（あるいはその家族）が病気になり薬代が必要だと、売り上げが下がります。だから貯蓄の一部を、そうした非常時対応や予防医療製品（例えば塩素消毒や蚊帳）専用として別枠にする支援を考えました。そこでROSCAに接触して、手提げ金庫を渡したのです。そのなかに、健康上の出来事専用の貯金を入れておこうというわけです。一部の人（無作為に選出）はその金庫のカギを渡されましたが、それ以外の人だと、カギはNGOのフィールド担当者が持っています。健康問題でお金が入り用になったら、彼女がやってきて箱を開けるのです。健康金庫を渡すと、確かに人々は予防医療にもっとお金をかけるようになりました。でもカギのかかった健康金庫は、デュパスとロビンソンも驚いたのですが、役に立ちませんでした。みんなそもそもあまりお金を入れなかったのです。みんなそれを使わないか、ごく少額の場合にしか使いません。何か別件でお金が入り用になったときに使えないと困る、とのことです。

つまり問題を認識しているからといって、それが解決されるとは限りません。単に、自分がどういう点で失敗するかを完全に予想できるだけかもしれないのです。

貧困と自制心の論理

自制心を買うのは難しいので、自覚的な意思決定者は、将来の誘惑の可能性に対し、他の予防措置を講じます。明らかな戦略はあまり貯金しないことです。お金があれば、明日それを無駄遣いしかねないことがわかっているからです。どうせ明日誘惑に負けるのだったら、今日のうちに誘惑に負けても同じです。こうした誘惑の倒錯的な論理は、金持ち同様に貧乏な人にも作用しますが、それがもたらす結果は各種の理由から、金持ちよりも貧乏人にとってずっと深刻になりかねません。

誘惑は通常は肉体的なニーズの表現だったりします（セックス、砂糖、脂肪、たばこ。強さはこの順番とは限りません）。この場合、金持ちは己の「誘惑される自己」がすでに満足した状態にいることがずっと多いのです。だから貯蓄するかしないかを決めるときには、未来のために取っておく余分のお金がすべて長期的な目標に使われると想定できます。だからハイデラバードの女性たちのように、砂糖たっぷりのお茶が誘惑財の原型であるにしても、お金持ちがそれに悩まされることはあまりないでしょう――別に誘惑されないからではなく、お茶なんか（あるいはその代替物でも）いくらでも買えるので、苦労して得た稼ぎがお茶の一杯や二杯で消える心配などしなくていいからです。

この効果をさらに強化するのは、貧乏な人が本当に欲しいなと思うモノの多く、例えば冷蔵庫や自転車や子供をよい学校に入れることなどは、かなり高価なので、手元のお金がほんの少ししかなければ、誘惑財の主張がかなり説得力を持つ、という事実です（「どうせあの冷蔵庫を買えるほどの貯金なんかできっこないよ」と脳内の声は断言します。「いいからお茶でも飲もうよ……」）。結果は負のスパイラルです。あまり貯蓄しないのは貧乏な人には魅力的です。なぜなら彼らにとっては、目標はずいぶん遠いからで、そしてそこに至るまでにいろいろ誘惑があるのを彼ら自身がわかっているからです。でももちろん、貯蓄しなければ貧乏なままです[10]。

貧乏な人にとって自制心が容易でない理由はもう一つありそうです。いくら貯金すべきかという判断は、金持ちだろうと貧乏人だろうと、むずかしい判断なのです。こうした判断は将来について考えることを必要とするし（貧乏な人だと、そうした将来もおそらく考えるだにおもしろくないものでしょう）、慎重にいくつもの事故対応策を考え、配偶者や子供と相談も必要です。金持ちになればなるほど、そうした判断はだれか別の人がしてくれます。サラリーマンは社会保障料を天引きされ、またその雇用者もしばしばそれ以上の金額を雇用者負担基金や企業年金に積み立てます。それ以上に貯金したいなら、一回決断すればその後はお金が自動的に銀行から引き落とされます。貧乏な人にはこうした仕掛けがいっさいありません。目標を維持するのを容易にするはずの貯蓄口座ですら、能動的に預金するという手間が必要です。毎週、毎月積み立て貯金を続けるには、何度も自制心の問題を克服しなければならないのです。問題は、自制心というのは筋肉のようなものだ、ということです。使うと疲れるのです。だから貧乏な人のほうが貯蓄しづらいのも無理はありません。[11] またさらにやっかいなことですが、第6章のリスクの話で論じた通り、貧乏な人はかなりのストレス下で暮らしており、ストレスによるコーチゾルはもっと衝動的な意思決定に人を走らせてしまいます。こうして貧乏な人々は、リソースは少ないのにずっとたいへんな仕事を強いられるのです。

この二つの理由から、金持ちは現時点の純価値（資産と所得の合計と思ってください）のうち貯蓄にまわす分が貧乏人より多いはずです。そして今日の貯蓄は明日の純価値の構成要素の一つなので、これは今日の純価値と明日の純価値とのあいだにS字形の関係を作りがちです。貧乏人は貯蓄が比較的少ないので、将来のリソースも低くなりがちです。そして豊かになった人は、リソースの貯蓄比率を増やし、すると相対的には貧乏な人より将来保有するリソースがずっと多くなります。やがて十分に豊かになったら、将来の野心を実現するのに、中流階級の人のようにやたらに貯蓄する必要はなくなります（中流階級の人にとっては、例えば家を買うには貯蓄しか方法がないかもしれません）。

現実世界でも、今日の純価値と明日の純価値とのあいだには確かにS字形があります。図4は、タイ

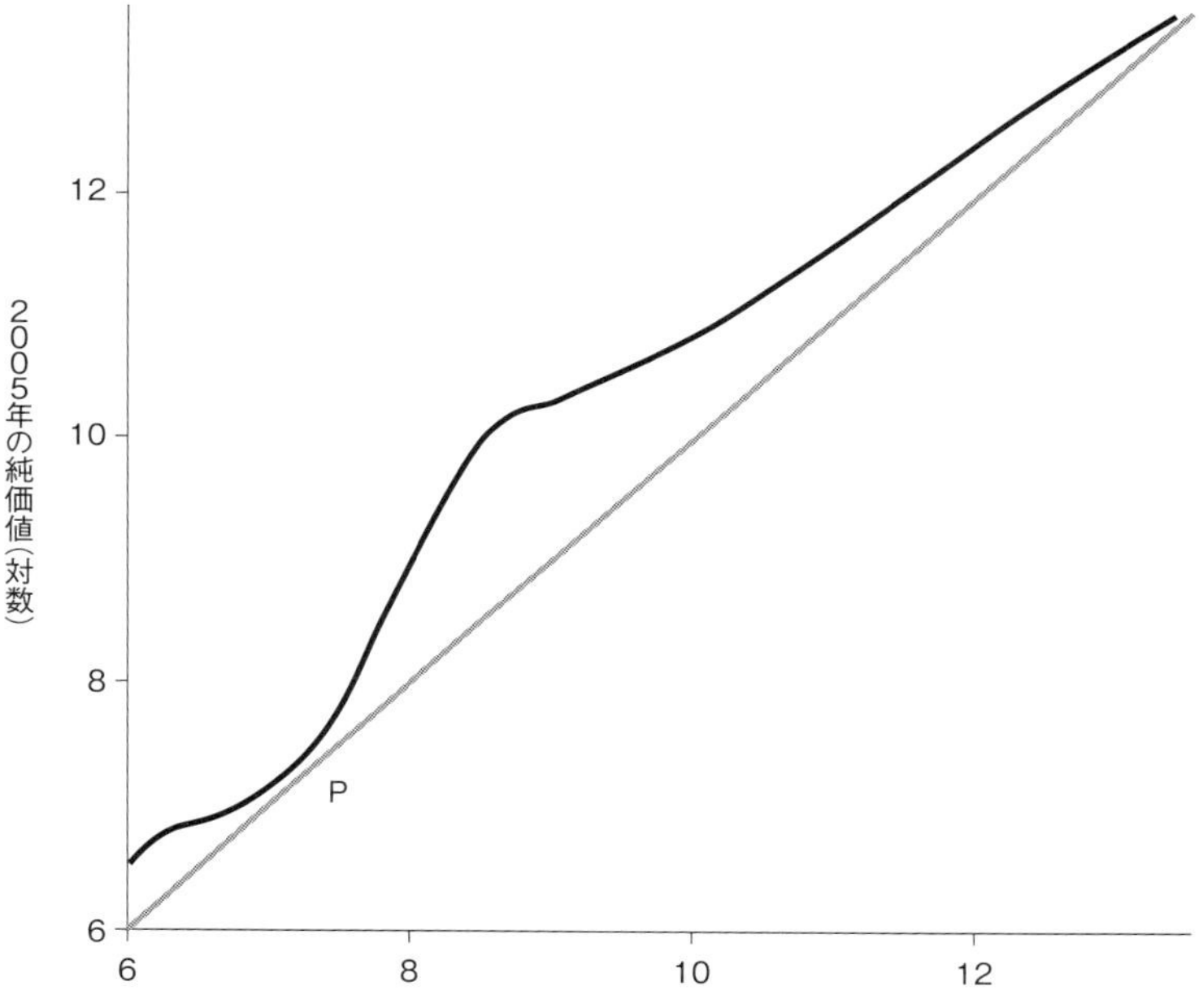

図４　タイでの富、1999年と2005年

で世帯が１９９９年に持っていたリソースと、５年後に彼らが持っていたリソースとの関係をプロットしたものです。[12] 曲線は平らに引き延ばしたＳ字形になっています（これをＳと呼ぶのは確かにちょっと苦しいかもしれませんが）。今日豊かな人（リソースの多い人）は、平均で明日も豊かです。もちろんこれは別に驚くことではありません。もっと印象的なのは、この関係がリソースのごく低いところではかなり寝ているのに、それが急激にたちあがって、その後また平らになるということです。

このＳ字曲線は、前にも見たように貧困の罠を作り出します。富の曲線が45度線にちょうど接する左側から出発する人は、その点よりも豊かになることはありません。それ以上の蓄積はできません――罠にはまっています。逆にその点Pより右にいれば、同じ場所にとどまる以上の金額を貯蓄できるので、どんどん豊かになります。貧乏な人が貧乏なままなのは、十分に貯蓄しないからなのです。

罠から抜け出す

貯蓄行動は、人々が将来起こると考えていることに決定的に左右されます。自分の野心を実現する機会があると感じる人々は、「どうでもいい」消費を抑えてその将来に投資する強い理由ができます。これに対し、どうせ何も失うものはないと思う人は、その絶望を反映した意思決定をしがちです。これでお金持ちと貧乏人とのちがいだけでなく、貧乏な人のなかでもなぜ差があるのか説明できそうです。

果物商人がよい見本です。ディーン・カーランとセンディル・ムライナタンは、こうした商人を無作為に選んで、背負っている借金を全額肩代わりしてやりました（インドとフィリピンで実施[13]）。しばらくは、こうした商人の多くは無借金で過ごします。10週間後には、フィリピンでは4割が無借金のままでした。ですから果物商人たちは、しばらくは借金しないだけの辛抱はあったようです。でも、やがてほぼ全員がまた借金を抱えこんでしまいました。通常は借金生活に戻るきっかけは、何らかの打撃（病気や緊急の物いり）でしたが、いったんそれが起きたら、自力ではそれを返しきれませんでした。無借金でいられるのと、借金から抜け出せないこととの非対称性は、落胆してしまうと自分に規律を課すのがむずかしくなることを示しています。

逆に、楽観性と希望で事態は一変します。希望というのは、欲しいなと思っているテレビがいずれ買えるとわかるくらいのつまらないことでいいのです。スパンダナのマイクロファイナンス事業を評価しているとき、パドマジャ・レディは同組織発祥の地であるグンタールのスラムにいる顧客に会いに、わたしたちを引率してくれました。朝10時半、スラムのちょっとした広場にくると、十人かそこらの女性が集まっていました。みんな明らかにパドマジャを知っています。彼女が、何をしているんですかと尋ねると、みんなクスクス笑いました。ちょっと気まずい雰囲気が漂って、女性たちはお互いをこづきあっていましたが、そこへブツが出てきました——お茶を淹れていたのです。パドマジャは女性たちといっしょに笑い出しましたが、それからニコニコしつつも、お茶やお菓子を切り詰めたら将来が改善できるのよ、とちょっとしたお説教を始めたのです。

ほとんどのマイクロ融資機関は、消費財を買うための借金はいやがります——なかには貸したお金が確実に、何らかの収益資産に使われるようがんばって確認したがる機関さえあります。これに対してパドマジャは、借りたお金を顧客が何らかの長期的な目標実現に使うなら、何も文句は言いません。長期的な目標を考えて、それを実現するのに短期的な犠牲を払うことこそ、貧困のもっとも苛立たしい側面から解放される第一歩なのだ、と彼女は考えているのです。

いま描いたように、なにげないお茶の悪影響にパドマジャがこだわるので、わたしたちはスパンダナのプログラム評価に先立って、女性たちに切り詰めたい支出分野はどこかを実際に尋ねてみました。調査の開始時点でパドマジャが自信たっぷりに予想したのは、お茶のお金を本当に大切なものに変える方法があるのだと知れば、みんなすぐにそうした「無駄な支出」を切り詰めるようになる、ということでした。これは実に多くの人々から聞いた話とは真逆です。多くの人は、貧乏な人への手軽な融資のいちばんよくない点として、人々は目先の気まぐれに耽溺しやすくなってしまうという点を挙げます。パドマジャにその場でそれを指摘する必要もないだろうと思ったものの、最初の融資が行なわれた18カ月後に得られたデータを分析し始めたときには、それをはっきり意識はしていました。でも、心配には及びませんでした。パドマジャは自分でもよく言うように、顧客の考え方を知っています。第7章で融資について見たように、マイクロ融資が使えるようになったとき、一番明確な影響の一つは、女性たちが減らしたいと語っていたもの——お茶、お菓子、アルコール——への支出が減ることでした。こうした商品への月額支出は、このプログラムにより追加のマイクロ融資を受けられた世帯ではおよそ100ルピー（購買力平価5米ドル）下がりました。これは平均的な世帯がこうしたものにかける金額の約85パーセントに相当します。こうした支出切り詰めは、それだけでも金利20パーセントの1万ルピー（購買力平価450米ドル）融資の月次返済額の1割に相当します。後に、モロッコ地方部のマイクロファイナンス機関アル・アマナの顧客についても、きわめて似た結果が見られました。社交的支出を切り詰め（その他あらゆる支出を切り詰めた人もいます）、貯蓄を増やしたのです。[14]

マイクロ融資はもちろん、貧乏な人に対して長期的な夢の一部が実現する未来のことを考えるよう手助けする一手法でしかありません。子供にもっとよい教育をするのも、おそらく同じ効果があるでしょう。安定した確実な職もそうです。これについては次の章でまた検討します。あるいは、健康や天候災害に対する保険があれば、自分がなんとか貯めた虎の子が、あっさりなくなったりする心配はなくなります。あるいは社会的セーフティー・ネットでもいいでしょう。所得が一定水準以下に落ちたら最低所得保障が受けられるなら、生き延びるためのお金を見つける不安からは解放されます。こうした手段が一つでもあれば安心感が生まれて、二つの理由で貯蓄をうながします。一つは、将来に希望があるという感覚を作り出すこと、そして意思決定能力を直接低下させるストレス水準を引き下げること。

もっと大きなポイントとしては、ちょっとした希望と多少の励ましや落ち着きが強力なインセンティブになるということです。すでに十分持っていて、生活は保証され、まともに自信を持って実現を目指せる目標（あの新しいソファ、あの50インチの液晶テレビ、あの２台目の車）によって構造づけられ、その実現を助けてくれる制度（貯蓄口座、年金プログラム、ホームエクイティローン）などもあるわたしたちは、ヴィクトリア朝の人々と同じく、動機や規律は生得的なものなのだと思ってしまいがちです。その結果として、怠け者の貧乏人を甘やかしすぎるのではないかといった心配が常に出てきます。わたしたちに言わせれば、ほとんどの場合の問題は逆です。欲しいものがすべて、どうしようもなく手の届かないところにあるように見えたら、やる気を維持するのはあまりにむずかしい。ゴールポストをもっと近づけてあげることこそ、まさに貧乏な人々がそれを目指して走り出すために必要なものなのかもしれないのです。

第9章　起業家たちは気乗り薄

何年も前に飛行機で隣に乗り合わせたビジネスマンは、1970年代半ばにアメリカでMBAを習得してインドに戻ったときに、真の起業家精神を教えてやろうと言っておじさんに外に連れ出されたと語ってくれました。二人はある早朝、ボンベイ証券取引所（ムンバイは当時ボンベイと呼ばれていました）に向かったのです。でも取引所のある現代的な高層ビルに入るかわりに、おじさんは歩道にすわって取引所前の道路に向いている女性4人を見ていろと言ったそうです。野心あふれるビジネスマンとその叔父は、しばらく彼女たちをながめていました。女性はほとんど何もしません。でもたまに、車が止まると、立ち上がって何かを道から掻き取り、それを手元のビニール袋に入れて、また歩道にすわりこみました。これが何度か起こってから、あの女たちのビジネスモデルがわかるか、とおじさんは尋ねました。彼は、まるで見当もつかないと正直に言います。そこでおじさんは説明しなければなりませんでした。毎朝夜明け前に、あの女たちは砂浜に出かけて、湿った海砂を集めるんだ。それからラッシュの車が本格的になる前に、それをきれいに通りに敷き詰めるんだよ。車が砂の上を走ると、その熱で砂が乾燥する。だからときどき乾燥した砂のてっぺんの層を掻き取ればいい。九時か十時になればかなりの乾いた砂が得られるから、それをスラムに持って帰って古新聞製の小さな包みにして売る。近所の女性はそれを皿洗いに使うんだ。これぞ真の起業家精神ってもんだ、とおじさんは言ったのだそうです。手持ちがほとんどなくても、創意工夫で無から有を創り出せ。

ボンベイの商業の文字通り車輪で暮らしを立てるスラム女性たちは、貧乏な人たちがしばしば示す、驚異的なイノベーションと起業家精神を体現しています。小規模事業主たちが示した創造性と力強さのお話を始めたら、優にこの本一冊埋まってしまうでしょう。そうしたイメージは近年のマイクロファイナンスや「ソーシャルビジネス」運動において、強力な動機となってきました。こうした運動は、貧乏な人が天性の起業家たちで、出発のための環境とちょっとした助けを与えれば、貧困なんか削減できるのだ、と考えています。世界最大級のマイクロファイナンス機関FINCAのCEOジョン・ハッチ曰く「貧しいコミュニティに機会を与えて後は邪魔しないこと」というわけです。

でも、邪魔をしないでおいても、貧乏な人たちがあまり元気に動き出さないように見える意外な例がいくつかあるのです。2007年以来、わたしたちはモロッコ最大のマイクロファイナンス機関アル・アマナといっしょに、これまでフォーマルな金融機関から完全に排除されていた地方コミュニティにマイクロ融資アクセスがどんな影響を与えるか評価してきました。2年たって、アル・アマナは予想したほどの顧客を村で集められていないことが明らかになってきました。他に手立てがあるわけではないのに、融資に興味を示す家族は、資格のある世帯の6件に1つ以下です。その理由を理解しようと、わたしたちはアル・アマナの職員にくっついて、だれひとりお金を借りてくれないハフレット・ベン・タイエブという村の家族にいくつかインタビューしました。迎えてくれたのはアラル・ベン・セダンさん、息子3人と娘2人の父で、子供たちはみんな成人しています。ウシが4頭、ロバが1頭、オリーブの木を80本持っています。息子の一人は軍隊にいました。もう一人は家畜の世話係です。三人目はほとんど怠けていました（主にやることといったら、カタツムリのシーズンになったらそれを収穫することです）。ベン・セダンさんに、融資を受けてもっとウシを飼いませんか、そうすれば怠けている息子さんに世話をさせられますよ、と尋ねました。すると、牧草地が狭すぎるといいます。ウシを増やしても放牧場所がない、と。帰り際に、融資を受けて他に使い道はないのか、と尋ねました。答えは「いや、何もないねえ。十分持ってるから。ウシもいて売れるし、オリーブも売れる。それで一家には十分なんだ」

数日後、アル・アマナ創設者（そして当時はCEO）のファド・アブデルモムニに会いました。とても温かく知的な人物で、かつては活動家で、政治犯として何年も牢獄で過ごしていて、貧乏な人の生活改善にいまや全身全霊でうちこんでいました。わたしたちはマイクロ融資の需要がおどろくほど低い点について議論しました。特に、それ以上お金なんか使い道がないというベン・セダンさんの話に戻ったのです。ファドは明らかに実現可能なビジネスプランを考案しました。融資を受け、牛舎を建てて、若いウシを4頭飼います。牧草地で放牧の必要はありません。牛舎で餌をやればよろしい。8カ月で、牛を売れば大儲けできる。ファドは、もしだれかがこれをベン・セダンさんに説明してあげれば、この計画のすばらしさを理解して融資を受けたがるだろうと確信していました。

ファドの熱意と、家族はこれ以上何もいらないというベン・セダンさんのこだわりとのあまりの対照ぶりに、わたしたちは驚いてしまいました。だからといってベン・セダンさんは貧乏なままでいることに満足していたわけではありません。彼の自慢の長男は看護師の訓練を受け、陸軍の衛生兵になっていました。息子はもっとよい暮らしを実現する見込みがかなり高いんだ、と彼は思っていました。ならばベン・セダンさんは単にビジネスプランを示してもらえばいいのだというフアドは正しいのでしょうか？　それとも成人してからほぼずっと牛を育てる商売をやってきたベン・セダンさんのほうが、何か重要なことを言っているのでしょうか？

世界的に有名なグラミン銀行創設者ムハマド・ユヌスは、貧乏な人は天性の起業家だと言います。それに加えて、ビジネス理論家の故C・K・プラハラードが(1)、ビジネスマンに対して「BOP（ボトム・オブ・ザ・ピラミッド）」に注目せよと旗を振ってきたこともあって、貧乏な人は起業家精神に富んでいるという発想は、大企業や大金融機関が安心して参加できるような反貧困政策対話のなかでも、一定の地位を占めるようになりつつあります。伝統的な公共アクション戦略は、民間のアクションに補われるようになっていて、それを実施するのは企業世界の指導者たちの一部（例えばイーベイのピエール・オミダイアなど）で、彼らは貧乏な人たちが起業家としての真の潜在力を発揮するのを手伝うのだ、というわけです。

ユヌスの世界観の中心にあるのは――マイクロファイナンス運動の多くの人々も共有するものですが――だれでも成功した起業家になれるチャンスがあるのだ、というものです。もっと具体的には、貧乏な人が驚異的な機会を見つけやすい理由は二つあります。まず、これまで機会がもらえなかった分だけ、もっと新鮮でだれも試していないアイデアを持っているはずだというもの。第二に、いままで市場はBOPを無視してきたということです。結果として、貧乏な人々の生活を改善するイノベーションが、手の届きやすい果実となっているはずだし、それがどんなものかを考えつくのは、当の貧乏な人たち自身をおいて他にありますまい？

資本なき資本家たち

実際、それなりのマイクロファイナンス機関のウェブサイトは、すべて前例のないチャンスを活用して一財産築いたというマイクロファイナンス顧客の成功物語でいっぱいです。そしてそれは事実です。そうした顧客何人かに実際に会いました。アンドラ・プラデシュ州グンタールでは、ゴミの収集分別ビジネスで大成功したスパンダナの顧客に会いました。出発はゴミ拾いで、これはインドの社会経済階層のなかでどん底に近いものです。スパンダナからの初の融資で、彼女はとんでもない高金利の金貸しからの借金を返済しただけでした。彼女は、自分がゴミを売っている企業は、それをリサイクル業者に転売する前に分別しているのを知っていました――古い電球のフィラメントからは金属片とタングステン、プラスチック、有機物はコンポスト、という具合に。そのそれぞれは別々のリサイクル業者に売られます。最初の融資で一息つけたので、彼女は自分でその分別をやって、追加収入を得ようとしました。2回目の融資と1回目からの貯金で、荷車を買い、それでもっと多くのゴミを集められるようになり、そしていまや分別するゴミが増えたので、どういう手を使ったものか、これまではずっと飲んだくれていた夫の尻をたたき、いっしょに作業をするようにしました。二人でずっと稼ぎが増え、3度目の融資を受けてからは、他の人からゴミを買うようになりました。わたしたちが会った頃には、ゴミ収集人の大規模ネットワークの頂点に立って、もはや自分ではゴミ集めをせず、ゴミ集めの手配をしていたのでした。その夫もまた、その頃にはフルタイムで働いていました。見かけた彼は金属片を叩いており、しらふのようではありますが、ちょっとむっつりした感じではありました。

マイクロファイナンス機関は、自分たちが融資したなかで最高の成功例を宣伝しますが、マイクロファイナンスへのアクセスがなくても成功する企業家もいます。1982年のことです。徐愛華は、中国の浙江省紹興県にある村の中学校の優等生でした。両親は農民で、他のみんなと同じく手持ち現金などないも同然です。でも彼女はあまりに頭がよかったので、村は彼女をファッションデザインの地元校に1年通わせることにしました（とはいえ、当時はまだみんな人民服を着ていたので、何をデザインしたのかはよくわかりませんが）。村の期待は、彼女がいずれ地元の町や村の新設企業を指導する立場になることでした（中国開放の初期だったのです）。でも訓練を終えて彼女が戻ってくると、地元長老たちは尻込みしました――なんといっても、まだ20歳にもならない女の子です。そこで彼女は仕事のないまま、あっさり家に送り返されたのでした。

徐愛華は手をこまねいているつもりはありませんでした。何とかしなきゃとは思ったものの、両親は貧しすぎて何の支援もできません。そこで彼女はメガホンを借りて村をまわり、若い女の子たちに学費15元（購買力平価13米ドル）で服飾を教えると申し出ました。生徒は100人集まり、集めた学費で彼女は中古のミシンと余剰の布を、地元国営企業から買って講義を開始したのでした。講義が終わると、最優秀の生徒8人を手元に残してビジネスを立ち上げました。女性たちは毎朝ミシンを背負ってやってきて（みんな親に1台買ってもらったのです）、裁断と縫製を始めます。地元工場の工員向け制服を作ったのです。最初、みんな徐愛華の自宅で作業しましたが、事業が拡大し、ますます多くの人を訓練して雇うようになると、村の政府から借りた建物に引っ越しました。

1991年までに、事業の利益から多額の貯金をしたので、自動ミシン60台を5万4000元（購買力平価2万7600米ドル）で買うことができました。固定資本は8年で100倍増です。つまりは年80パーセントの成長となります。インフレが年率10パーセントとしても、インフレを差し引いた実質成長率70パーセント超は驚異的です。この頃には、彼女はすでに起業家として安泰でした。まもなく輸出契約が舞いこみ、いまやメイシーズ、ベネトン、JCペニーなど大規模小売業者に販売しています。2008年には初の不動産投資2000万元（440万米ドル）を行ないました、その理由は、彼女曰く、自分には転がっている現金があるけれど、他のほとんどの人にはないから。

徐愛華はもちろん、典型例というわけではありません。突出して頭がよく、村が彼女を学校に通わせたほどですから。でも貧乏な人の起業家精神の成功物語はいくらでもあります。そして起業家はもちろんいくらでもいます。わたしたちの18カ国データセットでは、都市部の極貧層（1日99セント以下で生活）の50パーセントは非農業事業を営んでいます。地方部の極貧層ですら、多くは――ウダイプールの7パーセントからエクアドルの50パーセント強まで（平均では20パーセント）――農場を営む副業として非農業事業を営んでいます。起業家の数は同じ国でもう少し豊かな人々でもほぼ同じです。これをOECDの先進国平均と比べましょう。労働力人口のうち自営業を名乗るのは12パーセントです。純粋に自己申告の職業で見ると、貧乏な国ではほとんどの所得階層で、先進国での対応階層に比べて起業性が高いようです――これは貧困層でもそれ以外でも同じです。これに刺激を受けて、ハーバード・ビジネススクールの教授タルン・カンナは『何十億人もの起業家』を書きました(2)。

貧乏な人のあいだでの事業主の多さは、驚異的です。なんといっても、あらゆる条件はどう考えても貧乏な人の起業に不利に作用するのですから。自前の資本は（ほとんど定義からして）あまりないし、6章と7章で見たように、フォーマルな保険や銀行など安い資金調達源もありません。ひもなしファイナンス（取引金融はひもつきファイナンスの例です。これは何かの購入用で、賃金を支払ったりするのには使えません）の源として、友人家族から借りられない人は金貸しに主に頼りますが、月に4パーセント以上の金利を課されます。結果として貧乏な人はまともな事業を営むための投資をする能力が低くなり、事業からくる追加リスクに対しても脆弱になります。それにもかかわらず裕福な層と同じくらい起業しやすいという事実自体が、その起業精神のあらわれだと解釈されています。

きわめて高い金利を払ったあとでも、貧乏な人たちが元金を返済するほどのお金を稼げているという事実から考えて（すでに見た通り、彼らが債務不履行に陥ることはほとんどありません）、投資1ルピー当たりの稼ぎはずっと多いはずです。そうでなければ借り入れはしないでしょう。すると彼らのビジネスに投資される現金の収益率は驚くほど高いということです。多くの貧乏な人が支払う年率50パーセントの金利は、株式市場に投資して得られる収益よりずいぶん高いのです（特に最近ではそうですが、長期的な平均収益率でみても9パーセントくらいです）。

もちろん、全員が借金するわけではありません。借りるのは高収益事業を営む起業家だけで、その他みんなは低収益なのかもしれません。でもスリランカでのプロジェクトを見ると、ちがうようです。小事業主――小売店、修理店、ひも作りなど――を集めてくじ引きに参加してもらったのです。当たったら（3分の2が当たりです）、事業用の補助金がもらえます。1万ルピー（購買力平価250米ドル）か、2万ルピー（購買力平価500米ドル）です。(3)

補助金はグローバル基準からすれば少額ですが、こうした事業主から見ればかなり多額です。多くにとって、250ドルは開業時の総資本に当たる金額です。くじの当選者は、お金を有効に使うのに何の苦労もありませんでした。平均的な事業だと、最初の250ドルに対する収益は年60パーセント超でした。その後、メキシコの小事業相手に同じ実験が繰り返されました。(4) この実験での収益はさらに高く、1カ月で10―15パーセントになりました。

バングラデシュの大マイクロファイナンス機関BRACが考案し、いまや多くの発展途上国で模倣されているプログラムで明らかになったことですが、適切な支援さえ受けられれば、ずばぬけて貧乏な人ですら小事業を営むのに成功するし、そうした事業は彼らの生活を一変させます。このプログラムは同じ村人から最貧だと言われた人々を対象にしました。その多くは、施しだけで暮らしています。マイクロファイナンス機関はそうした人々には通常お金を貸しません。事業なんか営めないし、定期的な返済も無理だと思われているからです。彼らを再起させるため、BRACの設計したプログラムでは、彼らは資産を与えられます（ウシ2頭、ヤギ数頭、ミシンなど）。さらに数カ月にわたり少額のお小遣いももらえます（運転資金用と、彼らが資産を売り払ってしまいたくならないようにするためです）。さらにはあれこれ世話も焼いてもらえます。定期的な会合、読み書きの講義、毎週ちょっと貯金するような奨励など。こうしたプログラムの変種が、ランダム化対照試行（RCT）によって6カ国で現在評価されています。わたしたちも、西ベンガル州のマイクロファイナンス機関バンダーンと共同で、こうした調査の一つに参加しました。プログラム開始前に世帯をまわって、プログラムに選ばれた各家族から、危機や絶望の話を聞きました。ある夫は飲んだくれでしょっちゅう妻を殴っています。別の夫は死んで、若い家族を後に遺していきました。ある未亡人は子供たちに見捨てられました、等々。でも2年後、事態は一変していました。プログラムに選ばれなかった他の極貧家庭に比べて、受益者たちは家畜や他の事業資産を増やしていました。家畜などの動物からの稼ぎも増えましたが、労働時間も増え、雇われた賃金も増えています。月額支出は1割増えました。最大の伸びは食事で、腹が減ったとこぼす割合も減りました。もっとすごいのは、彼らの人生観が変わったらしいことです。自分の健康、幸福、経済的地位についての自己表現がずっと肯定的になりました。貯金も増えたし、マイクロファイナンス機関からの追加融資にも意欲的だと発言する率が増えました——そして資産管理にも自信が出たといいます。

もちろん、それでも彼らはどう見ても金持ちにはなっていません——消費で見て、2年かけてやっと1割豊かになっただけで、つまりはいまだに貧しいにはちがいありません。でも最初の贈り物と支援で、よいスパイラルが実現したようです。機会さえあげれば、極度の苦労に曝された人々ですら、自分の人生を自力でたてなおし、極貧から脱出を開始できるようです(5)。

貧乏な人のビジネス

こうした結果を見れば、ムハマド・ユヌスやファアド・アブデルモムニのように、貧乏な人への投資見込みに夢中になってしまうでしょう。こんなに多くの人が、これだけの不利に直面しつつも起業し、実にわずかなものから実に多くを生み出しているのですから。でも、この明るい図式には、困った影が二つ見られるのです。まず、貧乏な人の多くは事業を営んでいますが、そのほとんどは実に小さな事業だということです。そしてそうした小さな事業のほとんどは、きわめて稼ぎが少ないということです。

とても小さく儲からないビジネス

わたしたちの18カ国データセットによると、貧乏な人の営む事業の大半は従業員がおらず、有給従業員の数はモロッコ地方部ではほぼゼロから、メキシコ都市部では0・57です。こうした事業の資産もまたかなり限られています。ハイデラバードでは事業のうち専用の部屋を持つところすらたった2割です。機械や車のあるところもほとんどありません。いちばんありがちな資産は、テーブル、秤、屋台です。

もちろんこうした人々が大規模で成功した事業を持っているなら、そもそも貧乏とは言えません。困ったことに、ゴミ拾いや徐愛華の例外的な話はあるものの、貧乏な人による事業の大半は、従業員や大した資産を持つようになるまでには決して成長しないのです。例えばメキシコでは、1日99セント以下で暮らす人々の15パーセントは、2002年には事業を持っていました。3年後、同じ世帯を訪ねてみると、営業が継続している事業はたった41パーセントでした。継続していた事業のうち、2002年に従業員ゼロだった事業のうち、2005年に従業員がいたのは5分の1でした。同じくインドネシアでも、貧乏な人の事業のうち5年保ったのはたった3分の2です。そしてそのうち、従業員が1人以上いる事業の比率は、5年間でまったく増えませんでした。

貧乏な人や貧乏に近い人の事業のもうひとつの特徴は、大して儲かっていないということです。ハイデラバードの小事業の利益や売り上げを計算してみました。平均売上高は、月額1万1751ルピー（購買力平価730米ドル）で、メジアンは3600ルピーです。賃料などを差し引いた（でも家族による無給労働分を考慮しない）月額利潤は1859ルピー（購買力平価115米ドル）で、メジアンは1035ルピーでした。メジアンの事業は、世帯1人当たり1日34ルピー、つまり購買力平価で2米ドルほどを支払えるだけの儲けしか出していないようです。わたしたちのハイデラバードのデータセットでは、事業の15パーセントはこの1カ月は賃料差引後で赤字です。こうした家族の1人当たり時給まで考慮すると、時給は8ルピー（1日8時間労働でやっと最低賃金に近い金額となります）、平均利潤はわずかに赤字になります。タイでは、この規模の事業から得られるメジアン年利潤は、事業経費は引くが家族の労働時間は考慮しなくても5000バーツ（購買力平価305米ドル）。家族経営ビジネスの7パーセントは過去1年で赤字です（これも家族の労働を考慮する前の数字）。[6]

貧乏な人の事業の収益率が低いことは、第7章（例えばスパンダナプログラムのランダム化対照試行など）で見たように、マイクロ融資が顧客の生活を一変させないことの説明にもなります。貧乏な人の営む事業が利潤を出さないなら、新規事業を始める融資を出しても、福祉がそんなに変わるはずもありません。

限界と平均

でもちょっと待った。本章の最初のあたりでは、こうした小事業の投資収益率はとても高いとか言ってませんでしたっけ？

ここでの混乱のもとは、収益ということばの使い方が二つあることです。経済学者は（おそらくは珍しく有益な形で）ある金額からの限界収益と、ある事業からの総収益とを区別して使います。限界収益というのは、次の質問への答えです。「もし投資額が1ドル増えたり減ったりした場合、金利以外のあらゆる営業費を差し引いた後での収益はどうなりますか」。投資をちょっと減らすべきか（増やすべきか）を考えるときに関係してくるのは、限界収益です。投資額を1ドル減らして借入額も1ドル減らし、それによって元利返済で4セント〔100分の4ドル〕節約できる場合、限界収益が4パーセント以下ならばそうしたほうがいいし、そうでなければ投資を減らすべきではありません。だから月4パーセントで借金する人がいれば、その人の限界収益は少なくとも月4パーセントであるはずです。貧乏な人が借金して返済できるということ、そしてスリランカの実験で追加の250ドルにより得られた追加利潤の高さは、貧乏な人の事業の限界収益が高いということを示しています。その事業をちょっとでも成長させるのは意味あることです。

一方、ある事業の総収益は、総売り上げから事業経費（原材料費、労働者に払う賃金など）を差し引いたものです。最終的な手取りがこの金額です。そもそも事業を始めるべきか決めるにあたっては、この総収益を見るべきです。それが事業につぎこむ時間の価値と、開業費用をカバーできるほど高くなければ、そして事態が急激に改善するとも期待していないなら、その事業はつぶすべきです。

このパラドックスは、総収益が低くても限界収益は高いこともあるということで説明がつきます。次の図5にある、OP曲線はその企業への投資量（横軸OIで表示）とその総収益（縦軸ORで表示）の関係を示しています。経済学者たちが〈生産技術〉と呼ぶものです。規模Kの投資資本に対する総収益はKでの曲線の高さで示されますが、限界収益は投資をKからK＋1にしたときに、高さがどれだけ変わる

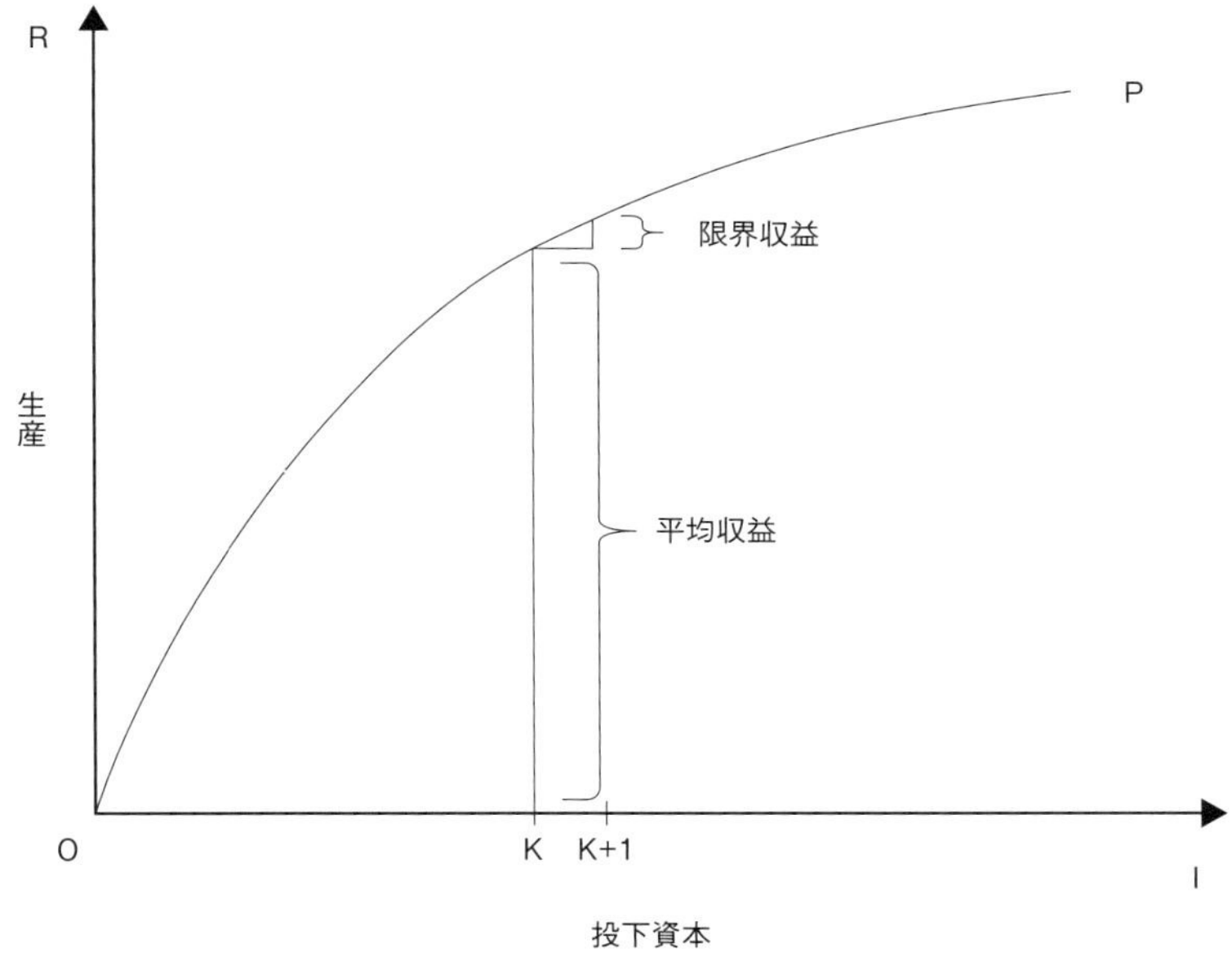

図5　限界収益と平均収益

かということです。その企業への投資がちょっとだけ増えたときに、総収益がどれだけ増えるかということです。

図5の曲線は第1章で論じた、さかだちしたL字曲線に似ています。収益は最初高いのですが、その後下がります。OPの傾きが一番大きいのは投資が小さい（ゼロに近い）ときで、それがだんだん（Pに近づくと）平らになります――つまり投資料を増やすと収益が増えるのは、初期投資が小さいときで、その増分はやがてだんだん目減りするということです。言い換えると、限界収益が高いのは投資が小さいときなのです。

この意味合いを考えるには、自宅でお店を開業した人のことを考えてみましょう。少しお金をかけて、棚やカウンターを作りますが、そこで手持ちが尽きて売るものがない状態です。この事業の総収益はゼロです。棚の費用をカバーできるほどではありません。そこへお母さんが10万ルピア（購買力平価18米ドル）貸してくれましたので、クッキーを何箱か買って空っぽの棚に載せました。近所の子供たちは、お気に入りのブランドのクッキーがあるのに気がついて、それを全部買います。これで15万ルピアの売り上げになりました。限界収益はお母さんからの融資1ルピアごとに1・5ルピア、あるいは純利益率50パーセント、1週間のあがりとしては悪くない数字です。でも総収益は、結局のところたった5万ルピア――これでは棚やカウンター作りに使った時間費用はカバーできません。

そのとき我らが店主は300万ルピアの融資を受けて、棚をいっぱいにできるくらいのクッキーとキャンデーを買います。子供たちはいまや友人たちに話を広め、彼女はたくさん在庫を売りさばきますが、新しいお客がやってくる頃にはクッキーの一部は湿気てしまい、売り物になりません。それでも週に360万ルピアの売り上げにはなりました。限界収益はいまや50パーセントよりずっと低くなっています――投資は30倍ですが（はじめのは10万ルピアだったのが、いまや300万）、収益はたった12倍だからです。でも総収益は、ずっと立派で60万ルピア（購買力平価107米ドル）で、これなら事業継続も十分に考えられます。

これは多くの貧乏な人の状況そのものです。特に空っぽの棚というのは、わたしたちの思いつきではありません。ハイデラバードから車で5時間、北カルナタカのグルバルガ町郊外で訪れたある店では、薄暗い部屋のなかにほとんど空っぽのプラスチックのびんが並んでいるだけでした。在庫確認もすぐにできます。

インド、カルナタカ地方部　村落雑貨屋在庫一覧

塩味スナック　1びん
ソフトキャンデー　3びん
ラップ入りハードキャンデー　1びんと小袋1つ
ひよこ豆　2びん
マジミックス即席スープの素　1びん
パン　1袋（5枚入り）
パパド（レンズ豆製スナック）　1袋
硬パン　1袋（20個入り）
クッキー　2袋
お線香　36本
ラックス石けん　20個
パンパラグ（ビンロウと混ぜた噛みたばこ1回分）　180個
ティーバッグ　20袋
ハルディパウダー（ターメリック）　40小袋
シッカロール　小びん5本
タバコ　3パック
ビディ（細い香料タバコ）　小袋55個
ビディ　大きめの袋35個

粉洗剤（500gパック）　3パック
パールGビスケット　小袋15個
使い切りシャンプー　6袋

この世帯で過ごした2時間のあいだに、お客は2人。1人はタバコ1本、もう1人はお線香何本かを買っていきました。明らかに、在庫をちょっと増やすことによる限界収益は潜在的にかなり高いものです。特にこの一家が、同じ村の他の店が置いていない商品を買うようにすれば。でも活動の総収益はかなり低いものです。売り上げがこの規模なら、一日中店番をするほど時間をかける価値はありません。

発展途上国にはこうした店が無数にあります。村ごとに数軒、大都市の路地には何千軒と並び、どれもまったく同じきわめて限られた在庫品を売っているのです。同じことが果物売り、ココナツ売り、お菓子売りなどについても言えます。朝9時にグンタール町最大のスラムの大通りを歩くと、ドーサ（米とレンズ豆製のパンケーキで南インドで朝のクロワッサンに相当するもの）を売る女性の長い列がいやでも目に入ります。辛いソースを塗って新聞紙かバナナの葉にくるんだドーサは、1ルピー（購買力平価でおよそ5セント）です。ある朝数えてみると、家6軒ごとにドーサ売りが1人いる勘定です。結果として、ドーサ売り女性のほとんどは、いつ見ても客が来るのを待っているだけです。彼女たちが3軒のビジネスを統合して残り2人を別の仕事に就かせれば、もっとお金が儲かるのは明らかに思えました。

これが貧しい人とその事業のパラドックスです。みんなエネルギッシュで創意にあふれ、わずかな元手でかなりのものを生み出します。でもそのエネルギーの大半は、あまりに小さすぎてまわりの事業と何ひとつ差がないものに向けられています。だからその事業主たちは、まともな暮らしができるほどの稼ぎをまったく期待できません。ムンバイの創造的な砂乾し女性たちは、手持ち資源の有益な活用機会をみつけました。その資源とは、暇な時間と砂浜の砂です。でも、冒頭のビジネスマンのおじさんが指摘し損ねたことは、それだけ創意工夫をつぎこんでも、この活動からの利潤はほぼまちがいなく取るに足らないということです。

こうした事業の多くがきわめて小規模だということは、限界収益が高いのに総収益がなぜ実に小さくなりがちなのかを説明してくれます。でも、その一方で新しい疑問がわいてきます。限界収益が高いということは、総収益を増やすのが簡単だということです——事業にもっとお金をつぎこめばいいだけです。だったらなぜあらゆる小事業は急成長していないのでしょう？

答えの一部はすでにご存じのものです——こうした事業はあまり融資を受けられず、受けられても高金利となるからです。でもそれですべてではありません。まず、すでに見た通り、マイクロ融資を受けている人は何百万人もいますが、借りられるのに敢えて借りない人はそれよりずっと多いのです。ベン・セダンさんもその一人です。ウシの飼育事業をしていて、マイクロファイナンスの融資を受ければそれを成長させられたのに、やめておくことにしました。いくつかのマイクロファイナンス機関が競合しているハイデラバードですら、融資を受ける資格のある世帯のうち実際にマイクロファイナンス融資を受ける世帯はたった27パーセントで、小事業を営む世帯のうちマイクロファイナンス融資を受けたのはたった21パーセントです。

さらに融資を受けられなくても貯金はできます。グルバルガの商店主を考えてみましょう。彼らは１

日1人2ドルほどで暮らしていました。近くのハイデラバードでのわたしたちのデータによると、この水準の消費を行なう人は、月額支出の10パーセントほどをヘルスケアに使っていますが、1日99セント以下で暮らす人は6・3パーセントしかヘルスケアにかけません。10パーセントから6・3パーセントを引いた3・7パーセントをヘルスケアに使わず、自分の在庫増加に使えば、1年で在庫が倍増します。あるいは、一家が完全に禁酒禁煙をして、1人当たり1日の支出額を3パーセント節約したとしましょう。15カ月で在庫は倍増します。なぜそうしないのでしょうか？

スリランカの実験は、事業拡大の障害が資金調達だけではないという事実を、驚く形で実証してくれています。250ドルをもらった起業家たちは大儲けをしたことを思い出してください——1ドル当たりの儲けで見れば、アメリカでいちばん成功した企業よりも多いくらいです。でもここに落とし穴があります。500ドルの補助金をもらったマイクロ起業家たちは、250ドルの補助金をもらった起業家に比べ、儲けの絶対額は増えていないのです。理由の一部は、500ドルの補助金をもらった人々は全額を自分の事業に投資しなかったことです。半分ほどを投資して、残りは自宅用に何か買いました。どうなっているのでしょう？　限界収益がこれほど高いのに、事業主たちには本当にそのお金のもっと優れた使い道がなかったのでしょうか？

注目すべき点は、スリランカのマイクロ起業家たちは最初の250ドルは確かに投資したということです。追加の250ドルを投資しないことにしたのは、自分の事業がそれを吸収しきれないと思ったからかもしれません。全額を事業に投資したら、平均的な事業の資本ストックを3倍にするということになり、そんな一歩を踏み出せば新規従業員を雇ったりもっと倉庫を確保したりする必要が出てきて、ず

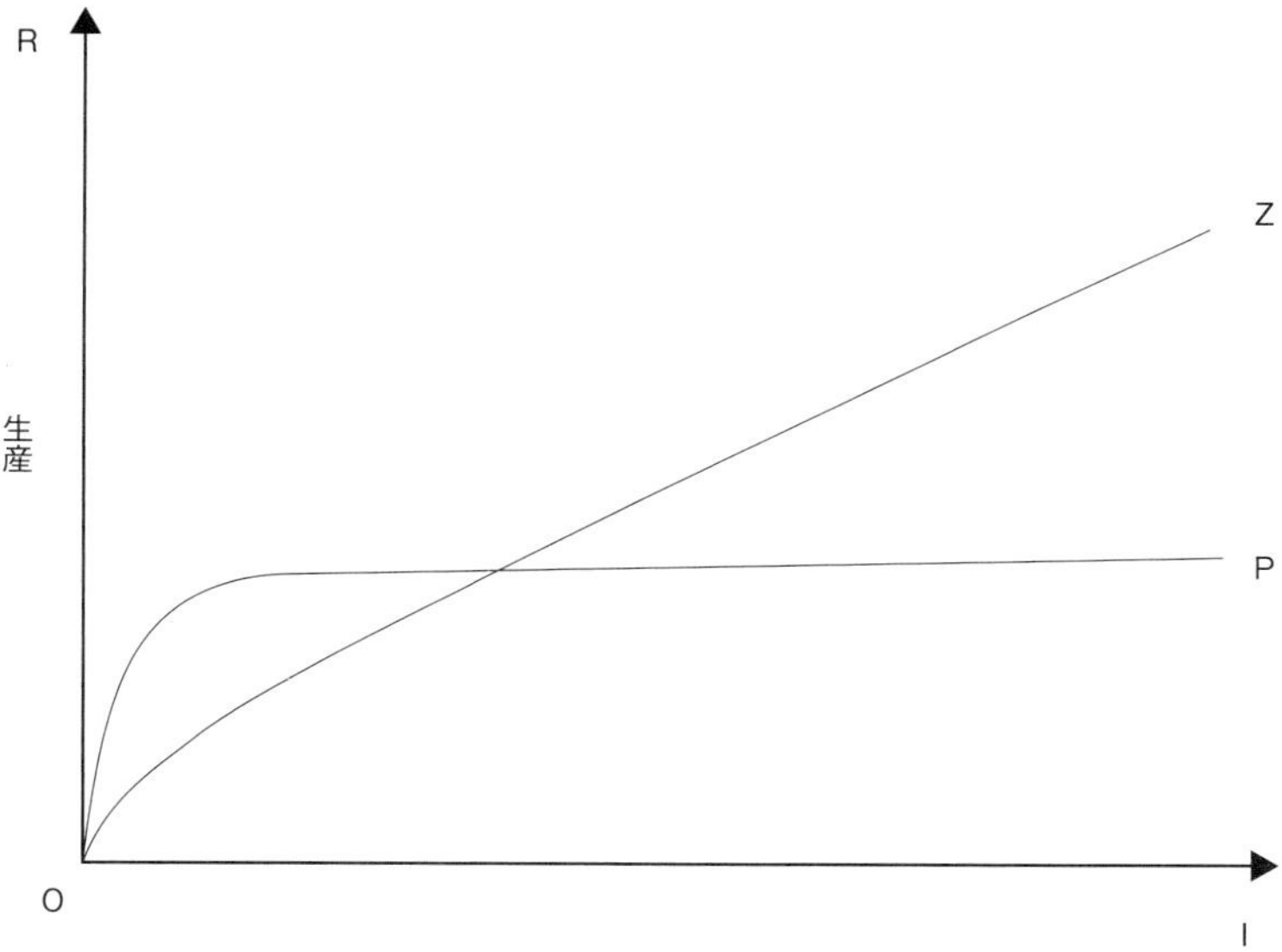

図6　技術が二つ

っとお金がかかることになる可能性があります。

だから貧乏人の事業が成長しない理由の一つは、どうも彼らの営む事業の性質にさかのぼるようです。図5の逆L字曲線を思い出してください。限界収益が高くても、総収益は低いことを示す図でした。図6は図5の曲線の二つのバージョンを示しています。その一つOPは、最初はものすごく急激に立ち上がりますが、すぐに横ばいになってしまいます。もう一つのOZは、立ち上がりはもっと緩やかですが、ずっと後まで上昇が続きます。

もし実際の世界で、貧乏事業の利益がOP曲線のような感じなら、極小企業が成長するのは簡単ですが、でも成長ポテンシャルはすぐに消えてしまいます。これは店主の例と似ています。自宅で店用の部屋を確保して1日数時間働くことにすれば、（多くの店のように）何も売り物がないよりは、棚を満たして忙しくするだけの商品があったほうが、利益はぐっと上昇するでしょう。でも棚が一杯になってしまえば、それ以上の拡張しても、そのための高金利融資を返済できるほどの限界収益はないでしょう。だからあらゆる事業は小さいままです。一方でその形がもっとOZのようなら、事業の成長余地はずっと大きくなります。わたしたちが証拠を見る限り、ほとんどの貧乏な人にとっての世界はOPのようなもののようです。

もちろん、すべてがOPのようであるわけがないのは知っています――そうでなければ、どこにも大企業などあり得ないでしょう。商店主や仕立屋、サリー売りの事業はOPのようでも、他の事業はもっと生産的な資本を使えるのかもしれません。適切な設備が買えれば、大小売りチェーンや繊維工場を運営するのは明らかに可能ですが、そのためには何らかの特殊技能か、ずっと大きな初期投資が要るのかもしれません。マイクロソフト社をどこかのガレージで創業し、どんどん成長させることはできても、そのためには何か新製品のカリカリの最先端にいる人物でなくてはいけません。ほとんどの人にとって、そんな選択肢は実質的にありません。それに代わるやり方は、大規模に事業を営めるような生産技術を買えるだけの投資をすることです。ミシン一台から始めて衣料帝国を築いた中国女性、徐愛華を思い出しましょう。事業が飛躍したのは輸出注文がきたときでした。それがなければ、地元市場の限界にすぐぶち当たったはずです。でも輸出注文先として検討してもらうには、自動ミシンのある現代的な工場が必要でした。そのためには会社への初期資本の100倍もの投資が必要でした。

図7はこの二つの生産技術についての考え方を示したものです。左にはOPがありますが、ずっと右

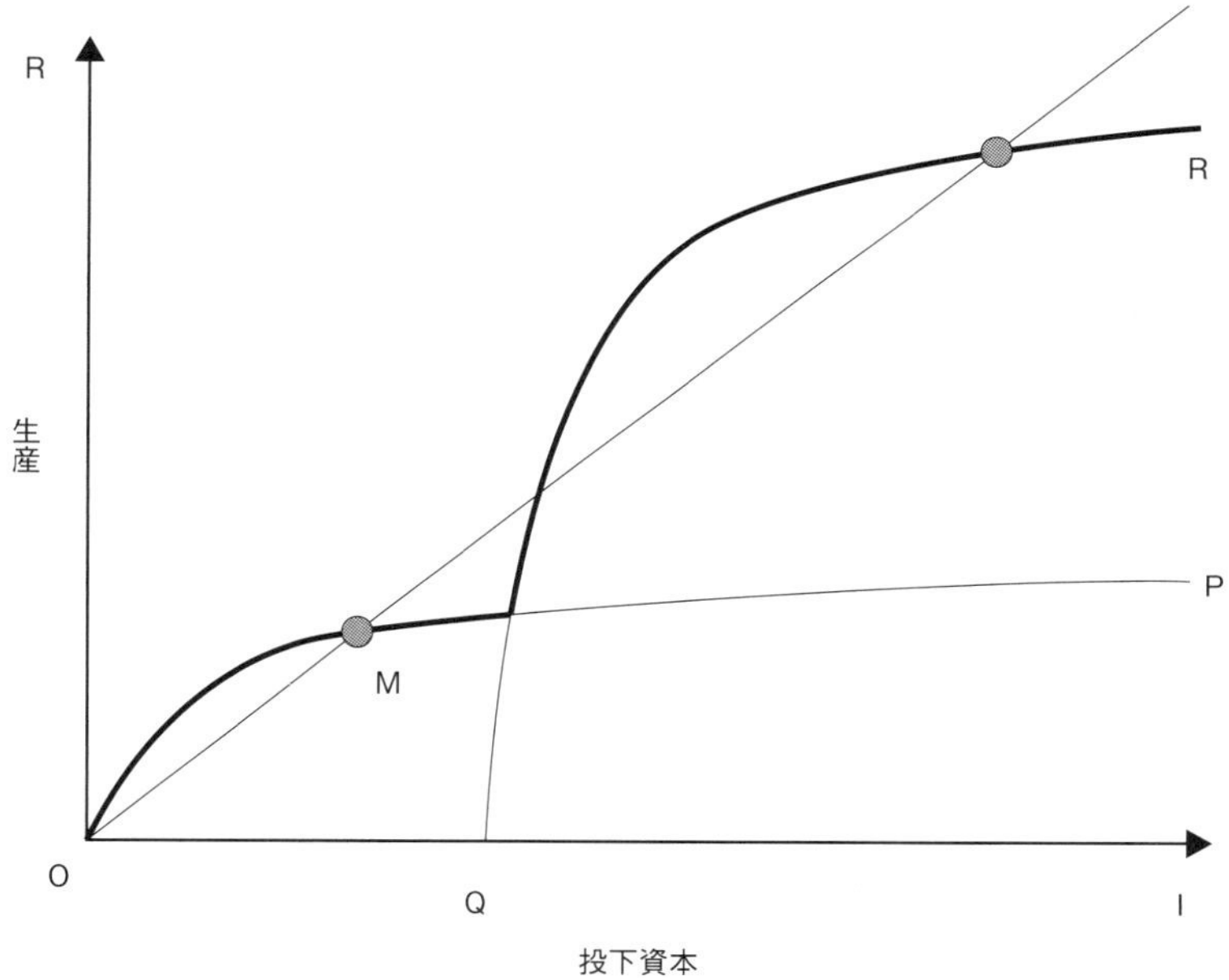

図７　起業のＳ字形と技術の組み合わせ

側には新しい生産技術ＱＲがあります。ＱＲは最低限の投資をしない限り一銭の収益も生み出しませんが、その後は高い収益を生みます。また、ＯＰとＱＲの一部を太線にして、連続した一本の線にしてあるのに注目してください——これは一定額を投資したときの実際の収益を示します。ほんのちょっと投資したら、ＯＰに投資したことになります。ＱＲに投資する理由はありません。ＱＲは当初はまったく収益を生まないからです。投資が増えるとＯＰは割があわなくなり、限界収益はかなり低くなります。でもいったん十分にお金が集まれば、ＱＲに切り替えられます。これは徐愛華の経歴を示しています。まずは中古ミシンでＯＰをはじめ、どこかでＱＲに乗り換えて自動ミシンを入れたわけです。

　ORの形はどうでしょう？　なんだかS字っぽく見えますよね？　真ん中にでかいこぶがあり、本気で稼ぐ気ならこの点を超えなくてはなりません。ORはおなじみのS字ジレンマをもたらします。少額投資でわずかな稼ぎ、そしてそれ以上投資できないくらい貧乏なままになるか、あるいはこぶを越えるくらい投資して、お金持ちになってもっと投資してさらにお金を稼ぐか。要するに、ほとんどの人にとっては、そのこぶを越えるという選択肢は実質的にないのです。少額融資は受けられても、どの貸し手もこうした小事業者に十分な金額は融資できません（マイクロファイナンス機関はこれまで見た通り、安全な融資が好きなのです）。さらに、そのこぶに到達するには、マネジメント能力など、持ち合わせていない各種の能力も必要でしょうし、それを買うお金もありません。ですから、小規模にとどまるしかないのです。ときには、この最初の横ばい状態は実にすぐにやってきてしまうので、一人の人が一つの事業をじっくり育てようとするよりも、三つのちがう事業を掛け持ちすることになります。例えば朝にドーサを売り、昼間はサリーを売り、晩にはビーズでネックレスを作る、という具合に。

　でも、それなら徐愛華はなぜ成功できたのでしょう？　ご記憶の通り、彼女は利潤を再投資することで、機械のストックを年率70パーセントで増やしていきました。したがって利潤は、労働者の賃金を支払ったあとで少なくとも機械の価値の70パーセント以上だったはずですし、総収益はもっと高かったはずです。これは異様な儲けです――すでに述べた通り、ハイデラバード調査での平均的な小事業は、最低賃金ですら支払ったら赤字になってしまいます。たぶん理由の一部は徐愛華が傑出した才能の持ち主だったこと、そして中国の市場開放初期には競争が少なく需要が高かったので、ちょうどいいタイミングでちょうどいい場所にいた、ということなのではないかとわたしたちはにらんでいます。

起業はむずかしすぎる

わたしたちの見立てが正しいなら、貧乏な人が事業を成長させないのは、ほとんどの人にとってそれがむずかしすぎるからです。山を越えるだけの借金もできず、その事業がきわめて高い総収益を持たない限り、貯金でそこに到達するのは時間がかかりすぎます。例えば、１００ドルで事業を始めて、新しい機械の購入にその１００倍（1万ドル）必要だったとしましょう。投資収益率はきわめて魅力的な25パーセントで、そのすべてを再投資するとします。1年後には１２５ドル投資できます。２年だと１５６ドル。３年後には１９５ドル。山を越えて新しい機械を買うには、21年かかります。そのあいだの生活費もあるから利潤のうち半分しか貯金しなければ、40年でぎりぎりやっとです。しかもこれは、事業運営からくるリスクによるストレス、つらい長時間労働のストレスなどは考慮しません。

さらにマイクロ起業家は、自分がどうやらS字曲線の下の部分にはまっていて、決して大して儲けられないようだと気がついたら、その事業に本気を出すのもむずかしいでしょう。図7でMより下にいる起業家を考えましょう。グルバルガの商店主がその一例かもしれません。少し貯金して、もうちょっと売れ筋の在庫を買えば利潤を増やせるかもしれません。でもそれをやったとしても、Mより大して進めないでしょう。だったらやるだけ無駄では？　それが人生の望みすべてだったにしても、生活は実質的にほぼ変わりません。どうせ事業は小規模で大して儲からないのであれば、関心やリソースは他のことに使おうと思っても無理はないでしょう。

貧乏な人が中産階級ほど貯金しないのは、貯金しても自分が本当に欲しい消費目標にはたどりつけないのを知っているからでしたが、それと同じように、事業にあまり投資しないのも（これはお金だけでなく、感情や知的エネルギーもそうです）、どうせ結果は大差ないのが見えているせいかもしれません。モロッコの農夫ベン・セダンさんと、ファド・アブデルモウムニの見通しとのあいだの溝は、これで説明がつきそうです。ファドは、ベン・セダンさんが牛舎でウシを育てる可能性を考えていないと指摘しましたが、その通りかもしれません。あるいは、本当はすでに考えてみたのだけれど、融資を受けて、ウシたった4頭のためにまっさらな牛舎を建て、いずれそれを売るという一連の面倒をやる価値はないと思ったのかもしれません――結局それをやったところで、一家は相変わらずかなり貧しいままでしょうし。だからある意味で、二人とも正しかったのです。ファドは、そのビジネスモデルがうまくいきそうだという意味で正しいし、ベン・セダンさんはそれをうまくいかせるだけの手間が引き合わないという意味で正しいのです。

多くのマイクロファイナンス機関は、最近では追加サービスとして顧客に事業研修プログラムを提案するようになりましたが、がっかりするような効果しかあげていません。これはほとんどのマイクロ起業家たちが、一銭一円たりとも無駄にしないことにあまり真剣に取り組まないという事実でも説明できるかもしれません。週ごとの集会で、顧客はもっとよい帳簿のつけかたや、在庫管理、金利の理解などについて説明を受けます。この種のプログラムがペルーとインドで評価を受けました。[7] どちらの国でも、研究結果によればビジネス知識では多少の改善が見られましたが、利潤、売り上げ、資産では何の変化もありませんでした。こうした研修プログラムは、人々の事業があまり上手に経営されていないという感覚から実施されているものですが、事業がそんな経営になっている理由が知識不足よりやる気不足なら、研修でもほとんど役に立たないのは当然です。ドミニカ共和国では、別の研修プログラムで通常の研修モジュールと並行して単純化したカリキュラムも教え、起業家はもっと単純な「コツ」（例えば事業経費と家計経費は分ける、自分にも固定給を払うなど）にだけ専念しろと教えました。(8) ここでも通常の研修は役に立ちませんでしたが、起業家たちに単純化したコツを教えると、確かに利潤は増えました。これはたぶん、みんなコツは喜んで実際に使うし、あまり知的リソースも要求されず、仕事を単純化してくれたからでしょう。

この証拠をあわせて考えると、そこらの小事業主が天性の「起業家」だという発想は深刻な疑念にさらされます。これは成長しそうな事業を持ち、そのために各種の苦労に直面してもリスクを取り、がんばって働き、挑戦をいとわない人、という一般的な理解での「起業家」のことです。もちろん、貧乏な人のあいだにまともな起業家がいないなどと言っているのではありません――そうした人にはたくさん会いました。でも多くの人が営む事業は小さいまま利潤も上がらないことが運命づけられているのです。

職を買う

すると当然わいてくる疑問があります。なぜ貧乏な人々はそもそも事業なんか営もうとするのでしょうか？　この疑問への答えは、インドネシアのバンドン市のスラム、チチャダスに住む若夫婦アワンさんが教えてくれました。二人は親の家の一室で経営する小さな店を持っていました。アワンさんは日雇い建設労働者として働いていましたが、仕事が見つからないときがとても多かったのです。２００８年夏に会ったときには、もう2カ月仕事がないとのことでした。幼子を2人抱えて、一家は追加収入が必要で、奥さんも職を探しました。できれば工場勤めをしたかったのですが、応募資格がありません。工場は若いか独身か経験者を欲しがります。彼女は高校を卒業してから秘書になる勉強をしましたが、就職に必要な試験に合格できず、やがてこのキャリアをあきらめてしまったのです。ですから自分で小事業を始めるのが唯一の選択肢でした。最初の事業はスナックを作って町で売ることでしたが、子供の世話もあるし、家でできる仕事がいいと思いました。そこでアワンさんは所属協同組合から融資を受けて店を始めたのです。すでに近所50メートル以内に、店は2軒もあったのですが。

アワンさん夫妻はこの事業運営が好きではありません。協同組合から追加融資を受けて、店舗拡張もできたのですが、でもやりたくないので見送ることにしたのです。でもそこで夫婦にとって不幸なことに、近所に4軒目の店が開店し、もっと多様な品揃えでアワンさん夫妻の収入を脅かし始めました。出会ったときには新規の融資を受けて在庫を増やそうとしているときでした。夫婦が子供に期待していたのは、二人ともできれば公務員として定給のある職につくことでした。

貧乏人の事業はしばしば、特定の起業衝動の反映というよりは、もっと通常の雇用機会がないときに、仕事を買うための手段でしかないように見えます。事業の多くの運営理由は、一家のだれかが暇で（あるいは暇と思われていて）、少しでも稼いでくれれば助かるから、というものです。その人物は通常は女性で、家事とかけもちが普通です。実は事業開始の機会がやってきたとき、妻にそれほど選択の余地があるかもわかりません。西洋ですら、「働いていない」妻がやってくれる各種家事作業について、夫たちが口先だけでも感謝してみせるようになったのはごく最近ことです。発展途上国の夫たちが、妻たちについて、実際よりもずっと暇をもてあましていると思っていないほうが驚きでしょう。したがって多くの事業主、特に女性事業主は、特に事業運営をおもしろがっておらず、それを拡張するなんて考えただけでゾッとすると思っていることは十分に考えられます。だからこそ、スリランカの女性事業主たちが事業投資用に一律２５０ドルを提示されたとき、男性事業主はそれを使って高い収益を上げたのに、女性の多くはそのお金を別のことに使ってしまったのかもしれません。(9) 貧乏人による多くの事業は、その起業家精神を証明するものではなく、むしろ彼らの暮らす経済がもっとましなものを提供してくれないというひどい失敗の症状なのかもしれないのです。

よい仕事

世界中の貧乏な人に対するアンケートで、わたしたちは「お子さんたちの将来にどのような希望を持っていますか?」という質問を含めるようにしました。結果は驚くべきものです。どこでこの質問をしても、貧乏人のいちばんありがちな夢というのは、子供に公務員になって欲しいというものなのです。例えばウダイプールの極貧世帯では、親の34パーセントは息子が公立学校の教師になって欲しいと思っているし、41パーセントは教師以外の公務員になって欲しいと思っています。さらに18パーセント強は民間企業のサラリーマンになって欲しいと言います。女の子だと、31パーセントが教師、31パーセントが公務員、19パーセントは看護婦です。貧乏な人は起業家になるというのを夢だとは思っていないのです。

特に公務員の重視は、安定性への欲求を示唆しています。こうした仕事はあまりやりがいはない場合ですら、きわめて安定していることが多いからです。そして実は雇用の安定性こそが、中流階級と貧乏な人々との大きなちがいのようです。18カ国データセットを見ると、中流階級の人々は日給ではなく週給や月給制の仕事についていることがずっと多いのです。これは粗雑ながらも、臨時職と常勤とを区別する目安になります。例えばパキスタンの都市部では、1日99セント以下で暮らす被雇用者のうち74パーセントは週給または月給制で働きますが、1日6ドルから10ドル稼ぐ人は9割が週給や月給制です。地方部だと、極貧層の被雇用者の44パーセントは定給制ですし、中流階級だとそれが64パーセントです。

安定した仕事があると、人々は一変します。ウダイプール地区の地方部では、ほとんどの世帯が1日2ドル以下で暮らしています。でも一度、地域の他の村落とは表面的にほとんどちがわないのに、実際にはまったくちがう村を訪れました。相対的な豊かさの徴は明らかでした。トタン屋根、中庭にはバイク2台、髪をきれいにとかしたティーンエージャーが、糊の効いた制服を着ています。実はその村のちかくに亜鉛工場が建ち、村でわたしたちの会ったどの世帯も、だれか最低一人はその工場で働いていたのです。その家族の一つでは、いまの大黒柱の父親（50代後半）がどういうわけか工場の厨房で仕事にありつき、それを足がかりに工場フロアの仕事に入りこみました。彼の息子は村で高校を初めて卒業した8人の一人でした。そして彼も、亜鉛工場で働き、職長になってから退職しました。そのまた息子2人も高校を卒業しました。片方は同じ亜鉛工場で働いています。もう一人は隣州グジャラートの首都アーメダバードで働いています。娘も2人いて、結婚前に高校を卒業しました。この一家にとって、亜鉛工場がその場所に立地したというのは幸運の発端で、それが人的資本投資の好循環を生み出し、雇用のはしごをだんだん上れるようになったのでした。

アンドリュー・フォスターとマーク・ローゼンツワイクによる研究を見ると、インドの村落で工場雇用がもたらす賃金上昇効果は、いまの挿話を越えるものです。[10] １９６０年から１９９９年にかけて、インドは農業生産性の急上昇を実現しましたが、村落の中または付近における工場に雇われた人々の数も急増しました。これは地方部優遇の投資政策のおかげもあります。地方部の工場従業員は、１９８０年代初期から１９９９年にかけて10倍にも増えました。１９９９年に、フォスターとローゼンツワイクの調査した村の半分は、当初はすべて地方村落で、工場が近くにやってきました。それらの村では男性労働力の1割が工場雇用でした。工場は通常、当初は低賃金の村に立地していましたが、それらの村の賃金上昇においては、工場雇用の増加のほうが、名高い緑の革命による農業生産性向上よりはるかに寄与が高いのでした。さらに、貧乏な人は工業の成長のおかげで人口比以上に利益を得ました。高給の雇用が低技能者でも得られるようになったからです。

いったんそうした職が実現したら、それを得た人々の生活はすさまじく変わります。中流階級は貧乏な人に比べて健康や教育にずっと大金を使います。もちろん原理原則で言えば、辛抱強く生産的な人々で子供の将来にも投資したがるような人々が、よい仕事を確保できるのだということなのかもしれません。でもそれだけでは説明がつかないように思いますし、この支出パターンは裕福な世帯の両親のほうが安定した職についているという事実に関連しているはずです。安定した職はそれ自体が、人々の人生の見通しを決定的に変えるのです。メキシコのマキラドーラ（輸出向け工場）で働く母親を持つ子供の身長を調査すると、よい仕事の威力が劇的な形でわかります。[11] マキラドーラは通常、収奪的で低賃金だと思われています。でも高卒ですらない女性たちの多くにとっては、小売りや飲食業、運送業などそれ以外の選択肢に比べ、マキラドーラはよい仕事の見通しを提供してくれるのです――時給はさほどマシというわけではありませんが、長時間働けるし、もっと規則性があります。イェール大学のデヴィッド・アトキンは、16歳のときにマキラドーラが操業開始した町にいた女性の子と、そういう機会のなかった母親の子の身長を比べました。マキラドーラのある町の母親の子は、それ以外の町で生まれた同等の女性の子よりずっと身長が高かったのです。その影響はあまりに大きく、貧乏なメキシコの子供と、たっぷり食べているアメリカの子の「標準」とのギャップをすべて埋められるほどです。

さらにアトキンは、マキラドーラでの仕事が世帯収入水準に与える影響は、その身長差を説明できるにはほど遠いものでしかないことを示します。所得そのものだけでなく、毎月所得があるという認識から人々が得る、未来に対する支配の力を得た感覚こそが、こうした女性に自分と子供のキャリア構築に専念する余裕を与えてくれたのかもしれません。未来があるのだという発想こそが、貧乏な人と中流階級との差なのかもしれません。アトキンの調査の題名「未来のために働く」というのは、これをうまくまとめています。

第6章では、世帯行動に対するリスクの影響をいくつか例示しました。貧乏な世帯は、高い所得水準を犠牲にしてまで、リスクを抑える予防措置をとるという例でした。ここでは、別の結果が見られ、その影響はもっと根深いかもしれません。人が長期的な見方をできるようになるためには、安定性の感覚が必要なのかもしれないのです。将来の生活の質が大して改善しないと思っている人は、挑戦をやめてしまうので現状から抜け出せないのだ、ということは考えられます。多くの親は、教育による利得がS

字形になっていると（おそらくまちがって）考えていたのをご記憶でしょう。つまり、投資を続けられると思わないかぎり、教育投資を開始するのは、彼らから見れば無意味だと言うことです。将来子供の学費を払えるかどうか不安なら——それは例えば自分の事業がつぶれかねないと思っているからかもしれません——そもそも学校にやろうとするだけの価値もないと思ってしまうかもしれないのです。

安定した予測可能な所得は、将来の支出にコミットできるようにしてくれるし、いま借りるのも容易で安上がりにしてくれます。だから世帯の一人が安定した職につけば、支払いに問題がないことはわかっているので、学校もその一家の子供をもっと受け入れやすくなり、病院ももっと高い治療を実施してくれます。そして一家の他の人々も、自分の事業成長に必要な投資ができるようになるかもしれません。だからこそ「よい仕事」は重要なのです。よい仕事とは安定した高給の仕事です。そうした仕事は中流階級がうまくこなせる各種のことを実行するのに必要な、心の余裕を与えてくれます。この発想に、経済学者たちはしばしば抵抗してきました。その根拠はしごくもっともなもので、よい仕事は高価な仕事なのだし、高価な仕事は数が少ないはずだ、というものです。でもよい仕事のおかげで子供たちが才能を最大限に発揮できる環境で育つのであれば、仕事の絶対数を多少犠牲にしても、よい仕事を多目につくる価値はあるかもしれません。

ほとんどのよい仕事は都市にあるので、都市に引っ越すことが一家の方向を変える第一歩になりがちです。２００９年夏、インドの都市ハイデラバードのスラムで、50代の女性と話をしました。彼女は学校に通ったことがなく、16歳で生んだ娘は通い始めたものの、３年生のときに退学し、すぐに結婚してしまったそうです。でも次男はMCA目指して勉強中なんですよ、と彼女はほとんどついでのように言い添えました。MCAというのは初耳だったので、何なのか尋ねてみました（職業資格かなんかだろう、とわたしたちは思っていました）。彼女も知りませんでしたが、そこへその息子さんがあらわれて、それがコンピュータアプリケーション修士のことだ、と説明してくれました。すでに計算機科学で大卒学位は得ていたのです。その兄も大学を卒業して民間企業の事務職につき、一番下の弟は、まだ高校生で大学へ志願中とのこと。ムスリム用の優遇奨学金が得られれば、オーストラリアに留学させたいと一家は思っていました。

弟たちの将来見通しは一変していました。この一家で、長女が退学して長男が高校を卒業するまでに何が起きたのでしょうか？　実は父親が陸軍を退職し、軍時代のコネを利用してハイデラバードの公的企業で警備員の職を得たのです。いまや頻繁な配置換えのない仕事についたので、父親は家族全体を都市に呼び寄せました（ただしすでに結婚していた娘は除く）。1948年まで半独立ムスリム王国だったこともあり、ハイデラバードにはムスリム子弟のための安価で比較的質の高い学校がたくさんあるのです。息子たちはこうした学校に通って成功したのでした。

なぜこの戦略を採用する人がもっと増えないのでしょうか？　なんといっても、都市にはハイデラバードのような歴史はないところでも、おおむねよい学校があるのですから。そして貧乏な人（特に貧乏な若者）は絶えず職探しで引っ越しています。例えばウダイプールの地方部では、わたしたちがインタビューした世帯の60パーセントでは、過去1年で少なくとも一人はどこかの都市で働いていました。でもそのうち長期間移住する人はほとんどいません――出稼ぎのメジアン期間は1カ月で、3カ月以上の出稼ぎは1割だけです。そして出稼ぎはほとんどが単身赴任です。通常のパターンは、数週間出稼ぎ、数週間は故郷というものです。同じ国内ですら永続的な引っ越しは比較的まれです。18カ国のデータセットでは、世帯のうちだれかが別の場所で生まれて、就職のために別のところに移住したという極貧世帯の比率は、パキスタンでたった4パーセント、コートジボワールでは6パーセント、ニカラグアでは6パーセント、ペルーでは10パーセント弱です。短期出稼ぎの結果、こうした労働者は雇用者にとって、常勤にしようとか特別な訓練を受けさせようとか思うほど手放せない存在には決してなれません。だから生涯日雇い止まりです。したがって一家も決して都市に引っ越しませんし、常勤に伴う都市のよい学校や心の平安の恩恵も決して受けられないのです。

オリッサ州出身の出稼ぎ建設労働者が帰郷したのを捕まえて、なぜ都市にもっと長居しないのか尋ねてみました。すると、家族を連れて行けないから、とのことです。住宅市場があまりに高すぎる、と。一方で、あまり家族から長いこと離れるのもいやでした。発展途上国の都市のほとんどには、極貧層のための計画住宅などないも同然です。結果として、貧乏な人はあの手この手で都市から奪い取れる土地すべてに、何とかもぐりこむしかありません。それは沼地だったりゴミ処分場だったりすることさえあります。これに比べれば、村では最貧層の住むところですら、緑があり、広々として、静かで、家も大きく、子供の遊び場もあります。暮らしは退屈かもしれませんが、村育ちなら友達もいます。さらに男一人が数週間あるいは数カ月でも都市に出かけるなら、本物の家を見つける必要はありません。橋の下やどこかの日よけの下で寝てもいいし、働く先の店や建設現場で寝ることもできます。家賃分のお金を節約して、帰郷回数を増やせばいいのです。でも、そんな暮らしを家族にさせる気はありません。

またリスクもあります。都市に家をかまえる費用を支払って一家で引っ越したのに、失業してしまったらどうでしょう。そもそもまともな職について貯金していなければ、一家を呼び寄せることさえできますまい？　だれかが重病になったらどうしましょう？　確かに都市のほうがヘルスケアは優秀ですが、病院についていてきてくれたり、必要な現金を用意してくれたりする人はいるでしょうか？　一家が村に残っていれば、都市で病気になって入院したとしても、村のつながりをあてにできます。でもそのルーツを引き抜いて都市に移住してしまった場合には？

だからこそ、都市に知り合いがいると引っ越しがずっと簡単になるのです。最初に来たときには一家を泊めてくれるし、急病人が出ても助けてくれるし、職探しも手伝ってくれます――紹介状を書いてくれたり、自分で雇ってくれたりもします。例えばカイヴァン・ムンシは、メキシコの村人たちが都市に移住するのは、村のだれかがすでにそこに移住していた場合だということを発見しました（その最初の移住の理由がまったくの偶然であった場合でも）[12]。また当然ながら、すでに定職があったり他に安定収入源があったりすれば引っ越しは容易です。ハイデラバードのムスリム一家にはこの両方がありました――軍の年金と仕事――そしてその仕事は、適切なコネのおかげです。南アフリカでは、高齢の両親が年金をもらうようになると、子供のなかでもっとも稼げる者が家を離れて都市に引っ越します[13]。年金が安心感を与え、そして引っ越しの費用も支払えるようにしてくれるのでしょう。

だったら、どうすればもっと「よい仕事」を作れるのでしょうか？　都市に移住しやすくなれば有益なのは明白なので、都市の土地利用と低所得向け住宅をめぐる政策は明らかに重要です。それほど明らかではありませんが、公共的な支援と市場による保険とで構成される有効な社会的セーフティー・ネットは、社会的ネットワークへの依存度を減らせるので、移住を容易にします。

でも、だれもが都市に移住できるわけではないので、最大級の都市にだけでなく、全国の小さい町でもよい仕事をもっと作り出すことが重要です。これが実現するには、そうした町の都市インフラと産業インフラを大幅に改善することが必要です。規制環境もまた仕事づくりには重要です。労働法は職の安定性を確保するのに一定の役割を果たしますが、それが厳しすぎてだれも人を雇いたがらなければ、非生産的です。生産技術のS字的な性格を考えると、融資はさらに大きな問題として残るかもしれません。大量の仕事を作り出す事業（起業家一人だけの自営業ではなく）の創業には、発展途上世界の通常の事業主に手が届く金額以上の資金を必要としますし、第7章で融資について述べたように、金融セクターがこうした人々にもっと融資するように仕向けるにはどうすればいいか、実ははっきりしないのです。

したがってここから導かれるのは、（経済学者たちにはあまり人気ある発想ではありませんが）例えば中規模ベンチャーに対する融資保証などで、なるべく多くの大企業を作り出すために政府リソースを使うことが正当化されるかもしれない、ということです。中国ではそれに類することが起きました。国有企業、少なくともその設備や土地建物の一部が静かにその従業員たちに移転されたのです。これはまた、もっと明示的に、韓国の産業政策でも使われました。これは好循環を作り出すかもしれません。安定した高賃金で労働者は金融リソースと心の余裕と楽観性を手に入れ、子供たちに投資して貯蓄を殖やすようになるでしょう。そうした貯蓄と、安定した職がもたらす手軽な融資へのアクセスのおかげで、そのなかの才能ある者たちはやがて大企業を創業し、それがこんどは他の人々を雇うわけです。

で、結局のところ、マイクロファイナンス機関や社会意識の高いビジネスリーダーたちが信じているとおぼしき、10億人ものはだしの起業家は実在するのでしょうか？　それともそれは単なる幻想で、何をもって「起業家」と呼ぶかという混乱から生じただけのものなのでしょうか？　自分の農地や事業を運営する人は10億人以上いますが、ほとんどの人は、単に他に選択肢がないからそうしているだけです。ほとんどの人は、喰っていくくらいには上手にこなしますが、その事業を本当に成功した企業に変えるだけの才能も技能もリスク意欲もありません。わずかな訓練と莫大な才能だけで服飾帝国を創始した徐愛華一人につき、何百万人ものベン・セダンさんがいて、彼らは貧困から脱出する道は、ウシ数頭の牛舎を増やすだけではだめで、息子が軍隊で安定した職につくことが大事だと知っているのです。マイクロ融資など、ちっちゃな事業を助ける手法は、それでも貧困者の生活において重要な役割を果たせます。というのも、そうしたちっちゃな事業は、おそらくこの先当分のあいだは貧乏な人たちが生き延びるための唯一の方法であり続けるからです。でも、それが貧困からの大量脱出の道になると思うのは、自己欺瞞でしかありません。

第10章　政策と政治

最高の意図と配慮をもって構築された政策も、きちんと実施されなければ効果は持たないでしょう。残念ながら、意図と実施とのギャップはかなり大きなものだったりします。政府の数多い欠陥は、よい政策が実際にはうまく機能しない理由として挙げられます。外国援助などで部外者が社会政策を左右しようと試みても、貧困国の状況を改善するどころかひどくしかねない理由として、開発援助の懐疑派たちは昔から政府の無能ぶりを挙げてきました(1)。

ウガンダ政府は学校に対し、生徒1人当たりいくらという形で補助金を出し、建物の維持管理、教科書購入、生徒が必要な他の追加プログラム予算にあてるよう手配しています（教師の給料は予算から直接支払われます）。1996年にリトヴァ・レイニッカとヤコブ・スヴェンソンは、単純な疑問に答えようと調査に乗り出しました。中央政府が学校に割り当てたこの資金のうち、実際に学校の手に渡るのはいくらなのでしょうか(2)？　別に手のこんだ調査ではありません。それぞれの学校に調査チームを派遣して、いくら受け取ったか尋ねたのです。そして数字を送金額のコンピュータ記録と照らし合わせてみました。

結果はまさに驚愕でした。資金のうち学校に届いたのはたった13パーセント。半数以上の学校は一銭も受け取っていません。調べてみると、多くのお金はどうも地区の役人の懐に納まったようでした。

こんな結果（これは他の数カ国の調査でも追認されています）を見たら、どうしても落胆してしまいます。わたしたちはよく、なぜそんなことをやっているのかと尋ねられます。「どうでもいい話では？」というわけです。そういうのはぜんぶ「些末な」問題ではないのか、と。例えばウィリアム・イースタリーはブログで以下のようにランダム化対照試行（RCT）を批判しています。「RCTは開発における大きな問題では実施不可能だ。例えばよい制度が経済全体に与える影響やよいマクロ経済政策の効果などだ」。そしてこう結論づけます。「RCTを採用したことで、開発研究者たちの志が下がってしまった[3]」

この発言は、今日の開発経済学ではかなり有力な制度学派の見方をよくあらわしています。この見方によれば、真の問題はよい政策が何かを突き止めることではないのです。それは政治的なプロセスをきちんとすることです。もし政治がちゃんとしていれば、正しい政策がいずれ生じます。逆によい政治がなければ、まともに計測できる形でよい政策を設計したり実施したりするのは不可能です。学校に1ドルかける最高の方法を突き止めても、どのみちそのうち87セントが学校に届かないなら意味はありません。そこからの結論（と思われているもの）として、「大きな問題」には「大きな答え」が必要だ——社会革命、例えば有効な民主主義への移行が必要なのだ、ということになります。

反対の極論として、ジェフリー・サックスは（まあ当然かもしれませんが）汚職を貧困の罠だと考えます。貧困が汚職を生み出し、汚職が貧困を生み出すというのです。彼の提案は、発展途上国の人々をいまほど貧乏でなくすることにより、貧困の罠を破ることです。援助は具体的な目標（例えばマラリア根絶、食糧生産、安全な飲料水、下水処理など）で簡単にモニタリングできるものに提供されるべきです。生活水準が上がれば、市民社会や政府が強化されて、法治が維持されやすくなる、とサックスは論じます。(4)

これには、そうしたプログラムを貧困な汚職国で大規模にうまく実施できるということが前提になります。トランスペアレンシー・インターナショナルの2010年調査によれば、ウガンダは汚職度で178カ国中127位でした（ナイジェリアよりましで、シリアやニカラグアと同列、エリトリアよりはダメ）。ウガンダは、汚職というもっと大きな問題を解決しないと、教育でまったく進歩が期待できないのでしょうか？

でも、レイニッカとスヴェンソンのお話には、おもしろいオチがあるのです。彼らの調査結果がウガンダで発表されると、怒りの声がわき起こり、結果として財務省は主要な全国紙（とその地元言語版）に、毎月それぞれの地区に向けて学校用にいくら送金したかを発表するようになったのです。2001年にレイニッカとスヴェンソンが学校調査を繰り返してみると、学校は自由に使える資金のうち平均で80パーセントを受け取るようになっていました。本来もらえるはずの金額以下しか受け取らなかった学校の校長のうち半数は正式な苦情を提出し、やがてそのほとんどは予定通りの金額を受け取りました。彼らが何か報復を受けたという報告はありませんし、そのニュースを流した新聞も特に嫌がらせは受けませんでした。どうも地区の役人は、だれも見ていなければ喜んで横領しましたが、それがむずかしくなったらやめたようです。政府資金の包括的な横領が可能だったのは、どうもだれもそれを気にしていなかったからというのが主な原因だったようです。

ウガンダの校長たちは、わくわくするような可能性を示唆しています。もし地方の校長先生が汚職と戦えるなら、よい政策を実施するのに、政府の転覆だの社会の根本的な変革だのを待つ必要はないのかもしれません。慎重に考えて厳密に評価すれば、汚職と非効率を抑えるようなシステム設計の役に立ちます。わたしたちの「志が下がった」わけではありません。小刻みの進歩とこうした小さな変化を積み重ねれば、時には静かな革命だって起こるのだ、とわたしたちは信じているのです。

政治経済

汚職あるいは単なる職務怠慢は、すさまじい非効率を作り出します。もし先生や看護師が職場にこなければ、どんな教育や保健政策もまともに実施はできません。もしトラック運転手がちょっと賄賂を渡すだけですさまじい過積載トラックを運転できるなら、何十億かけて道路を作ってもそうしたトラックにつぶされてしまい、無駄になってしまいます。

ＭＩＴの同僚ダーロン・アセモグルとその昔からの共著者であるハーバード大学のジェイムズ・ロビンソンは、政治的な制度を何とかしないと国が本当に発展するのは無理だが、制度はなかなか直せないという、今日の経済学で優勢ないささか悲観的な見方について、もっとも思慮に満ちた検討を行なっている二人です。アセモグルとロビンソンは、制度を以下のように定義します。「経済制度は経済インセンティブを形成する。それは教育を受けようとするインセンティブ、貯蓄して投資しようとするインセンティブ、イノベーションを行ない新技術を採用しようとするインセンティブなどである。政治制度は市民が政治家をどこまでコントロールできるかを決める(5)」

政治科学者も経済学者も、制度というとかなり高い次元で考えるのが通例です。そこで念頭にあるのは、お望みなら、大文字の制度〔以下、太字で代用します〕とも言うべきものです。経済**制度**で言うなら財産権や税制、政治**制度**と言えば民主主義か独裁か、権力集中か分権制か、普通選挙制か限定選挙制か、等々。アセモグルとロビンソンの著書『なぜ国は失敗するのか[6]』での議論は、政治経済学の学者に広く共有された見方[7]を反映したものですが、こうした（大きな）制度こそが社会の成功や失敗を主に動かすのだ、というものです。よい経済制度は市民の投資、蓄積、新技術開発を奨励し、その結果として社会は繁栄します。ダメな経済制度は反対の効果を持ちます。問題の一つは、経済制度を構築する力を持つ支配者たちは、市民たちが活発に繁栄するのを許すことが必ずしも自分にとってよいとは考えないことにあります。支配者個人としては、だれが何をしていいかにたくさん制約をかけるような経済のほうが得かもしれないし、競合を弱いままにしておいたほうが実は自分の権勢も長続きしやすいかもしれません。だからこそ政治制度も重要です——指導者たちが、経済を私利私欲のために組織するのを防ぐためにあるのです。うまく機能する政治制度は指導者に十分な制約をかけて、公共の利益からあまり逸脱できないようにします。

残念ながら、ダメな制度はダメな制度を生みだし、悪循環を作り出す傾向にあります。これはときに「寡頭政治の鉄則」と呼ばれます。現在の政治制度の下で権力の座についた人々は、経済制度が自分を豊かにするよう腐心して、十分豊かになれば、自分を権力の座から追い落とそうとするあらゆる試みを阻止するのにその富を使うのです。

アセモグルとロビンソンに言わせると、ダメな政治制度の長い影こそが、発展途上国の多くが成長できない主因なのです。こうした国が植民地時代から引き継いだ制度は、その国の発展を意図したものではなく、植民地支配者たちが自分たちの利益になるよう、資源を最大限に収奪できる構造となっているのです。植民地支配から脱しても、新しい支配者たちは同じ収奪的な制度を維持して、自分の利益のためにそれを使うほうが便利だと気がつき、これにより負のスパイラルができあがります。例えばいまや古典となった論文で、アセモグルとロビンソン、サイモン・ジョンソンは、風土病のためにヨーロッパ人が大規模に入植できなかった旧植民地では、植民地時代に作られた制度がひどく（というのもそれらは遠くから収奪しやすいように選ばれたものなので）、そうしたダメな制度が植民地を脱してからも続いたことを示しています[8]。

アビジットとラクシュミ・アイヤーは、インドで政治制度の長い影の見事な実例を見つけました[9]。イギリス植民地支配のあいだ、地区ごとに土地税の収集方法はほとんど偶然の理由からちがったものになっていました（主に、どの制度が選ばれるかはその地区担当のイギリス官僚のイデオロギーや、占領時にイギリスで主流だった見方によって決まりました）。ザミンダーリー方式では、地主たちが土地税を集める責任を負いました。このため地主の力が強化され、封建的な関係も強まったのです。ライヤートワーリー方式では、農民たちは個々に自分の納税について責任を持ちました。この地域ではもっと協力的で水平的な社会関係が発達しました。驚いたことに、その後150年たって土地税の徴収などはるか昔に止まっているにもかかわらず、エリート支配下におかれた地域は村落支配の村よりも、いまだに社会関係がぴりぴりしていて、農業の収穫も低く、学校や病院も少ないのです。

アセモグルとロビンソンは、旧植民地国がダメな政治と経済制度の悪循環を脱出するのは不可能ではないと考えています。でもいろいろな力の向きが適切にそろい、かなりの幸運がないとダメだといいます。二人の強調する事例はイングランドの名誉革命とフランス革命です。どちらも200年以上前に起きた大動乱だったという事実を考えると、あまり勇気づけられる例とは言えません。アセモグルとロビンソンは、確かにこうした変化をもたらすのに役立つかもしれない提案をいくつか行なって著書を終えていますが、その提言もきわめて慎重なものです。

制度の優位性についてはアセモグルとロビンソンの基本的な立場を共有するものの、その本質的な悲観主義は共有しない有力な立場が他に二つあります。この二つのグループは、まったく正反対の方向に向かおうとします。一つの見方によれば、ダメな制度のおかげで行き詰まった国があれば世界の富裕国が、必要なら武力に頼ってでもよい制度が得られる手助けをすべきだ、ということになります。反対の見方としては、制度や政策をトップダウンで操作しようという試みはすべて失敗まちがいなしで、変化は内側から起こるしかない、というものです。

ダメな制度の悪循環を破る方法の一つは、外から変化を輸入することです。数十年前に経済成長に関する先駆的な研究で有名になったポール・ローマーは、一見するとすばらしい解決策を思いつきました。自分で国を運営できないなら、できる人にそれを外注すればいい[10]。とはいえ、国をまるごと運営するのはむずかしいかもしれません。そこで都市から始めたらどうか、と彼は提案します。扱いに困らないほど小規模で、でもちがいが出るくらいには大きい都市を選ぶのです。イギリス人が開発して大成功を収め、その後中国に返還された香港の例に触発されて、彼は「チャーター都市」というコンセプトを作りました。各国は無人の領土を外国に任せて、任されたほうは良い制度を持つ新しい都市を開発する責任を負います。白紙から始めるので、よい基本ルールを確立できます（ローマーの例は、交通混雑料金制や電力の限界費用料金制、さらにもちろん財産権の法的な保護も含みます）。だれもそこへの移住を強制されないし、やってくる人はみんな自発的にくるので――そもそも無人の土地から始めるのですから――新しいルールに文句を言う人はだれもいないはずです。

この方式でちょっと欠点といえば、運営のまずい国の指導者たちがこんな取り決めを喜んで結んでくれるだろうか、ということです。さらに、もし合意してくれても、買い手がつくかどうかはっきりしません。その無人の土地が成功した都市になったときにも、絶対にそこを占拠しようとしないのは、なかなかむずかしいのではないでしょうか。だから一部の開発専門家は話をもっと進めます。『最底辺の10億人』『民主主義がアフリカ経済を殺す』で、オックスフォード大教授にして元世銀エコノミストのポール・コリアーは、世界には60の「どうしようもない」国があって（チャド、コンゴ等々）、そこに10億人ほどが住んでいると言います[11]。こうした国は、ひどい経済制度と政治制度の悪循環にはまりこんでいるので、そこから彼らを引っ張り出すのは西側諸国の義務であり、そのためには必要なら軍事介入もあり得るとのこと。この種の介入の成功例としてコリアーが挙げるのは、イギリスがシエラレオネの貧相な民主化努力を支援した例です。

コリアーの提案に対するもっとも目立つ批判者の一人は、予想通りウィリアム・イースタリーです[12]。中心となる問題は、国のうまい運営方法を知るよりも国を占拠するほうが簡単だということである、と彼は正しくも指摘します。イラクに市場親和的な民主主義を根付かせようとしたアメリカの惨憺たる試みは、そうした事例のなかで最近の一つにすぎません[13]。でももっと一般的に言って、どこでも同じパターンではすまないのです。制度は地元の環境にあわせて調整が必要なので、それをトップダウンで変えようとする試みは、すべておそらくは逆噴射することになるでしょう。改革が可能だとしても、それは段階的でなければならず、既存の制度だって存在理由があるのだということは認識しなければならない、とイースタリーは述べます[14]。

こうした外部の専門家連中を信用していないので、イースタリーは外国による占拠ばかりでなく、外国援助一般についてもきわめて懐疑的です。理由の一部は、援助は政策に影響を与えようとする試みを伴うのが普通で、しばしばその代償として、その国の指導者が腐敗していても援助を与え続けることにより、政治を悪化させてしまうことが多いからです[15]。

でもイースタリーは悲観的ではありません。彼は各国がそれぞれ独自に成功の道を見つけられると思っています。でも、そのためにはそっとしておいてあげなくては、と言います。専門家を嫌いますし、「どこにでもあてはまる」解決策などないと主張しますが、そのイースタリーも一つ、専門家としての助言を持っています——自由です。自由というのは、なるべく多くの政治的自由となるべく多くの経済的自由の両方を指します。つまり「人間の発明のなかでもっとも過小評価されているもの」、すなわち自由市場です[16]。これは「70億人の専門家たち」が自分で自分の運命を担うようにさせるべきだという彼の発想の一部となっています[17]。自由市場は、潜在的起業家にベンチャー開始の機会を与え、成功すれば富をもたらします。根っからの需要ワラーたるイースタリーはまた、どうせ興味も持っていない人々に対して政府が教育やヘルスケアを押しつけるのをやめろと言います。むしろ、彼ら自身の集合的な行動を通じ、彼らが自分で学び健康になる方法を見つける自由を認めるべきだ、と。

もちろん、社会のなかの人々が、完全な自由市場による結果を理想的とは思わないケースはたくさんあります。まず、イースタリーが指摘したように、[18] 貧乏な人は市場に参加できないかもしれませんし、市場が彼らのもとに来る方法を見つけるまでは支援が必要かもしれません。第二に、市場や社会の機能にはある程度のルールが要ります。例えば、車の運転方法を知らない人でも、車を運転したがるかもしれません。でも社会としては、それはご遠慮いただきたいところ。それを許した場合に、他の人々に起こることを懸念するからです。運転免許の自由市場ではどう見てもこの問題は解決できません。問題は、国が弱かったり腐敗していたりすれば、自由市場は自然に、賄賂や汚職を通じて再登場するということです。デリーの運転免許証分配の調査では、運転方法を知っていても運転免許を持てるとは限りませんが、お金を積んではやく免許を取ろうとすれば、免許は確実に取れることがわかりました。[19] デリーは実質的に運転免許の自由市場を持っていますし、それはまさにわたしたちの望まないことです。課題は、自由市場による結果を避けることがまさに目標であるときに、どうやって国に仕事をさせるか、ということです。

だから、基本的な共有財を提供し、市場の機能に必要なルールや規範の強制のために、政府は必要なのです。イースタリーによれば、民主主義は政府にアカウンタビリティを持たせるためのボトムアップのフィードバックを提供するのに有益、とのことです。すると次の質問は、自由市場制度や民主主義はどうやって生まれてくるのか、ということになります。イースタリーは一貫しています。彼は自由は外から強制されるものではない、強制される自由はあり得ない、といいます。つまりこうした制度は自家製で、ボトムアップで発生するものでなければならないのです。唯一できるのは、個人の平等と権利の理想についてのキャンペーンを打つくらいです。[20]

でもアセモグルとロビンソンの歴史分析から得られる主な教訓は、ダメな制度はとてもしつこく、それを排除する自然のプロセスなどないかもしれない、ということです。外から丸ごと制度変革を押しつけようという戦略の危険と、放っておけばそのうち人々が自然に自分で問題を解決するという希望については、わたしたちも二人と同様に疑念を抱いています。わたしたちが二人とちがうのは、わたしたちが楽観的であり続けているということです。実際には、たくさん重要な制度変化が起きているのはたくさん見られます。それは周縁部で、外からの侵略も全面的な社会変革などなくても起きるのです。

実はこの論争丸ごと、何か制度というものの定義について基本的なものを見落としているような気がします。制度というのは、活動のルールを定義づけます。これは確かに、少なくとも経済学者と政治科学者たちによる分析の大半で焦点となっている**制度**を含みます。そうした**制度**はいまだに論争の中心となっています。民主主義、分権化、財産権、カースト制度等々。でもこの水準での**制度**はすべて、具体的な地元の制度を通じて現場で実現されているのです。例えば財産権は、数多くの法律の組み合わせで構成されています——だれが何を所有できるかを決める法律もあれば（例えばスイスでは、外国人がシャレーを持つことはできません）、所有権とは何かを決める法律もあり（スウェーデンでは、人々は他人の私有地を含めどこでも歩いてかまいません）、法制度と警察がそうした法律の強制にどう作用するか（アメリカでは陪審裁判が主流ですが、フランスやスペインではちがいます）、その他もろもろ。民主主義でも、だれがどの役職に立候補できるかというルールがあるし、選挙権、選挙運動のやり方、票を買収したり、市民を脅したりするのを容易にしたりそうでなくしたりする、各種の法的保護制度もあります。それを言うなら、独裁政権ですらときには、市民参加のために限られた余地を残したりします。本書で何度も何度も見た通り。細部がモノを言うのです。制度だってそれは同じです。制度が貧乏な人の生活にどう影響するかを本当に理解するには、大文字の**制度**から小文字の制度に視点を移すことが必要なのです——つまり「下からの眺め」に注目するのです。[21]

周縁部での変化

アセモグルとロビンソンの悲観論は、独裁制の腐敗した体制からうまく機能する民主制への劇的なレジーム変化が成功した例などほとんどお目にかかったためしがないという事実からくる部分もあります。下からの眺めが真っ先に見せてくれるのは、アカウンタビリティを改善して汚職を減らすのに、制度の根本的な変化は必ずしも必要ないということです。

全面的な民主改革は確かになかなか起こらないのですが、独裁主義的なレジームの下でも、民主主義がごく限られた範囲で、一部地方のレベルだけに導入された例はたくさんあります。スハルト政権下のインドネシア、軍事独裁下のブラジル、制度的革命党（ＰＲＩ）下のメキシコなど、他の面では独裁的な国家ですら、選挙改革は実施されました。もっと最近では、ベトナムでも１９９８年に、サウジアラビアでは２００５年に、イエメンでも２００１年に地方選挙が導入されました。改革は通常、西側からは眉唾だと思われています。そうした選挙はしばしば出来レースで、選出された政治家もほとんど権限はないからです。でもきわめて不完全な地方選挙ですら、地方政府の運営にかなりの変化をもたらせるという、かなり説得力のある証拠があります。1980年代に、郷鎮（村落）レベルの選挙がだんだん中国地方部で導入されていきました。当初は、だれが出馬できるかはまだ共産党が決めていました。その郷鎮では共産党支部が活動し、党に指名された書記を擁していたのです。投票は必ずしも匿名ではなく、投票箱にはしばしばあらかじめ票が仕込んであったと言われます。こうした欠陥にもかかわらず、ある調査[22]によれば、この改革は驚くほどの効果をあげ、村人にとってのアカウンタビリティは向上しました。村人たちが選挙をするようになると、郷鎮の首長は一人っ子政策など評判の悪い中央の方針については実施を緩めました。中国農村ではときどき起こる農地の配置換えは、「中流階級」農家の利益になる場合が増えました。公共支出は村人のニーズを反映する率が増えました。

同様に、汚職と闘うのも、もっと大きな制度を直さなくてもある程度は可能なようです。かなりストレートな介入、例えばウガンダ政府が見事に導入した新聞キャンペーンなどが、かなりの成果をあげています。別のおもしろい話はインドネシアのものですが、ここはスハルト政権が倒れてからも、かなり腐敗が続いていました。2010年には、トランスペアレンシー・インターナショナルによる汚職認知指数で178カ国のうち110位です。世界銀行出資の政府プログラムで、村落に地方道などの地元インフラを作るためのお金を提供するものでも、汚職は明らかでした。コミュニティ指導者が資金をかすめ取るいちばん楽な方法は、工事資材を水増し請求して、架空の賃金支払いを報告することです。わたしたちの同僚ベンジャミン・オルケンはエンジニアのチームを雇い、600かそこらの村で少しだけ道を掘り返して、実際に建設に使われた資材がいくらくらいかを計算しました。その推計積算が、実際の報告値と比較されました。別のチームはそのプロジェクトで働いたはずの人々を何人かインタビューして、実際にはいくら受け取ったかを尋ねました。横領はひどいものでした。支払われたはずの賃金の27パーセントはどこかに消え失せ、資材の2割も同様です。もっとひどいことに、お金は無駄のごく一部でしかありません。建設された道路の総延長は計画通りでした（そうでなければ横領があまりに露骨だったでしょう）が、資材をケチった分だけ施工も悪く、したがって今度雨が降ったら流れてしまいそうなものばかりでした。(23)

汚職と闘うべく、プログラムの担当だった政府官僚は村の指導者たちに、建設プログラムは監査を受け、結果は公表されるんだぞ、と告げました。政府はべつに、大して正直な監査役を雇ったわけではありません――既存システムのなかで活動している人々です。でもオルケンの結果を見ると、監査の脅しがあると賃金や資材の横領は、監査のなかった村に比べて3分の1ほど少なくなりました（監査対象の村は無作為に選ばれました）。

インドのラジャスタン州で、わたしたちは警察と共同で「覆面買い物客」や「おとり」を警察署に派遣し、でっちあげの小犯罪――携帯電話の盗難や「イブからかい」（インド人が路上での女性への嫌がらせを指すのに使う表現）など――を記録してもらうように指示しました。(24) インドの警察署は未解決事件数で評価されます。つまり、未解決の事件が多いと、それだけ評価が下がります。ですから評価を上げる簡単な方法は、なるべく事件を記録しないことです。最初のおとり訪問では、警察が事件を記録しようとするまでに至ったのはたった4割でした（その時点で、これがただのテストだということをおとりたちは告げるよう指示されていました）。ですから、貧乏な人たちが滅多に小さな犯罪を警察に通報しないのも当然でしょう。

インドの警察は、昔から残る植民地制度の完璧に近い事例です。もともと植民者たちの利益を守るために設計されたという事実にもかかわらず、独立後に警察改組の試みはいっさいありませんでした。1861年の警察法がいまだに施行されているのです！　1977年以来、一連の警察改革評議会が広範な変化を提言してきましたが、その実施はいまのところきわめて限られたものです。でもシステムは、この歴史を見て人々が思うような硬直した物ではまったくないのです。

これらのおとり訪問ごとに、警察が事件の調書を取ろうとしはじめた段階で、おとりたちはこの企みを打ち明けました。したがって警察は、この手のおとりがうろついていて、インチキ事件を記録させようとしているぞ、というのに気がつきます。こうした訪問のデータは上司に絶対に見せないことになっており、したがって何ら処罰されることはないにもかかわらず、最初の通報では4割だった記録率が、4回目には7割にまで上がりました。おとりを見破る方法はありません（単にでっちあげのお話を仕込まれた地元の人々でしたから）。ですから記録率はそうした事件すべてについて上がったはずです。おとりを恐れる気持ちだけで、警察が仕事をちゃんとやるようになるには十分だったのです。

トップダウンのモニタリングは、別に目新しいアイデアではありません。でも監査やおとりが有効なのは、おそらくいったん情報が出回ってしまえば、それが違反者の処罰に使われる可能性が多少はあるからでしょう。システムのなかで、汚職と闘うべきだと信じている人が数人いるだけで十分かもしれないのです。

情報技術も役に立つでしょう。インド最大手のソフト企業インフォシスの元社長ナンダン・ニレカニ主導で、インドは住民すべてに「固有ＩＤ」を与え、それを人々の指紋と虹彩の写真と結びつけるという空前の試みを実施しています。発想としては、このシステムに登録された人はどこでも、適切な指紋認証装置を持つ場所で身元が証明できるということです。いったんこれが実現すれば、例えば政府の公正価格商店で補助金つき穀物を受け取るときには、指紋のスキャンを必須にすることもできます。こうすれば、商店主が穀物を市場価格で売りさばきつつ、貧乏な人に売ったと主張するのはずっとむずかしくなります。インドの制度的枠組みにある根本的な欠陥は残ります。それでも、この「技術的な対処」が実際に貧乏な人の暮らしを大幅に改善するのに貢献できる可能性はあるのです（とはいえ、まだシステムは設置段階なので、それを裏付ける証拠はありません）。

分権化と民主主義の実態

全体に「ダメな」**制度**の枠組みのなかにすら、アカウンタビリティと汚職の改善余地はありますが、その逆によい**制度**が実際の現場でうまく機能するという保証はありません。ここでも、それは実地にそれがどう機能するかで決まってくるのです。あるレベルでは、これはほとんど当たり前の話ですし、制度悲観論者も合意する点です。でもそれほど認識されていないポイントは、ルールの一見するとちょっとした改訂がいかに重要な効果を持つか、という点です。

こうした小さな変化の影響を示す驚くべき例がブラジルで起こりました。ブラジルは、かつて複雑な投票用紙を使っていました。有権者は長い一覧から候補者を選び、選んだ候補者の名前（または番号）を投票用紙に記入します。成人のおよそ4分の1が字が読めないも同然の国にあって、これは実質的に多くの有権者の権利を奪うこととなりました。平均すると選挙ごとに票の25パーセントは無効票で集計外になったのです。そこへ１９９０年代末に電子投票が導入されました。最初は大都市圏で、そして全国で。簡単なインターフェースにより、投票者は候補者の番号が選ぶだけでよく、その投票を確認する段階で、その候補者の写真が画面上に出ます。この改革は、主に選挙結果の集計を簡単にするために導入されたものでしたが、予想外の結果をもたらしました。電子投票を導入した自治体では、まだ新システムに切り替えていない同等の自治体と比べて、無効票が11パーセント少なかったのです。新しく受容れられた有権者は、もっと貧乏で教育水準も低い人々でした。彼らが選んだ政治家も、やはり貧乏で教育水準の低い政治家でした。そしてその政治家たちの選ぶ政策は、貧乏な人を対象にしたものが多かったのです。特に公共衛生方面の支出が増え、教育水準の低い母親のあいだで未熟児の数が減りました。一見すると些末な技術的変更で、大きな政治的争点などないものが、ブラジルの政治プロセスに貧乏な人の声が反映される方法を変えたのです(25)。

権力を人々に

小さな変化が持つ驚くべき力の別の例は、地元政治プロセスを律するルールをめぐるものです。多くの国際機関における新イデオロギーは、学校やクリニック、地方道が確実にうまく機能するようにするには、その受益者に責任を任せるべきだというものです。これは通常、当の貧乏人たちにそんな責任を背負いこみたいか尋ねることなしに行なわれます。

すでに本書の多くの章で述べた通り、国が貧困者に公共サービスを提供するのに失敗しているのは明らかである以上、反貧困政策を貧乏な人たちの手に渡そうという理屈は、紙の上では抵抗しがたいものです。受益者たちはひどいサービスで直接被害を受けるからいちばん気にかけるはずです。自分の欲しいものや、実際に起こっていることについてもよい情報を持っています。サービス提供者（教師、医師、エンジニア）をコントロールする力――雇ったりクビにしたりする力、あるいは少なくとも苦情を言える力――を彼らに与えれば、正しいインセンティブと正しい情報を持つ者が意思決定を行なうことが確実になります。2004年の『世界開発報告』は、社会サービスの提供がテーマでしたが、そこで世界銀行はこう書いています。「もしその結果が十分に重要なら、コミュニティは問題に取り組む[26]」。さらに、共同プロジェクトで共同作業をすること自体が、大規模な内紛の後ではコミュニティが社会的絆を再構築するのに役立つかもしれません。通称コミュニティ主導開発プロジェクトでは、コミュニティが集合プロジェクトを選んで運営しますが、シエラレオネ、ルワンダ、リベリア、インドネシアなど、紛争後の環境では大流行です。

でも実際には、コミュニティ参加と分権化の実施方法がかなり問題になります。人がちがえば意見もちがう以上、コミュニティは具体的にどんな形で全体としての選好を表明するのでしょうか？　恵まれない集団（女性、少数民族、低カースト、土地を持たない人々）の利害がきちんと反映されるにはどうすべきでしょう？

こうした環境における意思決定プロセスの公平さと結果は、プロジェクト選定ルール（会合を開くか？投票か？）、会合にだれが呼ばれるか、だれが発言するか、実際の現場でのプロジェクト実施責任者はだれか、そのプロジェクトリーダーの選出方法など、数多くの細部にきわめて大きく依存します。ルールが少数派や貧乏な人を排除するように働けば、こうした分権化が彼らの役に立つかはあやしいし、地元に権限委譲しても共同体の調和維持に役立つかはわかりません。それどころか、いまや自分たちの権利を奪っているのがご近所だと知ったら、そうした集団はもっと怒り出すかもしれないのです。

例えば村落集会を例にとりましょう。村落集会は地元ガバナンスで不可欠な制度です。ここでは不満が議論され、予算が投票され、プロジェクトが提案承認されます。村落集会というと、ヴァーモントにおけるタウンミーティングのような穏やかで笑いにみちた素朴なイメージを思い描くかもしれません。でも途上国における地元政府集会の現実は、ずっと魅力のないものです。インドネシアのクチャマタン開発プロジェクト（KDP、世銀出資プロジェクトでコミュニティが資金を渡されて村道や灌漑水路といった村落インフラの建設修理を実施）における集会は、村の成人数百人のうち50人が参加して、その半数が地元エリートでした。出席者のほとんどは何も言いません。KDP集会では実際に発言した人は平均8人で、うち7人はエリート層です。

寡頭政治の鉄則が村落レベルでもしっかり根付いているのだ、と結論づけたくなるところです。でもルールをちょっと変えるだけで、すべてが一変しました。インドネシアでは、いくつか無作為に選んだ村で、人々は手紙によって正式に集会出席を依頼されました。すると出席者数は平均65人近くに増え、うち38人はエリート層以外からでした。発言する村人も増え、集会はもっと活気あふれるものとなりました。さらに、一部の招待状にはアンケート用紙がついていて、KDP実施方法について意見を求めていました。また無作為に選んだ村の一部では、そのアンケートが全学童に渡されて、うちに持って帰るように指示されました。それ以外の村では、招待状は村の長が配布する仕組みでした。アンケート用紙を学校経由で配布すると、平均的なコメントは村の長が配布した場合に比べ、ずっと批判的なものとなっていました。

ルールがこれほどのちがいを生み出すなら、だれがそのルールを作るかがきわめて重要となります。それを村に任せたら、ルール作りはエリートの思惑通りとなるでしょう。ですから分権化を設計するのは中央化された権力のほうがよく、その人々が、あまり優勢でなかったり力がなかったりする人も念頭において設計をしたほうがいいかもしれません。権力を人々に、とはいえすべての権力は渡さないこと。

こうしたトップダウン式介入の具体例としては、村民たちが代表者として選べる人を制限することです。少数派の代表が適切な数だけ確実に入るようにするためには、そうした制限が必要かもしれないし、それがあるとちがってきます。

インドの村落統治制度であるグラム・パンチャヤット（GP、つまり村落評議会）にはそうした制限があります。5年ごとに地元レベルで選出されるGPは、井戸や校舎、道路など地元の集合的インフラを統括します。代表の少ない集団を保護するために、一部のGPでは村長は女性や各種少数派（低カースト含む）のものとされています。でもエリートたちがパンチャヤットを完全に抑えてしまえば、女性や少数派のための義務づけられた代表など何の意味もありません。村落の本当のボスたちが支配を続け、ボスたち自身が当選できなくても、たぶん女性枠や少数派枠に彼らの妻や低カーストの召使いなどが隠れ蓑としてつくだけでしょう。コルカタのインドマネジメント研究所のラガベンドラ・チャットパダヤイとエスターが2000年にパンチャヤット調査に乗り出して、指導者が女性の場合だと投資される地元インフラが変わるかを調べたときには、そんな調査は無意味だとあらゆる人に言われたものです。上はコルカタ地方開発大臣から、下は調査職員（および多くの地元学者）まで、異口同音に言うのです。裏で糸を引いているのはプラダーンパティス（プラダーン、つまりGP議長の夫）で、引っ込み思案で文盲なことも多い女性は、しばしば頭を覆ったままだし、絶対に何も独自の意思決定なんかしていない、と。

でも調査結果を見ると、正反対でした。西ベンガル州では、この割当制が採用されていて、GPのうち3分の1が5年ごとに無作為に選ばれて、村長の座が女性に「予約」されます。これらの村では、立候補できるのは女性だけです。チャットパダヤイとエスターは、この予約システムが初めて採用されてからわずか2年後に、予約ありとなしの村での地元インフラの状況を調査しました[27]。すると女性のほうが、女性の求める地元インフラ——西ベンガル州では、これは道路と飲料水です——に（固定）予算をずっと多く投資し、学校への投資が少ないことがわかりました。この結果は、インドでももっとも男性優位主義とされるラジャスタン州でも同様でした。ここでの女性は、何よりも飲料水の水源が近くにあることを求め、男性は道路を求めています。そしてなるほど、女性指導者は飲料水への投資を増やし、道路へは減らしました。

インドの他地域での調査を見ても、女性指導者はほぼ常にちがいをもたらすことがはっきりしています。さらに時間がたつと、女性のほうが同じ限られた予算のなかで、男性より多くの成果を挙げ、賄賂を受け取る率も少ないようです。でもこの結果をインドで発表するたびに、だれかが必ず、絶対におかしいと言い出します。自分はある村に行って女性プラダーンと話をしたが、夫がそれを監視していたぞとか、政治ポスターで、女性候補者自身よりその夫のほうがでかく描かれていたのを見たぞ、とか。その人たちの言う通り。わたしたちもそういう会話をしたし、そういうポスターも見ました。女性を無理矢理政治的な指導者に仕立てるのは、ときどき言われるような即席革命などではありません。いきなり強力な女性がバリバリ先頭に立って村を改革するなどということにはなりません。選出される女性はしばしば、政治家経験のある人の親戚です。村落集会で議長を務めることも少ないし、発言もあまりありません。教育も低く、政治経験もありません。でもそれにもかかわらず、そして明らかな偏見に直面しているにもかかわらず、多くの女性は静かに状況を左右しているのです。

民族分断をごまかす

最後の例では、投票における民族の役割を検討します。投票がしばしば、自分の民族に対する忠誠心を根拠に行なわれていることについては、懸念すべき理由があります。このために、当人自身の能力にかかわらず、最大の民族集団の候補者が当選してしまうことになるからです。

民族的な偏見からくる政治的な優位性がどれほどかを測るために、ニューヨーク大学の政治科学者でかつてベニンで学生指導者だったレオナルド・ワンチェコンは、大統領選候補者たちを説得し（みんな学生時代に民主化運動に参加していたので、全員旧知の仲だったのです）、政治集会を開くときに村ごとにまったくちがった演説をしてもらったのでした。[28]「利益誘導」村落では、演説は候補者の出身民族を強調し、地域に学校や病院をもたらし、同じ民族の人々に公共の仕事を与えると公約しました。「全国統一」村落では、同じ候補者が保健と教育セクターにおける全国的な改革に尽力し、ベニンのあらゆる民族集団のあいだの平和のために働くと公約しました。どこがどの演説になるかはランダムに選ばれましたが、すべてはその候補者が政治的に絶対優勢の地区でした。利益誘導演説が明らかに勝ちました。平均では、利益誘導候補者は8割の得票率でしたが、全国統一村落での得票率は7割でした。

民族的な政治は多くの理由から有害です。その一つは、もし有権者が能力ではなく民族で候補者を選ぶなら、多数派代表の候補者の質が下がることです。そうした候補者は大した努力をしなくても、自分が「正しい」カーストや民族集団の出だというだけで確実に選ばれてしまうことになります。インドのウッタル・プラデシュ州では、1980年代と90年代に政治がますますカーストに基づくものとなりましたが、この害を見事に示しています。次第に州内のあらゆる地域で、最多数派のカースト層出身の選出政治家たちのあいだで、汚職の水準がはねあがるようになりました。[29] それぞれの地域で優勢なのが低カーストか高カーストかは関係ありません。優勢な集団からの選出者は、腐敗率が高かったのです。1990年代になると、州立法府の議員のうち4分の1は刑事裁判を受けている状態となりました。

発展途上国での選挙は結局民族で決まってしまうことになるのでしょうか？　そう考える学者は昔からずっといます。彼らの見方では、伝統的社会の基盤は民族的な忠誠心であって、社会が現代化するまではそれが政治的態度を支配するのが避けられない、ということになります。[30] でも証拠を見ると、民族に基づく投票は一般に信じられているほど根深いものではないようです。2007年のウッタル・プラデシュ州における州選挙で行なった実験で、アビジット、ドナルド・グリーン、ジェニファー・グリーン、ロヒニ・パンデはNGOと共同で、「カーストで選ぶな、開発問題で選ぼう」という単純なスローガンに基づく無党派キャンペーン（街角芝居や人形劇を使ったもの）を無作為に選んだ村で実施してもらいました。この単純なメッセージは投票者が自分のカーストからの候補者を選ぶ確率を、25パーセントから18パーセントに引き下げました。[31]

なぜ人々はカーストに基づいて投票するのに、ＮＧＯが再考をうながすだけですぐに意見を変えるのでしょうか？　答えの一つは、有権者たちはしばしば自分が何を選んでいるのかほとんど知らない、ということです——どうせ投票時以外では候補者に会ったことがないのが通例で、その選挙時にはみんな一斉に出てきて、おおむね似たような公約を並べます。例えばだれが汚職をしていてだれがそうでないかをつきとめる明確な仕組みはありませんし、だからみんな同じくらい腐敗していると思う傾向があります。また有権者たちは立法者たちがどのくらいの力を持っているかもあまり知りません。インドでは都市住民が、自分のスラムの下水が調子悪いのは州の議員のせいだと言っているのを聞きます。でも実際にはそうした問題の面倒をみるのは地区議員なのです。結果として議員たちは、どうせ悪いことはなんでも自分のせいにされると思うので、あまり実績をあげようというインセンティブも起きないのです。

有権者から見ればどの候補者も似たり寄ったり（よくも悪くも）ということを考えれば、有権者としてはどうせならカーストを元に投票しようかと思うでしょう。カーストへの忠誠が功を奏してその政治家が支援してくれる可能性もわずかながらあるし、どのみち失うものがあるわけでなし。でもその多くは、別にそんなに強い意識を持っているわけではなく、だから実に簡単に流されてしまいます。

ブラジルは、候補者について有益な情報を有権者に提供しようとしてきました。２００３年以来、毎月テレビ上のくじびきで60の自治体が選ばれて、その帳簿が監査を受けます。こうした監査結果はインターネットと地元メディアで公開されます。監査を受けると、腐敗した現職者は痛手を受けます。２００４年の選挙では、選挙前に監査結果が出ると、再選確率が12パーセントポイント下がりました。でも正直な現職者は、選挙直前に監査結果が出れば、再選確率が13パーセントポイント上がりました。同じ結果がデリーのスラムでも見られました。現職者の実績について情報を与えられた有権者たちは、その成績が芳しくなければ現職者に反対の投票をしました(32)。だから政治は政策とそんなにちがうわけではないのです。それは周縁部で改善できるし、改善しなくてはなりません。そして一見ちょっとした介入で、大きな変化が生まれます。本書で一貫して主張してきた哲学――細部を見過ごさず、人々の意思決定方法を理解して、実験を恐れず――は、他のすべてと同様に政治にもあてはまるのです。

政治経済に抗して

政治経済学というのは（すでに見た通り多くの開発研究者が採用しているものですが）政治が経済より優位にあるという見方です。制度は、経済政策の範囲を決めて制約する、というわけです。でも、いま示した通り、かなり敵対的な環境であっても制度の働きを改善する余地はあるのです。もちろん、すべての問題がそれで解決できるわけではありません。改革で損をする立場に強力な人々がいるという事実は、どこまで改革を進められるかについて制約を加えるにはちがいありません。でも、できることはいろいろ残っています。監査によって汚職がバレるブラジルの政治家たちでも、監査の法制を止めることはできませんでしたし、デリーの新聞も議員たちの記録公表をためらったりはしませんでした。インドネシアと中国では、独裁的政権自体がある程度の民主制を許容することにしました。学ぶべき重要な教訓は、使える余地はなんでも使え、ということです。同じことが政策についても言えます。

政策は政治で完全に決まってしまうわけではありません。よい政策は（ときには）ダメな政治環境でも生じます。そしてもっと重要かもしれませんが、かなりよい政治環境でも、ダメな政策は（しばしば）生じてしまうのです。

第一の論点については、スハルト政権下のインドネシアが好例です。スハルトは独裁者で、きわめて汚職が激しいので有名でした。彼が重病になるたびに、親族の保有する企業の株価も下がりました。彼とのコネの価値が高いことは明らかです。[33] にもかかわらず、第4章で述べたように、オイルマネーが学校建設に使われたのはスハルト政権下のインドネシアでのことでした。スハルトはイデオロギーを広めて統一言語を課し、国の一体感を作り出すのに教育が有力だと考えたのです。すでに述べた通り、この政策は教育の増加につながり、この学校教育の恩恵を受けた数世代にとっては賃金増大をもたらしました。教育の拡大に伴って、子供の栄養摂取を改善する大規模なプログラムも行なわれ、その一部として村落ボランティア100万人を訓練して、自分の村に栄養改善のメッセージを持ち帰らせようともしました。こうした介入のおかげも一部はあってか、子供の栄養失調は1973年から93年にかけて半減しました。もちろん、スハルト政権がインドネシアの貧乏な人たちにとってよかったなどと言いたいのではありません。政治エリートの動機はかなり複雑なので、ある適切な時と場所においては、たまたま貧乏な人に有益な政策も実施するほうが彼らの利益になったりするのだ、ということを言いたいのです。

そしてまたもや、逆も真なり。善意はたぶんよい政策に不可欠なのでしょうが、それだけでは限界があります。最高の善意から、最悪の政策が生まれ得ることもあります。これは真の問題が何かを読みちがえることで起きてしまいます。公立学校システムが大半の生徒の期待に応えていないのは、学習できるのがエリートだけだとみんなが信じこんでいるからです。看護師がちっとも仕事にこないのは、だれもそのサービスに対する需要があるか確認しようとしなかったことと、看護師にできることについて非現実的な期待があったせいです。貧乏な人の安全な貯蓄先がないのは、彼らの貯金を合法的に受け容れられる機関に対して政府が課す規制基準があり得ないほど高いからです。

問題の一部は、政府がいかに善意であっても、やろうとしていることがそもそも根本的にむずかしいということです。政府というのはかなりの部分が、市場で解決できない問題を解決するために存在しています――すでに多くの例で見た通り、政府介入が必要となるのはまさに、自由市場ではうまくいかない場合なのです。例えば多くの親が子供に予防接種をさせなかったり虫下しを飲ませなかったりするのは、それが他人に与える便益を考慮しないことと、第3章で論じた時間不整合問題のためです。子供に適切な水準の教育を選ばない理由の一部は、成長してから子供がその分の恩返しをしてくれるか自信が持てないからです。企業が排水処理プラントを稼働させないのは、お金がかかることと、水が汚染されても実は知ったことではないからです。わたしたちも、赤信号で止まるよりは突っ切ってしまいたいところです。例は他にもあります。結果として、政府のエージェントたち（官僚、公害検査員、警官、医師）は人々に提供している価値について、直接支払いを受けるわけにはいきません――警官にスピード違反のキップを切られたら、文句を言うことはあっても、いい仕事をしてくれてありがとう、道路を安全に保ってくれてありがとう、などと言ってご褒美をあげたりはしません。これを雑貨屋の店主と比べましょう。卵を売ることで価値を提供してくれるし、卵を買うお客のほうも、店主が提供する社会的価値に対して支払いをしていることは知っています。

この単純な洞察は、とても重要な意味合いを二つ持っています。まず、政府で働くほとんどの人々について、パフォーマンスを評価するのはなかなか難しいということです。だからこそ、官僚（や警官や裁判官）がしていいこと、悪いことについてはあれほどたくさんの規定があるのです。次に、ルールを破る誘惑は、官僚のほうにもわたしたちのほうにも常に存在し、それが汚職や職務怠慢につながるのだ、ということ。

このために汚職と怠慢のリスクは、どんな政府でも存在するのですが、でもそれがもっと熾烈になる三つの状況があります。まず、政府が人々に対し、あまり価値が高いと思われていないことをやらせようとするとき。例えばバイクでヘルメットを着用させるとか、子供に予防接種を受けさせるなどです。二つめは、人々が支払ったものよりずっと多くの価値を受け取るとき。例えば所得に関係なく必要な人には病床を提供することにしたら、自分を優先してほしいと思うお金持ちは賄賂に頼ろうとします。第三に、官僚の給料が低く、仕事が多すぎ、監視も不十分で、クビになっても大して失うものはあまりない場合。

これまでの多くの章で見た証拠から考えて、こうした問題は貧乏な国のほうが深刻なはずです。正しい種類の情報がなく、政府の失敗を見続けてきたおかげで、人々は政府の指示をあまり信用しなくなっています。極度の貧困のため、多くのサービスは市場価格以下で配るしかありません。そして人々は自分にずばりどんな権利があるか知らないので、成果を要求したり実績を監視したりするのもうまくいきません。政府は官僚に支払える給料も少なく云々。

これは政府プログラム（そしてNGOや国際機関による類似プログラム）がしばしば機能しない重要な理由の一つです。問題はそもそもむずかしいし、細部にはかなり注意を払う必要があります。多くの政治経済学者たちが言うのとはちがって、失敗は別に特定の集団からの妨害のせいではなく、そもそもシステム全体の仕立てが悪く、だれもそれを修理しようという手間をかけなかったからなのです。そうした場合、どういうものなら機能するかを考案し、そしてそれを主導するだけで変化が起きたりするのです。

保健職員たちの不出勤問題は、この完璧な（悲しい）例です。第3章の保健に関する章で、看護師たちを出勤させようとするプロジェクトに参加していたわたしたちに看護師たちが腹をたてたというウダイプール地区の話をご記憶でしょうか。結果として、最後に勝ったのは彼らでした。わたしたちが地元政府と、NGOのセヴァ・マンディールと共同で行なっていたプログラムは、惨憺たる失敗に終わりました。

このプログラムは、わたしたちがセヴァ・マンディールと集めたデータにより看護師たちが半分以上欠勤しているのを知って、地区行政長が看護師出勤ルールを厳しくしようとしたことで始まりました。新しい仕組みでは、主任看護師は週のうち1日、月曜日にはセンターにずっと詰めることになっていました。この日には患者への往診も認められません（往診はセンターに戻らない手軽な口実としてよく使われるものです）。セヴァ・マンディールは出勤の監視を任されました。それぞれの看護師は日時の入ったスタンプを渡され、センターの壁に貼った記録紙に、月曜は1日何度かスタンプを押して、自分が詰めていることを証明するように言われました。少なくとも半分以上いないと、賃金カットです。

この新しい方針で何か差が出るかを見るため、わたしたちは独立調査員を派遣して、セヴァ・マンディールが監視しているセンターと、それ以外のセンター（原理的には同じルールが適用されますが、だれも監視していません）での欠勤率を記録してもらいました[34]。当初、何もかも思惑通りのようでした。看護師の出勤率はプログラム開始前は3割程度だったのが、セヴァ・マンディール監視下のセンターでは2006年8月には6割に跳ね上がりました。監視していないところでは元のままです。だれもが大喜びでした（ただし当の看護師たちは別です。これはわたしたちが面会したときに思い知らされました）。ところが11月になって、これが逆転しました。監視センターでの看護師出勤率が下がりはじめ、止まりません。2007年4月には、監視センターも監視なしのセンターも、まったく同じ成績でした——つまりどちらもひどかったということです。

何が起きたか見てみると、驚くべき事実として、記録上の欠勤はプログラムが崩壊したあとも低いままだったことがあります。急上昇したのは、「例外日」——出勤しないでよい理由があったと看護師たちが主張する日です（研修や会合がいちばん多い口実でした）。なぜ例外日がいきなり激増したかつきとめようとしました。でも申告された日には、集会や研修の記録など見つかりませんでした。考えられる唯一の解釈は、看護師たちの監督にあたっていた人々がすべて、看護師たちが突然例外日を3割も余計に申請するようになったとき、見て見ぬふりをすることにした、というものです。実際、監視されたセンターの看護師たちは、この一件でボーナスを手にすることになりました——自分の出勤に上司がまるで関心などないことがわかったので、そこから実は自分たちが出勤しすぎていたのだと結論したのです。ある時点で、監視されたセンターでの出勤率は、監視なしのところよりもかえって低くなり、調査終了まで低いままとなりました。挙げ句の果てに、監視センターの看護師たちは、勤務日数のたった4分の1しか出勤しなくなりました。だれも文句を言いません。村人たちはセンターが閉まっているのに慣れすぎて、そもそもこのシステムに興味を持たなくなっていたのです。村を訪ねてみても、看護師が欠勤していることに気がついた人はほとんど見つかりませんでした。みんなこのシステムについてはさじを投げていて、看護師が何をしているか気にするまでもないし、まして文句を言うだけ無駄と思っていたのです。

セヴァ・マンディールの長であるニーリマ・ケタンは、何が起こっているのかについて、おもしろい解釈を教えてくれました。ケタンは自分がやってみせることで指導するタイプの人物です。彼女は自分の仕事で高い行動基準を設定し、他人もそれに倣うことを期待します。彼女は、看護師たちが自分の怠慢をまったく気にしていないように見えるので困惑しました。でも彼女は、看護師たちに求められている仕事が正気の沙汰ではないことをつきとめました。週6日出勤。朝出勤したら、薬の袋をかついで、村落のどれかに向かって回診。日陰ですら38度のなかを最大3キロ歩いて村落に到着。家を一軒一軒まわり、出産適齢期の女性とその子供たちの健康状態をチェック。まったく興味を示さない女性数人に予防注射を薦める。5―6時間これをやってからセンターに歩いて戻る。退勤届けを書く。バスで2時間かけて帰宅。

どう見ても、こんなことを毎日続けられる人などいるわけがありません。どうなるかといえば、みんな看護師たちが指示通りの仕事をするなどとは本気で期待しないということです。でもそうならば、看護師たちとしてもそれをまじめにやるだけバカらしいことになります。看護師たちは自分で自分のルールを決めるようになりました。わたしたちとの会合のなかで、朝10時前に出勤するのは絶対に無理だ、と彼らははっきり言いました。センターの外の壁に貼ってある開業時間は、朝8時からオープンと明記されていました。

ルールは（もちろん）インドのヘルスケア制度すべての有効性を台無しにしようと思って設計されたわけではありません。それどころか、これを紙の上で書いたのは善意の官僚で、その人はシステムが何をすべきかについて自分なりの見方を持っていたのですが、現場でそれが何を要求することになるのかについて、あまり考えなかったのでしょう。これこそわたしたちが略称として「3I」問題と呼ぶものです。イデオロギー ideology、無知 ignorance、惰性 inertia。この問題は、貧乏な人を助けるはずの多くの努力をむしばんでいるのです。

看護師たちの作業量は、看護師というのが献身的なソーシャルワーカーだと思いたいイデオロギーに基づくもので、現場の状況を知らない人によるものです。それがもっぱら紙の上だけでも生き延び続けているのは、惰性のためです。こうしたルールを変えて仕事が実際に実行可能なものにするのは、看護師にもっと普通に出勤してもらうのに十分ではなくても、不可欠な第一歩なのは確実です。

同じ3I問題が、親と生徒に対する説明責任を学校に負わせようというインドの努力をダメにしてしまいました。インド政府の最新の大教育改革では、小学校の監督に両親を参加させるという発想が導入されました。連邦出資の元で教育の質を改善しようという一大プロジェクトであるサルヴァ・シクシャ・アヴィヤン（SSA）の下で、それぞれの村は「村落教育委員会」（通称VEC、アメリカのPTAに相当するものです）を組織して学校運営を支援し、教育の質の改善方法を模索し、問題を報告するように求められました。特にＶＥＣは学校支援で追加教師を雇う資金を申請できて、その資金が認められれば、この追加教師を雇い、後に必要ならクビにする権限を与えられていたのです。教師が安いものでないことを考えれば、これはかなりの権限です。でもウッタル・プラデシュ州（インドでもっとも人口の多い州）のジャウンプール地区で行なった調査では、このプログラム開始後５年たっても、親の92パーセントはＶＥＣなど聞いたこともありませんでした。さらにＶＥＣに参加している親にヒアリングをかけると、４人に１人は自分がメンバーだということさえ知りませんでした。知っている人のなかでもおよそ３分の２は、ＳＳＡも知らないし、教師を追加で雇えることも知りませんでした。

このプログラムは古典的な３Ｉ問題に苦しんでいました。あるイデオロギー――人々に権力を与えるのはいいことだ――が最初にあり、人々の求めるものや村落の仕組みについて無知なままに設計され、そしてわたしたちが調査に乗り出した頃には、完全に惰性だけで続いていたのです。だれも何年もまったく関心をはらいません。どこかで官僚が、書類だけはきちんとそろっているかチェックしていたとは思いますが。

プラサムはインドの教育ＮＧＯで、教育を扱った第４章で触れた『年次教育状況報告』（ＡＳＥＲ）と「リード・インディア」プログラムを実施したところです。ここと協力して、わたしたちは両親たちに自分たちの権利をもっと認識させれば、ＶＥＣも息を吹き返すだろうと思いました。プラサムの現場職員が、無作為に選んだ65の村に派遣され、ＳＳＡの下で彼らに与えられた権利について両親たちに伝え、彼らを行動させようとしました。[35]プラサムのチームは、人に何ができるかを話すだけではだめで、なぜ行動すべきかを教えるべきだと考えたので、別の65の村ではＡＳＥＲの根底にある「計測」読み書き算数テストの実施方法を興味ある村人に教え、自分の村について成績表をまとめてくれと頼みました。その成績（読み書きできる児童数がほとんどの村では悲惨なほど低いことがわかります）を出発点として、親とVECの役割の可能性について議論を始めようというわけです。

でもこうした介入のどちらをやっても、1年後に親がVECに参加するようにはならないし、VECの活動にも興味は見せないし、子供の学習（最終的に気にしているのはこれです）への参加も相変わらずでした。コミュニティの腰が重いということではありません。プラサムのチームはコミュニティに対し、子供に読み方を教えるプラサムの「リード・インディア」技法の訓練をするからボランティアを集めてくれ、という依頼も行ないました。するとボランティアは集まりましたし、彼らが訓練を受けていくつかの教室でも教えるようになりました。第4章で見た通り、こうした村では子供の読書能力は大幅に向上しました。

このちがいは、村人たちが明確で具体的な作業を与えられたことで説明できます。ボランティアを見つけて、手助けが必要な子供を補講に連れてきなさい、というだけです。これは行政に対して追加の教師を要求するよう請願しろとか、SSAの要求するように教師に学校にこさせるよう強制するといった、あまりに高望みな目標よりもずっと明確に定義されています。ケニアでの調査では、学校委員会の役目をもっと限定してみると、みんな行動を起こしがちになりました。学校委員会は一定額のお金を渡されて、これで追加の教師を雇いなさいと言われたのです。一部の学校では、この追加教師が何をしているかきちんと注目して、学校がこの新任教師にへんなことをさせていないか監視する作業も委員会に任せました。このプログラムはすべての学校できちんと実施され、学校委員会が監視まで任された学校では、さらに効果が高かったのです。[36] ですから学校への親の参加は機能できるのですが、でも親に何を依頼するかについてはよく考えなくてはなりません。

この二つの例（看護師と学校委員会）が浮き彫りにするのは、大規模な無駄と政策の失敗が起こるのは、何か深い構造問題があるからではなく、政策設計の段階できちんと考えなかったからであることが多い、ということです。よい政策のために、よい政治が不可欠かどうかはわかりませんが、それだけでは不十分なのはまちがいありません。

ですから、政治経済的な見方の主張とはちがって、政治が常に政策を蹴倒すなどと考えるべき理由はありません。これでさらに一歩進んで、政治と政策との上下関係を逆転することもできます。よい政策がよい政治への第一歩ということはあり得ないでしょうか？

有権者たちは、当初は偏見があっても、実際に現場で起こっていることをもとに見方を変えます。インドの女性政策立案者たちがその例です。デリーのエリート層は、法的な強制で女性に力を与えることはできないと思いこんだままですが、現場の市民はそれに反する見方についてもずっとオープンです。パンチャヤット指導者の席の3分の1を女性用にとっておくという政策が出る前は、権力ある地位に選出される女性はほとんどいませんでした。西ベンガル州では、女性指導者の枠を定められたことのないGPでは、2008年のプラダーンのうち女性は10パーセントでした。女性枠が決まると、当然ながらそれが100パーセントにはねあがりました。でも枠の強制からはずれて男女問わず選出できる状態に戻っても、女性がまた選ばれる率が高まったのです。かつて枠を課されたが現在は課されていない村では、選出される女性比率は13パーセントに上がり、2回枠が課された村では、それが17パーセントに上がりました。同じことが、ムンバイの市政府代表でも当てはまりました[37]。この理由の一つは、女性に対する有権者の態度が変わったことです。西ベンガル州で[38]、能力に関する偏見を計測するために、村民たちに指導者の演説の録音を聞いてもらいました。あらゆる村民が聞いた演説の中身は同じですが、一部はそれを男性の声で聞き、残りは女性の声で行なわれた演説を聞いたのです。その後、村民はその出来についての判断を求められました。女性枠を経験していない村で、つまり女性指導者を持った経験のない村では、「男性」演説を聴いた男性のほうが、「女性」演説を聞いた男性よりも高い支持率を出しました。一方、前に女性枠が課されたことのある村では、男性は「女性」演説のほうを気に入りがちでした。男性も、女性はよい政策を実施できることを認識できたし、それに応じて女性指導者についての見解を変えたのです。3分の1の議席を一時的に女性枠にすることで、飲料水の水源が増えただけでなく、政治における女性の役割も永遠に変わったのでした。

また、よい政策は低い期待による悪循環も打破できます。政府が実績を出せば、人々は政治をもっと真面目に考えるようになり、もっと成果を出せと政府に圧力をかけます。棄権も減るし、何も考えずに自分と同じ民族だけで選んだり、政府転覆を試みたりはしなくなります。

メキシコでの調査で[39]、社会福祉プログラムのプログレッサ——子供が通学して家族がヘルスケアセンターに通えば貧困世帯が現金をもらえる制度——を6カ月受けた村と、21カ月受けた村とで、2000年大統領選における投票行動を比較しました。投票率も、PRI（プログレッサを導入した政党）支持の票も、恩恵を長く受けた村のほうが高い結果となりました。世帯がこのプログラムで「買収された」せいではありません。その時点ではどちらの村落も恩恵を被っていたしルールもわかっていたからです。でもこのプログラムは健康と教育の改善に成功し、プログラムを長いこと実施された村のほうは、そうした改善が暮らしのなかで実現するのを目の当たりにしはじめました。結果として参加意欲も高まり（高い投票率）、プログラムを創始した政党に報いた（PRIの高得票）わけです。あまりに多くの選挙公約が反古にされる環境において、目に見える成果は候補者が将来なにをしそうかについて、有権者に有益な情報を与えたのです。

２００１年のベニンで、公共の利益への訴えより利益誘導型のメッセージのほうが成功するという結果をワンチェコンが出したのも、信頼の欠如で説明できるでしょう。政治家たちが漠然とした言い方で「公共の利益」の話をしたときには、だれもそれを真に受けませんでした。少なくとも利益誘導型メッセージであれば、有権者たちは多かれ少なかれ信用できます。「一般の利益」メッセージがもっと明確で、何か具体的な提案にしぼったもので、選出されたときに有権者たちが候補者に成果を見せろと要求できるようなものであれば、もっと説得力があったかもしれません。

２００６年選挙前にワンチェコンが実施した追加の実験は、社会政策を設計して説明するという仕事を真面目に行なう政治家を有権者が本当に支持することを示唆するものでした。[40] ワンチェコンなどベニンの市民社会指導者たちは、全国的な審議会の組織から始めました。「二〇〇六年総選挙――政策の選択肢は？」教育、公衆衛生、ガバナンス、都市計画について4つのパネルが設けられ、専門家4人（ベニンから2人、隣国ニジェールとナイジェリアから1人ずつ）が調査報告と政策提言を提供しました。どれも全国的な提案で、利益誘導的な訴えはありません。国会に代表者のいるあらゆる政党や、各種ＮＧＯ代表がその会議には出席しました。会議の後で、一部の政党は会議での提案を試験的に選挙の公約プラットホームとして使うことに同意しました。これを無作為に選んだ村で行ない、村落集会で発表して、提案が細かく説明され、参加者たちはそれに質疑応答できるようにしました。対照村落では、いつもながらのお祭り騒ぎでしかない政治集会が実施され、いつもの利益誘導メッセージと、漠然とした一般的な政策提案がごたまぜに提出されました。すると、今回の結果は逆転しました。利益誘導型メッセージが支持されるのではなく、村落集会が実施され具体的な政策提案が議論された村では、投票率もあがり、キャンペーンを実施した政党への支持も上がったのです。

この結果が示唆するのは、信頼できるメッセージがあれば、有権者は全体の利益につながる政策を支持する投票ができる、ということです。信頼さえできれば、政治家個人のインセンティブも変わります。何かよいことをすれば、それが評価されて再選されると感じ始めるようになるのです。権力の座にいる多くの人の動機はいろいろ入り混じっています――腐敗した政治家ですら、愛されたいし、よいこともしたい。どっちもその人が社会を気にかけているからでもあるし、それにより自分の地位が固まるからでもあります。そうした人々は、自分の経済的な目的と完全に相反するものでない限り、変化を推進します。政府がひとたびちゃんと成果を出そうとしているのだと証明してみせて、人々の信頼を勝ち取れば、可能性はもっと出てきます。そうなったら政府は短期のことをあまり心配せずにすみますし、なんでもいいから有権者の歓心を買おうと腐心する必要もなくなりますし、手土産ばかりに頼る必要もなくなります。こうなれば、もっとよい長期的な政策を設計するチャンスです。第4章で見たように、メキシコでPRIが選挙に負けてから大統領となったビセンテ・フォックスは、プログレッサの成功が実証されたために、このプログラムを廃止するどころか拡大しました。さらに、この種のプログラムは南米各地に広まり、そこからさらに世界中に広まっています。こうしたプログラムは、単純な補助金に比べると当初はあまり人気がないかもしれません。お金をもらうために、一家は本来ならやりたくもないことをしなければならないからです。でも「貧困の循環を破る」ためには、この支給条件こそが不可分な一部なのだと信じられているのです（もっともすでに見た通り、この信念はまちがっているかもしれません）。左派の政党も右派の政党も、いまやこの長期的な見方を課題の中心に据えたプラットホームを基盤にすべきだと考えているわけで、これは勇気づけられる話です。

西洋の多くの学者や政策立案者たちは、途上国の政治制度についてきわめて悲観的です。その人の政治的傾向次第で、古い農業時代の制度のせいだと言うかもしれず、西洋からの原罪――植民地化とその収奪的な政治制度――のせいだと言うこともあり、あるいはその国々が持ちあわせてしまった不運な文化のせいにするかもしれません。理由はどうあれ、この見方によれば、ダメな政治制度こそが貧乏な国を貧乏なままにしている大きな原因ですし、その状態を脱するのは難しいということになります。一部の人は、だからあきらめようと言います。そうでない人は、外から制度変化を押しつけろと言います。

イースタリーとサックスはどちらも、こうした議論にいささか苛立っています。でもその理由はちがっています。イースタリーは、その国の政治制度がその固有の文脈で必ずしもいいか悪いかを、西洋の「専門家」が判断できるとは思っていません。サックスは、貧しい制度は貧乏な国の病気なのだと思っています。制度環境が悪いところでも、具体的で計測可能なプログラムに注目すれば、限られた形であれ貧困には対処できるのだ、と主張します。そして人々の豊かさと教育水準を上げれば、よい制度が生じる好循環の皮切りとなれると言います。

わたしたちは、どちらにも賛成です。多少なりともよい結果が出るには、大きな**制度**に専念するのが必要十分条件だ、というのはいささか変です。政治的な制約は確かにあるし、大問題に対する大きな解決策を見つけるのは、その制約のためにかなりむずかしくなります。でも周縁部分で制度や政策を改善する余地はかなりあるのです。あらゆる人（貧乏な人、公務員、納税者、選出された政治家など）の動機と制約を慎重に理解すれば、設計の優れた政策や制度につながり、汚職や職務怠慢でゆがめられにくくなります。こうした変化は細かいものですが、それは持続し、その上にさらに積み重ねることが可能となります。そしてそれは、静かな革命の出発点にもなれるのです。

網羅的な結論にかえて

経済学者（および他の専門家たち）は、なぜある国が成長して他が成長しないのかについて、ほとんど有益なことが言えないようです。バングラデシュやカンボジアなどの論外と思われていた国が、ちょっとした奇跡になってしまいます。コートジボワールなどお手本級の国が、「底辺の10億人」に落ち込みます。後知恵でなら、それぞれの場所で何が起きたか言い訳を組み立てるのはいつでも可能です。でも本当のことを言うと、わたしたちは成長がどこで起こるかほとんど予測できないし、なぜ突然成長の火花が散るのか、ろくに理解できていません。

でも経済成長は人力と脳力を必要とすることを考えれば、その火花が散った時には、男女がきちんと教育を受け、十分に食べ、健康で、市民たちが子供たちに投資し、都市部での新しい職探しに子供を送り出せるくらいの安心と自信を感じていたほうが、成長の炎が燃え上がる見込みは高いように思えます。

それが起きるまでは、その火花を待つまでのあいだを過ごしやすくする手だてを講じるべきだ、というのもおそらく事実でしょう。悲惨と不満に任せ、怒りと暴力の噴出を許したら、そんな火花が実現するかどうかも怪しいものです。どうせ失うものなど何もないからと、人々が暴れ出すのを防ぐような社会政策は、そうしたとらえどころのない離陸の日を確保するための重要な一歩でしょう。

これがすべて正しくないとしても――もし社会政策が成長とはまったく関係なくても――今の貧乏人の生活向上にできる限りのことをすべきで、そんな成長の火花を待っているだけではいけないという議論には圧倒的なものがあります。冒頭の章でそうした道徳的な議論は述べました。貧困を緩和する方法がわかっているなら、貧困がもたらす人生と才能の無駄を甘受すべき理由などありません。本書が示したように、貧困を削減する魔法の銃弾はありません。一発ですべて解決の秘法もありません。でも貧乏な人の生活を改善する方法については、まちがいなくいろいろわかっています。特に、重要な教訓五つが浮かび上がってきます。

まず、貧乏な人は重要な情報を持っていないことが多く、まちがったことを信じています。子供の予防接種の効果についてわかっていません。教育の最初の数年で学ぶことに大した価値はないと思っています。肥料をどのくらい使うべきかも知りません。HIVに感染しやすい方法についても知りません。政治家たちが何をする人かもわかっていません。抱いている確信が実はまちがっていると、まちがった決断を下して、それが時にとんでもない結果をもたらします――年配の男性と保護なしのセックスをする少女たちや、適正量の2倍の肥料を使う農民のことを思い出してください。自分の無知を自分で知っている場合ですら、その結果として生じる自信のなさが被害をもたらすこともあります。予防接種の御利益について確信がないことと、人間すべてに見られる先送りの傾向とが組み合わさると、多くの子供は予防接種をしてもらえなくなります。何も知らずに投票する人は自分と同じ民族集団の出身者に投票しがちで、これにより身内びいきと汚職がさらに横行する結果となります。ちょっとした情報が大きなちがいをもたらす事例はたくさん見ました。でも情報キャンペーンがなんでも有効というわけではありません。情報キャンペーンが機能するには、いくつか特徴が必要です。人々がそれまで知らなかったことを伝えなくてはなりません（「婚前交渉はやめましょう」といった一般的なお題目はあまり効果がないようです）。それも魅力的で単純な方法でやるべきです（映画、演劇、テレビショー、うまく設計された成績表）。そして信頼できる情報源からのものでなくてはなりません（おもしろいことに、マスコミは信頼できると思われています）。この見方の裏返しとして、政府は誤解を招いたり、混乱していたり、ウソだったりすることを言うと、信頼性を失って巨額の費用を支払うことになります。

第二に、貧乏な人は自分の人生のあまりに多くの側面について責任を背負いこんでいます。金持ちになればなるほど、だれかが「正しい」判断を代わりに下してくれます。貧乏人には水道がなく、地方政府が水道に入れてくれる塩素消毒の恩恵を受けられません。きれいな飲料水がほしければ、自分で浄水しなくてはならないのです。栄養満点の出来合い朝食シリアルは買えないので、自分や子供が十分な栄養素を得ていることを、自分で確認しなくてはなりません。退職年金天引き制度や社会保障料天引きなど、自動的に貯蓄する方法もないので、自分が確実に貯金するような方法を考案しなければなりません。こうした意思決定はだれにとってもむずかしいのです。いま考えたり、その他今日ちょっとした費用が必要で、その便益を回収できるのははるか将来のことだからです。だから、すぐに先送り傾向が邪魔になってきます。貧乏人たちにとっては、人生がすでにわたしたちよりずっと面倒なので、さらに事態は悪化します。多くはきわめて競争の激しい産業で、小事業を営んでいます。それ以外の人々は日雇い労働者で、次の仕事がどこで見つかるか、絶えず心配を強いられます。これはつまり、すでに正しいとわかっていることをできるだけ実行しやすくすれば、彼らの人生は大幅に改善できるということです。そのためには、デフォルトの選択肢とちょっとしたあと押しですみます。鉄分とヨウ素を強化した塩はずいぶん安く作れるので、みんながそれを買うようにできます。預金は簡単だけれど引き出すのはちょっとコストがかかるような貯蓄口座は、必要なら銀行側の費用を補助すれば、みんなに提供できます。水道が高価すぎても、あらゆる水源の隣に塩素を配置することはできます。こうした例はたくさんあるのです。

第三に、一部の市場が貧乏人に提供されていなかったり、そこで貧乏人がかなり不利な価格に直面したりするのには、やむを得ない理由があるのです。貧乏な人は貯蓄口座でマイナスの金利しか得られません（そもそも口座が開設できるほど幸運であっても）。融資を受けるときも、とんでもない金利がかかります（そもそも融資を受けられる場合でも）。お金を扱うには、少額でも固定の費用がかかってしまうからです。貧乏人向けの健康保険市場は発達していません。深刻な健康問題は貧乏な人の生活にひどい影響を与えてしまいますが、それでも市場で維持できる保険の選択肢（危機的な健康問題についての保険、定式化された天候保険）は限られていて、貧乏な人が欲しがるようなものではないからです。

一部の例では、技術的、制度的なイノベーションが、欠けていた市場の発達を可能にすることもあります。これはマイクロ融資の例で起きたことです。これにより、手の届く金利で少額融資が何百万人もの貧乏な人（最貧層ではないかもしれませんが）に提供されました。電子送金システム（携帯電話などを使ったもの）と個人の確実な認証は、今後数年で貧乏な人に対する貯金や送金手段提供の費用を劇的に引き下げるかもしれません。でもときには、市場が独自に生まれるための条件がまったくない場合もあることは認識しなくてはなりません。そうした場合には政府が乗り込んで、必要な条件を整えて市場を支援すべきだし、それがダメならそうしたサービスを政府が提供することも検討すべきです。

このためには、モノやサービス（例えば蚊帳や予防ケアセンターへの来診）を無料であげたり、変な話に聞こえるかもしれませんが、彼ら自身にとってよいことを彼らがやったら、ごほうびまであげることも考えるべきだということは認識しましょう。モノやサービスの無料頒布に対する不信感は、純粋に費用便益的な観点から見ても、専門家のあいだでおそらくあまりに広がりすぎています。助かる人一人当たりでみると、形ばかりの料金を取り立てようとするよりも、サービスを無料提供したほうが結局は安上がりなことが多いのです。時には、市場で売られる商品の価格を魅力的にして、市場が発達できるようにするべきかもしれません。例えば政府は保険料に補助金を出したり、親が民間学校でも公立学校でも持っていけるバウチャーを配ったり、銀行がわずかな手数料だけで「飾りっ気なし」の無料貯蓄口座を提供するように義務づけたりすることが考えられます。こうした補助つき市場には慎重に規制をかけて、うまく機能するよう見張るべきだということは念頭に置かなくてはなりません。例えば、学校バウチャーはあらゆる親が自分の子に適した学校を探し出せる場合にはうまく機能します。そうでないと、目端の利く親にもっと多くの優位性を与える手段になってしまいかねません。

第四に、貧乏な国は貧乏だからといって失敗が運命づけられているわけではありませんし、また不幸な過去を持つから失敗確実などということもありません。確かにそうした国で物事がうまくいきにくいのは事実です。貧乏な人を助けようとするプログラムがまちがった人々の手に渡り、教師の教え方もひどかったりそもそも教えなかったり、道路は資材の盗難で弱くなり、加重積載トラックの重みで壊れてしまったりします。でもこうした失敗の多くは、エリート層が経済を掌握しつづけようとする大いなる陰謀のせいなどではなく、詳細な政策設計における、十分回避可能な欠陥のせいであり、そして普遍的な三つのIのせいなのです――無知 ignorance、イデオロギー ideology、惰性 inertia。看護師たちは、一般人がとてもこなせるとは思えないような仕事を実施するよう期待されており、それなのにだれも、その職務内容を変えるべきだとは思っていません。その時の流行（ダム、はだしの医師、マイクロ融資等々）は、それが置かれる現実の状況をまったく考慮せずに政策化されてしまいます。前にインドの高級官僚から、村落教育委員会には必ず学校の最優等生の親と、一番の劣等生の親とが入っているんですよ、と聞かされました。4年生までまったく試験がないのに、どうやって優等生と劣等生を決めるんですか、と尋ねると、彼女はあわてて話をそらしました。なのにこうしたバカげたルールは、いったん決まってしまうと単なる惰性でいつまでも続くのです。

よい知らせ、というべきかどうかはさておき、既存の社会政治構造を変えずにガバナンスや政策を改善することはできるのです。「よい」制度環境ですら、改良の余地はいくらでもありますし、悪い制度下ですら、行動する余地はあります。全員が村落集会に確実に招かれるようにするだけで、ちょっとした革命が起きます。政府職員を監視して、職務を全うしなければ責任を負わせるのも有効です。あらゆるレベルで政治家を監視して、その情報を有権者と共有するのも効きます。そして公共サービスの利用者すべてに、何を期待すべきか明確にするのもよいことです――ヘルスセンターが開いている時間帯、お金を（あるいは米の袋を）どれだけもらえるのか、といったことです。

最後に、人々に何ができて何ができないかという期待は、あまりにしばしば自己成就的な予言に早変わりしてしまいます。きみはカリキュラムを習得できるほど賢くないよ、というシグナルを先生（そして時には両親）から受け取った子供は、学校をあきらめてしまいます。果物商人は、どうせ自分がすぐに借金漬けに戻ると予想しているので、あまり返済努力をしません。看護師たちは、クリニックにいるとだれにも期待されていないために、クリニックにこなくなります。成果をあげるとはだれも期待してない政治家には、人々の生活を改善しようなどとがんばるインセンティブがありません。期待を変えるのは楽ではありませんが、不可能でもありません。村に女性プラダンが来たのを見るだけで、村民たちは女性政治家への偏見をなくしたばかりか、自分の娘も政治家になれるかも、と思い始めました。子供が全員字が読めるようにするだけでいいんです、と言われた教師は、夏期講習キャンプ1回でそれを実現してしまいます。いちばん重要なこととして、期待の役割を考えると成功はさらなる成功を招くことになります。状況が改善しはじめたら、その改善そのものが信念と行動に影響します。だからこそ、成功のサイクルを開始させるのに必要であれば、モノ（そしてときに現金）を渡すのを必ずしも尻込みする必要はないのです。

こうした五つの教訓にもかかわらず、わたしたちは知り得る、知るべきことをすべて知るにはほど遠い状態です。本書はある意味で、もっと細かく見ようという招待状にすぎません。あらゆる問題を同じ一般原理に還元してしまう、怠惰で紋切り型の発想を拒絶しましょう。貧乏な人たち自身に耳を傾けて、彼らの選択の論理をがんばって理解しましょう。まちがえる可能性を受け容れて、あらゆる発想、それも明らかに常識としか思えない発想も含めて厳密な実証試験にかけましょう。そうすれば、有効な政策のツールボックスが構築できるだけではなく、なぜ貧乏な人が今のような暮らしをしているかも理解しやすくなるのです。こうした辛抱強い理解を武器に、本当の貧困の罠がどこにあるのかも見つけられるし、そこから貧乏人たちが抜け出すためにはどんな道具を与えるべきなのかもわかります。

マクロ経済政策や制度改革についてはあまりお話ししませんでしたが、試みが慎ましく思えるからといって誤解してはいけません。ちょっとした変化が大きな影響をもたらすこともあるのです。魅力的なデート相手との話題として、寄生虫の話はなかなか持ち出しにくいものですが、ケニアで在学中に虫下し治療を1年ではなく2年続けた子は（児童1人当たり年に購買力平価で1・36米ドル、全費用込みです）、大人になって毎年2割余計に稼ぎました。つまり生涯で購買力平価3269米ドルです。虫下しが全員に広まったら、この効果は下がるかもしれません。虫下しをもらった幸運な子たちは、単に他の人の仕事を横取りできただけかもしれませんから。この数字の規模感を理解するために、最近おもいだせる範囲の近年でケニアが実現した最高の1人当たり成長率は、2006年から08年にかけての4・5パーセントだったことを考えてください。この空前の成長を再現できるようなマクロ経済政策のレバーがあったとしても、平均所得を同じく2割上げるには4年もかかります。そして実は、だれもそんなレバーは持ち合わせていないのです。

貧困をまちがいなく根絶してくれるようなレバーもありませんが、それがないことを認めれば、時間がこっちの味方についてくれます。貧困は何千年も人類とともにありました。貧困の終わりまでにあと五十年か百年待たねばならないのであれば、それはそれで仕方ないことです。少なくとも、何か簡単な解決策があるようなふりはやめられますし、世界中の善意の人々――政治家たちや官僚、教師やＮＧＯ

のワーカー、学者や起業家たち——とも手を結べるようになります。彼らとともに、大も小もいろんなアイデアを探求することで、いずれだれも1日99セント以下で暮らさなくてすむ世界に到達できるのです。

謝辞

わたしたちが開発経済学者になったのは、それぞれの母親、ニルマラ・バナジーとヴィオレーヌ・デュフロのおかげです。二人はその人生と業績において絶えず、世界で目撃する不正を甘受できないと述べ続けてきました。彼女たちの影響からは見えず聞こえずでもない限り逃れられなかったでしょう。

二人の父親、ディパック・バナジーとミシェル・デュフロは、正しい議論の重要性を教えてくれました。わたしたちは、この二人が自らに強いていた厳格な基準に必ずしも到達できてはいませんが、なぜそれが正しい基準なのかは理解するに至っています。

本書の発端は2005年に行なったアンドレイ・シュレイファーとの会話でした。彼は当時、『ジャーナル・オブ・エコノミック・パースペクティブ』誌の編集にたずさわっており、貧乏な人について何か書いてくれと依頼してきたのです。やがて「貧乏な人の経済生活」と題されることになる論文を執筆中に、わたしたちが生涯をかけて構築しようとしてきたバラバラの事実や発想の多くをこうやってまとめられるのではないかと気がつきました。わたしたちのエージェント、マックス・ブロックマンはこの論文から派生する本を刊行したがる版元があるかもしれないとわたしたちを説得しました。

そうした事実や発想の多くは、他の人の業績です。わたしたちを教え、指導し、反論してくれた人々。論文共著者、共編者、学生、友人たち。アブドゥル・ラティーフ・ジャミール貧困アクション研究所の同僚たち。そして世界中の政府や開発組織で共同作業をした多くの人々。個別影響の一覧となると、不完全なものにならざるを得ませんし、不公平なものになってしまいかねません。それでも、以下の人々の名前は挙げておきたいと思います。ジョッシュ・アングリスト、ルクミニ・バナジー、アニー・デュフロ、ニーリマ・ケタン、マイケル・クレマー、アンドリュー・マス・コレル、エリック・マスキン、センディル・ムライナタン、アンディ・ニューマン、ロヒニ・パンデ、トマス・ピケッティ、エマニュエル・サエズ。彼らはそれぞれ独自の方法で、本人たちが認識しているより本書の思考形成に大きな貢献をしてくれています。その結果に彼らがあきれ果てないことを祈るばかりです。

本書初期の草稿で、多くの人々のコメントから多大な恩恵を被りました。ダニエル・コーエン、アンガス・ディートン、パスカリン・デュパス、ニコラス・クリストフ、グレッグ・ルイス、パトリック・マクニール、ロヒニ・パンデ、イアン・パーカー、ソミニ・セングプタ、アンドレイ・シュレイファー、クザイ・タカヴァラシャ。エミリー・ブレザとドミニク・レゲットはあらゆる章を何度も読み返して、本書を改善する重要な方法を思いついてくれました。おかげで本書は大幅によいものとなりました。とはいえ、わたしたちがこれほどせっかちに完成させようとしなければ、もっとよいものにできたとは思います。パブリック・アフェアズ社の編集者クライブ・プリドルとの作業はすばらしいものでした。彼が担当になってくれたときに、この本は生まれたのです。

訳者解説

1　はじめに

本書は Abhijit V. Banerjee and Esther Duflo, *Poor Economics: A Radical Rethinking of the Way to Fight Global Poverty*（Public Affairs, 2011）の全訳である。翻訳には原著版元から送られたｐｄｆファイルを主に使っている。

2　本書の主張

さていきなり私事で恐縮だが、訳者は開発援助のコンサルタントでもあり、本書で取り上げられている各種分野の多くにも関わったことがある。その訳者にとって、本書は実に耳の痛い一冊だ。

著者たちはまず、援助の現場でも理論でも常に登場する、二つの大きな発想を提示する。大ざっぱに言えば、援助は基本的に無駄どころか有害、という発想と、ドーンと援助しないと貧困は解決しない、という発想だ。

前者の考え方では、援助は途上国の人々の自主性を奪い、ひどい言い方をするとクレクレ厨にしてしまう。基本は人々のやる気と自助努力と主体性に任せ、自由市場による発展にどうしても必要という部分だけ支援しましょう、という考え方。貧困を援助で助けてやろうなどというのは、上から目線の先進国の傲慢だ、ということになる。これはウィリアム・イースタリーなどの主張する議論だ。

一方、後者の考え方からすれば、そんなこと言ったって今まで自主性に任せておいたら貧しいままだったから困ってるんじゃないか、ということになる。貧乏な国へ行けば、教育も病院も機械を買うお金どころか機械を売る商人も、電気も情報もあれもこれも何もない。やる気があっても、どうしろっていうの？　やる気のある人が実際に何かできるだけの環境を整えてあげないと、個別分野でちょっと一人が努力したくらいで何も変わらない。だから一気に環境を整えてあげよう。そうしたら、あとはやる気でも主体性でも自由市場でも活躍する余地ができようってもんじゃないか。これはジェフリー・サックスの、ビッグプッシュ論となる。

さて、著者たちはこの発想が、援助の方針を決めたりする大きな政策の場を左右する発想なんだ、と述べている。でも実際には、ぼくがいる開発援助の細かい現場でも常にこうした議論は出てきて、実際の援助のやり方を左右するのだ。

たとえばある国で、公営企業の組織能力改善をやろうとしていたことがある。当方の提言は簡単なことで、組織としての目標をちゃんと決め、毎週目標と実績を表にして、それをみんなに配って、組織としての目的意識を共有し、改善案を話し合いましょう、というもの。みんな納得してくれたし、事前のワークショップではみんな改善案も積極的に出す。で、これなら大丈夫だと思って、半年後に戻ってきてみると……全然できていない。週ごとの成果確認も話し合いも。

なにやってんだよ、と怒ると、向こうは申し訳なさそうな顔をしつつ、こう答えた。「いや、でも配るためのコピー用紙を買う予算がないんだよ」

さて……そう言われてあなたはどう思うだろうか。

コピー用紙調達くらいのハードルすら克服できないってどういうこと？　これだからXX人はダメだ、援助なんかしたって無駄だ、こいつらが自分からやる気を出して、少なくともこの程度の問題は自力で解決できないと意味ない、と思う立場もある。

一方で、みんなやる気があるのにこんなことで見捨てるなんてもったいない、という立場もある。それにコピー用紙というのは、紙そのものというよりむしろ多数の細かい障害の代表例でしかない。紙があっても、コピー機がぼろくてしょっちゅう壊れたりする。それをいちいち解決するのは組織として手間なのもわかる。もっと援助して方策実施に必要な機材くらいドーンと一式あげて、まずは仕組みをスムーズに機能させるべきでは？　そういう考え方もある。コピー機や紙くらい、この機関がきちんと機能する利益に比べたらはした金じゃないか、それをケチってどうする。いったん仕組みが動いて成果があがれば、いろんな予算だって取りやすくなる。そこまで面倒見るべきじゃないか、と。

どっちの発想にも一理ある。そして言うまでもなく前者は、援助は役に立たず、自主性とインセンティブに任せるべきだ、という議論に属し、後者はサックスなどによる、でかい援助一発という発想だ。そしていずれの議論も、あらゆる援助施策に適用できてしまう。うまく行かないのは、援助自体が大きなお世話なのか、それともいまやっていることがケチだからなのか？　現場にいるぼくたちも、日々この発想の枠組みの中で議論をして、どういう援助をするのがいいか、あれこれ答を出そうとしている。

だがどっちの発想にも、一理はあるが一理しかない、と本書は述べる。援助は白か黒かではない。なんでも自主性ではないが、何でもあげればいいわけでもない。援助の障害の多くは、人間が生得的に持つ弱さやちょっとしたかんちがい、過大な期待と現実とのギャップにある。それを見つけて取り除けば、結構うまく行くのだし、開発援助はそうしたボトルネックの地道な解消が重要なのだ、と。

しかも本書は、単にお題目としてそれを主張するのではない。きちんとした実証実験を裏付けにして語っている。こちらとしては、反論のしようもないし、そして自分たちがこれまで単なる印象をもとに展開をしていた各種議論が、実は無責任な酒場談義の域を出るものではなかったことも思い知らされる。

そしてまた非常に興味深いのは、多くの議論が行動経済学の最新の成果と実にうまくマッチしているということだ。といっても、行動経済学は（いや経済学の相当部分は）かなり常識的なことを難かしく言っているだけ、という面はある。たとえば人は、いやなことはつい先送りにしてしまうとか、とりかえしのつかないことにこだわって失敗をついつい重ねてしまう、とかいうのは、実生活では小学生でも知っている常識だが、行動経済学ではこれがノーベル賞級の一大知見だ。でもそれが、著者たちの実験結果からも見事に裏付けられ、しかもそれが実は大がかりな援助や経済発展の成否すら左右しているというのは、驚くしかない。

そしてそこから出てくる本書の多くの知見は、かなり意外なものだ。たとえば、

・飢えている人でもカロリー増よりおいしいものやテレビのほうを優先する。
・就学率が上がらないのは、学校がないからではない。むしろ子供自身や親が学校に行きたがらない／行かせたがらないから。
・マイクロファイナンスは悪くはないが、一般に言われるほどすごいものでもない。
・高利貸しは悪らつな強突く張りでは（必ずしも）ない。
・途上国に多い作りかけの家は、実は貯蓄手段。

これらは一般読者のみならず、多くの援助関係者にとってもかなり意外な話だ。ぼくたちは、多くの援助団体やNGOが作る「学校に行きたくても行けない子がたくさんいます」とか「飢えている子がたくさんいます」といった宣伝パンフレットを見慣れすぎているせいもあるだろう。そして、それが完全にウソというわけでも

ない。でも、実はそれは問題の本質ではないかもしれないと知らされるのは、いささかショックではある。

本書はそれを、常にまず地道な現場でのヒアリングから得られた意外なエピソードから始める。そこから生じた疑問を解明する緻密な実証実験、そしてその結果を理解するための最先端の経済学的な知見の見事な応用――これが本書を、読み物としても実に奇想天外でおもしろいくせに、理論・実践の面でも実に高度だという希有な本に仕立てている。

このため本書は刊行直後から大いに話題となり、各界から絶賛を受けた。本書でかなり単純化した形でボケ役に使われているイースタリーやサックスでさえ、本書に賛辞を送っている。そして英『エコノミスト』誌の２０１１年ベスト経済学・ビジネス書筆頭、『フィナンシャルタイムズ』／ゴールドマンサックス・ベストビジネス書賞を始め、２０１１年の経済学系書籍の各界ベストを総なめにしている。

3　著者たちとその手法について

そんな本書の著者二人、アビジット・バナジーとエスター・デュフロは、それぞれインドとフランス出身の経済学者だ。マサチューセッツ工科大学で一貫してこうした経済開発と貧困問題に取り組んできた。詳しい経歴は、巻末の著者紹介をご参照いただきたい。合理的期待形成の大波が吹き荒れた一九八〇年代が終わり、経済学の理論的な枠組変動が落ち着いた一九九〇年代から、実証的な経済学の可能性を一気に広げたのがこの二人の大きな業績だ。いまや二人とも世界の経済学界の次代を担うエース級の存在だ。本書はこの二人の共著による初の一般向け（いやそれ以外でも）単行本となる。

その著者たちの十八番となる実証手法であり、本書のあらゆる問題を検討するにあたっても使われているのが、ランダム化対照試行という手法だ。本書では、この手法そのものについてはあまり詳しくないので、ちょっと説明を。

理念だけであれこれ議論していても、結論は出ない。実際にやってみて成果があがるかどうかをきちんと検討して、はじめてその手法がいいか悪いかを判断できる。そしてきちんと検討するには、その施策を実施した場合としない場合とを、条件を揃えて比べてみることだ。

さて物理学ならこれはそこそこ楽だし、生物学や薬学でも、エサや成長環境はおろか遺伝子レベルまで性質の揃った実験動物が手に入る。でも、現実社会を相手にする場合には、これはずいぶん難しい。まったく同じ個人は二人といない。本書を読めばすぐわかるように、お金を貸したら自分で商売を始めるか、といった問題に影響する要因は何なのかよくわからないし、わかったとしても、そうした要因がまったく同じ人を何組も揃えるのは、なまやさしいことではない。

揃える以前に、そうした要因についてきちんと調査するのさえホネだ。ある地域全員の学歴や食生活や嗜好や病歴についてアンケートするわけにもいかない。そうしたデータがあれば、多変量解析で影響を調べることもできる。でも特に貧困国では、そのための個人データすらないのが通例だ。

でも、個体別に揃えなくてもいいじゃないか、というのがランダム化対照試行の発想だ。グループとしてだいたいの性質を揃えよう。たとえば同じ地域の似たようなA村とB村をランダムに選び、片方には介入してみる。片方には何もしない。それで両者に何か有意な変化が生じるかを見てみようじゃないか。

もちろん、A村とB村の人がまったく同じなどということはない。A村にはやせて病気で甘党で酒好きで小学校は出ていて目が悪い、という人はいても、B村にそれとまったく同じ人はいないかもしれない。でも全体として見れば、各種条件はだいたい揃っているはずだ。やせた人も太った人もいる、病気の人も健康な人もいる、お酒の好きな人も嫌いな人もいる、甘党も辛党もいる。個別にはちがっても、全体として見れば各種施策を左右する条件の分布は同じくらいだろう。ならば、両者の差は純粋に、その施策や介入がもたらしたちがい、と言えるはずだ。

当然ながらこれは、言うほど簡単ではない。似ているように見える二つの村が、実は目に見えないところで決定的にちがっていて、それが結果を大きく左右することもある。たとえば村がちがうと食生活がちょっとちがったり、市場までの距離がちょっとちがったりして、それが所得改善に大きく作用するかもしれない。

でも、そうした部分はうまく実験設計をすれば避けられる。たとえばそれぞれの村の中で人々をランダムに2グループに分ければ、村ごとの差は影響しなくなる。あるいは同じ実験をあちこちでやれば、差が出る場合と出ない場合で何が影響しているかを考えることもできるだろう。むろん、自分で施策や介入を実施するだけでなく、歴史的にたまたま施策が変わってしまったケースを探して比べることもできる。

さて、この手法については、「A村には何かしてあげるのに、B村には観察目的だけでわざと何もしてあげないなんてひどい」といった批判がときどき出てくる。ときにはこの対照実験の当事者たちからも。なんでいつはお金がもらえて、オレはもらえないんだよ、不公平だろうというわけだ。でも、こんな実験が必要なのは、そもそもその施策や介入に効果があるかどうかわからないからだ。したがって、本当に不公平かどうかは、この実験の成果が確認されるまで、実はだれにもわからないのだ。だからこの批判はちょっとピント外れではある。とはいえ、これは実験実施にあたっては大きなトラブルの種となりかねず、実験者の手腕が要求される点ではある。

そして、それ以外にも、この手法が完璧ではないという言わずもがなの指摘もときどき見られる。これはまあ当然の話で、こちらで効いた施策があっちでは効かないケースはいくらでもある。それでもこの手法により、従来はできないと思われていた経済学・社会科学の対照実験が、それなりに厳密な形でできるようになった意義は大きい。そして当初は軽視する声も大きかったこの手法の威力をまざまざと見せつけたのが、本書の著者二人の活躍だ。実験一つ一つでわかることは小さいかもしれない。だがそれを10年以上も続け、小さな成果を積み重ねるうちに、これまではっきり言えなかったことが、いまや裏付けをもって言えるようになっている。そして、援助がいいか悪いか、という単純な原則論と張り合えるだけの強力な結果が、いまや本書のような形で生み出されつつあるわけだ。

4　開発援助・貧困削減以外での意義

すでにお気づきの方もいるだろう。本書の多くの知見は、実は開発援助や貧困削減といった狭い分野だけに関係するものではない。もっともっと広い意義を持つ。

たとえば冒頭で挙げられる二つの発想、つまり途上国の自主性と市場に任せるべきか、それとも大きく介入して支援すべきか、という議論は、世間一般で見かけるあらゆる経済論争に登場する、自由市場か政府か、という話の一変種でしかない。対象こそちょっとちがうが、議論の中身はまったく同じだ。そしてもちろん、多くの議論は個別事例や個人の思い込み、あるいは単純化した理論をもとに展開されている。

だが本書の議論を見れば、こうした自由市場か政府か、という議論だけでは不毛だということがわかる。どっちも一理ある。どっちにもそれなりの場がある。こういう主張は、なあなあの日和見と思われがちだが、本書の議論を考えれば、実はもっと積極的な役割があることがわかる。

また個別の議論を見ても、応用はたくさんある。たとえば教育問題。問題は学校の有無ではなく不登校であり、それをもたらしているのは実はエリート志向の教育方針だ、という主張は、日本の教育の現状にとっても意味を持つかもしれない。生徒たちの理解が不十分なまま進学し、大学でもかけ算の九九も知らない、といった問題が指摘されるが、本書の議論を応用する余地はかなりありそうだ。これを書いている2012年初頭でも、この問題をめぐる議論は世界的に尽きる気配がないが、本書の指摘のみならず、手法面を活用することでもっと生産的な話が可能になるのではないか。

同じく、1990年代以来続いてきた日本のデフレ不況のために、若年失業が問題となっている。これに対して、いまの連中は起業家精神が足りないとか、やる気がないとか、もっと自助努力をしろとか、安易なシバキ議論は多い。でもそれを言っている連中は、安楽なサラリーマン生活を続けてきたり、起業したとしても経済環境がずっとよい時代で、すでに悠々自適だったりする。そうした安楽な立場からあれこれ厳しいことを言うのは簡単だ。でも、それでは何の解決にもならないことを本書は指摘する。貧乏人に厳しいことを言う先進国のぼくたちや高齢のお金持ちたちは、実は過保護なくらい各種の社会制度に保護された、甘ったれた立場にいる。その甘ったれぶりを認識せずに、貧乏人や失業者に厳しいことばかり言うのは滑稽なことなのだ。

それ以外にも、政府の役割や政治家への絶望などについて、本書が与えてくれる示唆は大きい。読者の一人一人が、何かしら自分に直接関わりのある知見を引き出せる、広がりのある議論が展開されているのも本書の大きな魅力だろう。

5　グローバリズムはどこへ？

さて本書は、世界の貧困問題を扱っているはずなのに、ある話題がまったく出てこないので面食らう人もいるだろう。グローバル化と先進国による収奪、という話だ。一部の論者は、世界に貧困があるのはグローバル企業が貧乏な国や人を搾取したからだと考えている。あるいはかつての植民地主義により、豊かだった地方から富が奪い去られていまの貧困状態がやってきたのだ、と。

本書にはそうした議論はほとんど出てこない。教育制度や政治の議論で、かつての植民地時代の名残が悪影響を及ぼしている面もある、という話が少し出てくる程度だ。そしてグローバリズム的な工場の影響——一般に収奪的な搾取タコ部屋工場と思われているもの——は、実はきわめてポジティブなものだという話も登場するが、それも決してメインの議論ではない。

なぜそうした問題に触れないかという理由の一つは、まず著者たちがその貧困の歴史的な原因などに関心がなく、いま現在それが続いている理由とそこからの脱出法に注目しているからだ、とは言える。いま途上国の貧乏人が貧乏なのは、別にグローバル企業が途上国の貧乏人のところにきて日々お金を巻き上げているからではない。かれらは搾取されるほどの富を持っていないのだ。貧乏になった原因はさておき、それが続いているのは、貧乏人が直面している各種の条件のせいだ、という明確な認識がそこにはある。

そしてもう一つ、全体として見たとき、二百年前の世界はきわめて貧しかったのはまちがいない。世界の大半は、豊かな状態から貧乏に転落したのではなく、貧乏がそのまま続いているだけだというのは否定しがたいことだ。本書の最後の部分で、著者たちもその認識を示している。植民地の爪痕はあるし、グローバリゼーションが一部歪みを引き起こした面もある。でも一方で、本書が指摘するようにグローバル工場にはかなりいい面もある。そして、世界の貧困のほとんどは、グローバル工場などとは無縁のところに存在しているのだ。

だからこそ著者たちは本書の最後で、冷酷とも取れる発言をする。貧困撲滅にあと五十年や百年かかるにしても、それがどうした、と。そこにだれか貧困を長引かせている悪人がいるわけではない。貧乏は、昔からずっと人類とともにあった。だから、変な見当ちがいの犯人捜しに血道をあげるのではなく、そこから脱出できた希有な経験をもとに、それをもっと広げることに専念しなければならないし、それには時間がかかるのだ、と。

むろんこれに賛成しない人もいるだろう。目につきやすい大企業をなじるほうが、達成感も得やすいかもしれない。そして企業による途上国投資に改善の余地があるのも事実なので、それはそれで進めるべきだ。それでも本書の議論を見れば、それ以外の部分がかなりあることは理解してもらえるのではないか、とぼくは思う。そして、白い腕輪を買うと貧困がどうにかなるかのような、性急で怪しげなキャンペーンにだまされる人も少しは減るのではないか。なるべく多くの人がその認識を持つことこそ、真の貧困撲滅に至る大きな一歩だろう。

6　その他、および謝辞

さて蛇足ながら原著刊行後に、本書で（ちょっと眉唾的な扱いで）触れられている議論の一つがおもしろい展開を見せたので触れておこう。著者たちが、政治と経済を扱った第10章で、ポール・ローマーの「チャーター都市」に触れている。まったく新しい制度を持つ新都市を無人の地に作る、という構想だ。著者たちも含め、だれも実現するとは思っていなかったこの構想だが、２０１1年末になんとホンジュラスがトルヒーヨでこれを実現することに決定、そのために憲法改正までやってのけた。まだみんな半信半疑ながら、ひょっとしたら途上国発展の台風の目になるかもしれないので、注目したいところ。

本書はきわめて平易に書かれており、翻訳上で特に苦労するところはなかったものの、誤植や思わぬかんちがいなどはまだ残っているかもしれない。お気づきの点があれば、ぜひ訳者までご一報いただければ幸いだ。見つかったまちがいは随時サポートページ上で訂正する。http://cruel.org/books/pooreconomics/

本書の翻訳を任せてくれたのは、みすず書房の中林久志氏だった。貧乏人の群れなす途上国の援助の現場で、まさにその状況について述べた本を訳すのは、訳者にとってもきわめて刺激的な、またとない体験だった。ありがとう。また前半の翻訳では森本正史氏のご協力をいただいた。ありがとう。そしてこれまでぼくが本業で援助したはずだが、実際にはどこまでお役に立てたかわからない世界各地の途上国の貧乏人のみなさんにも、本書を訳すのに欠かせなかった基礎情報や認識をいろんな形で与えてくれたことに感謝する。ありがとう。この翻訳を通じて、ぼく自身やこれを読む読者諸賢が、これから少しでもみなさんの役に立つ活動ができますように。

２０１２年2月22日
アジスアベバにて

山形 浩生（hiyori13@alum.mit.edu）

索　　引

（MFIはマイクロファイナンス機関をあらわす）

【ま】

【や】

【ら・わ】

原　注

はじめに

1. 本書では一貫して、著者二人の少なくともどちらかがいた場合には「わたしたち」という集合表現を使っています。

2. 貧困の定義としてわたしたちが使用した中心的な参考文献は、Angus Deaton and Olivier Dupriez, "Purchasing Power Parity for the Global Poor," *American Economic Journal: Applied Economics,* 近刊です。生活費を反映するために価格をどれだけ調整すべきかをどう判断するか？　世界銀行主導のICPプロジェクトは、2005年に包括的な価格データを集めました。Deaton and Dupriezはこれを使って、データが手元にあるあらゆる貧困国において、貧困者が典型的に消費する財のバスケットについて費用を計算しました。二人は、インドルピーをベンチマークとして、インドの物価指数をアメリカのものと比べることで、この貧困線を、購買力平価で調整済みのドルに換算しました。二人によると、16ルピーの貧困線は、貧乏な人の大半が住む50カ国の貧困線を、貧乏な人の数で加重した平均になります。それから為替レートを使い、それをインドとアメリカの物価指数で補正して、16ルピーをドル換算しましたが、これが99セントになります。本書を通じて、すべての価格は現地通貨と2005年購買力平価補正ドル（購買力平価x米ドルと記述）で表現しますが、Deaton and Dupriezの数字に基づいています。こうすることで、本書で述べられる物価はすべて貧乏な人の生活水準に対応づけることができます（たとえば何かが、購買力平価３米ドルなら、それは貧困線のおよそ３倍です）。

第１章　もう一度考え直そう、もう一度

1. United Nations, Department of Economic and Social Affairs, *The Millennium Development Goals Report* (2010).

2. Pratham *Annual Status of Education Report 2005: Final Edition*, http://scripts.mit.edu/~varun_ag/readinggroup/images/1/14/ASER.pdf で入手。

3. Deborah Small, George Loewenstein, and Paul Slovic, "Sympathy and Callousness: The Impact of Deliberative Thought on Donations to Identifiable and Statistical Victims," *Organizational Behavior and Human Decision Processes* 102 (2007): 143-153.

4. Jeffrey Sachs, *The End of Poverty: Economic Possibilities for Our Time* (New York: Penguin Press, 2005)〔邦訳　サックス『貧困の終焉―― 2025年までに世界を変える』鈴木主税・野中邦子訳、早川書房、2006〕

5. William Easterly, *The White Man's Burden: Why the West's Efforts to Aid the Rest Have Done So Much Ill and So Little Good* (Oxford: Oxford University Press, 2006)〔邦訳　イースタリー『傲慢な援助』小浜裕久・織井啓介、冨田陽子訳、東洋経済新報社、2009〕; および William Easterly, *The Elusive Quest for Growth: Economists' Adventures and Misadventures in the Tropics* (Cambridge: MIT Press, 2001)〔邦訳　イースタリー『エコノミスト 南の貧困と闘う』小浜裕久・織井啓介・冨田陽子訳、東洋経済新報社、2003〕

6. Dambisa Moyo, *Dead Aid: Why Aid Is Not Working and How There Is a Better Way for Africa* (London: Allen Lane, 2009)〔邦訳　モヨ『援助じゃアフリカは発展しない』小浜裕久訳、東洋経済新報社、2010〕

7. 本書では一貫して、ある金額を現地通貨で表示するときには、生活費で補正したドル相当額を併記しています（「はじめに」の注を参照）。これは購買力平価 x 米ドル（購買力平価での米ドル）で示しています。

8. Todd Moss, Gunilla Pettersson, and Nicolas van de Walle, "An Aid-Institutions Paradox? A Review Essay on Aid Dependency and State Building in Sub-Saharan Africa," Working Paper No. 74, Center for Global Development (January 2006). それでも、46 カ国中 11 カ国は予算の 1 割以上を援助でもらい、11 カ国は 2 割以上の援助を受けています。

9. Peter Singer, "Famine, Affluence, and Morality," *Philosophy and Public Affairs* 1 (3) (1972): 229-243.

10. Amartya Sen, *Development as Freedom* (New York: Knopf, 1999)〔邦訳　セン『自由と経済開発』石塚雅彦訳、日本経済新聞社、2000〕

11. Nicholas D. Kristof and Sheryl WuDunn, *Half the Sky: Turning Oppression into Opportunity for Women Worldwide* (New York: Knopf, 2009)〔邦訳　クリストフ＆ウーダン『ハーフ・ザ・スカイ――彼女たちが世界の希望に変わるまで』藤原志帆子監修、北村陽子訳、英治出版、2010〕

12. Peter Singer, *The Life You Can Save* (New York: Random House, 2009), http://www.thelifeyoucansave.com で入手。

13. WHO マラリアファクトシートを参照。http://www.who.int/mediacentre/factsheets/fs094/en/index.html で入手。ここでも本書の他の部分と同様に、公式の国際統計を引用しています。こうした数字が常に正確とは限らないことはお忘れなく。多くの問題で、こうした数字が元にしているデータは不完全だったり、怪しげだったりします。

14. C. Lengeler, "Insecticide-Treated Bed Nets and Curtains for Preventing Malaria," *Cochrane Database of Systematic Reviews* 2 (2004), Art. No. CD000363.

15. William A. Hawley, Penelope A. Phillips-Howard, Feiko O. Ter Kuile, Dianne J. Terlouw, John M. Vulule, Maurice Ombok, Bernard L. Nahlen, John E. Gimnig,

Simon K. Kariuki, Margarette S. Kolczak, and Allen W. Hightower, "Community-Wide Effects of Permethrin-Treated Bed Nets on Child Mortality and Malaria Morbidity in Western Kenya," *American Journal of Tropical Medicine and Hygiene* 68 (2003): 121-127.

16. *World Malaria report*, http://www.who.int/malaria/world_malaria_report_2009/factsheet/en/index.html で入手。

17. Pascaline Dupas, "Short-Run Subsidies and Long-Run Adoption of New Health Products: Evidence from a Field Experiment," 草稿 (2010); Jessica Cohen and Pascaline Dupas, "Free Distribution or Cost-Sharing? Evidence from a Randomized Malaria Prevention Experiment," *Quarterly Journal of Economics* 125 (1) (February 2010): 1-45; V. Hoffmann, "Demand, Retention, and Intra-Household Allocation of Free and Purchased Mosquito Nets," *American Economic Review: Papers and Proceedings* (May 2009); Paul Krezanoski, Alison Comfort, and Davidson Hamer, "Effect of Incentives on Insecticide-Treated Bed Net Use in Sub-Saharan Africa: A Cluster Randomized Trial in Madagascar," *Malaria Journal* 9 (186) (June 27, 2010).

18. http://www.millenniumvillages.org/ で入手。

第２章　10億人が飢えている？

1. Food and Agriculture Organization, "The State of Food Insecurity in the World, 2009: Economic Crises, Impact and Lessons Learned," http://www.fao.org/docrep/012/i0876e/i0876e00.htm で入手。

2. World Bank, "Egypt's Food Subsidies: Benefit Incidence and Leakages," Report No. 57446 (September 2010).

3. A. Ganesh-Kumar, Ashok Gulati, and Ralph Cummings Jr., "Foodgrains Policy and Management in India: Responding to Today's Challenges and Opportunities," Indira Gandhi Institute of Development Research, Mumbai, and IFPRI, Washington, DC, PP-056 (2007).

4. これは London School of Economics における Dipak Mazumdar の博士論文の一部でした。1986 年に、当時スタンフォード大学教授だった Partha Dasgupta と Debraj Ray はこれについてエレガントな説明を行ないました。Partha Dasgupta and Debraj Ray, "Inequality as a Determinant of Malnutrition and Unemployment: Theory," *Economic Journal* 96 (384) (1986): 1011-1034 を参照。

5. 18 カ国データセットに基づく、これを含む各種統計（およびデータについての詳細）は本書のウェブサイト http://www.pooreconomics.com にあります。

6. Shankar Subramanian and Angus Deaton, "The Demand for Food and Calories," *Journal of Political Economy* 104 (1) (1996): 133-162.

7. Robert Jensen and Nolan Miller, "Giffen Behavior and Subsistence Consump-

tion," *American Economic Review* 98 (4) (2008): 1553-1577.

8. 現代経済学創始者の一人であるアルフレッド・マーシャルは、この発想を『経済学原理』（初版は McMillan, London, 1890）で説明します。そこでの例は、パンの値段が上がると人々は「肉やその他もっと高価なデンプン質食品の消費を抑えざるを得ない。そしてパンはそれでも彼らが買えて買いたがる食品であるために、人々はその消費を減らすどころか増やす」というものです。マーシャルはこの洞察をギッフェン氏なる人物によるものとしており、このため安くなると消費が減る財のことは「ギッフェン財」と呼ばれています。でもジェンセン＝ミラー実験以前は、ほとんどの経済学者がギッフェン財の実在を疑問視していました。Alfred Marshall, *Principles of Economics* (Amherst, NY: Prometheus Books, 改訂版, May 1997)〔邦訳 マーシャル『経済学原理』全４巻、馬場啓之助訳、東洋経済新報社、1966〕を参照。

9. Angus Deaton and Jean Dreze, "Food and Nutrition in India: Facts and Interpretations," *Economics and Political Weekly* 44 (7) (2009): 42-65.

10. "Food for All," *World Food Summit*, November 1996, Food and Agriculture Organization of the United Nations.

11. Nathan Nunn and Nancy Qian, "The Potato's Contribution to Population and Urbanization: Evidence from an Historical Experiment," NBER Working Paper W15157 (2009).

12. これはウォールストリート・ジャーナルの記者二人、Roger Thurow and Scott Kilman が以下のうまいタイトルの本で主張したことです：*Enough: Why the World's Poorest Starve in an Age of Plenty* (New York: Public Affairs, 2009)〔邦訳　サロー＆キルマン『飢える大陸アフリカ——先進国の余剰がうみだす飢餓という名の人災』岩永勝訳、悠書館、2011〕

13. John Strauss, "Does Better Nutrition Raise Farm Productivity?" *Journal of Political Economy* 94 (1986): 297-320.

14. Robert Fogel, *The Escape from Hunger and Premature Death, 1700-2100: Europe, America and the Third World* (Cambridge: Cambridge University Press, 2004).

15. Emily Oster, "Witchcraft, Weather and Economic Growth in Renaissance Europe," *Journal of Economic Perspectives* 18 (1) (Winter 2004): 215-228.

16. Elaina Rose, "Consumption Smoothing and Excess Female Mortality in Rural India," *Review of Economics and Statistics* 81 (1) (1999): 41-49.

17. Edward Miguel, "Poverty and Witch Killing," *Review of Economic Studies* 72 (4) (2005): 1153-1172.

18. Amartya Sen, "The Ingredients of Famine Analysis: Availability and Entitlements," *Quarterly Journal of Economics* 96 (3) (1981): 433-464.

19. "Intake of Calories and Selected Nutrients for the United States Population, 1999- 2000," Centers for Disease Control, results from the NHANES survey.

20. Measure DHS Statcompiler, http://statcompiler.com で 入 手。Angus Deaton and Jean Dreze, "Food and Nutrition in India: Facts and Interpretations," *Economics and Political Weekly* 44 (7) (2009): 42-65 でも引用。

21. Ibid.

22. Anne Case and Christina Paxson, "Stature and Status: Height, Ability and Labor Market Outcomes," *Journal of Political Economy* 166 (3) (2008): 499-532.

23. Case-Paxson 論文に対する反応を描いた Mark Borden の記事を参照。http://www.newyorker.com/archive/2006/10/02/061002ta_talk_borden で入手。

24. Sarah Baird, Joan Hamory Hicks, Michael Kremer, and Edward Miguel, "Worm at Work: Long-Run Impacts of Child Health Gains," University of California at Berkeley (2010), 未刊行原稿。

25. Cesar G. Victora, Linda Adair, Caroline Fall, Pedro C. Hallal, Reynaldo Martorell, Linda Richter, and Harshpal Singh Sachdev, "Maternal and Child Undernutrition: Consequences for Adult Health and Human Capital," *Lancet* 371 (9609) (2008): 340-357.

26. David Barker, "Maternal Nutrition, Female Nutrition, and Disease in Later Life," *Nutrition* 13 (1997): 807.

27. Erica Field, Omar Robles, and Maximo Torero, "Iodine Deficiency and Schooling Attainment in Tanzania," *American Economic Journal: Applied Economics* 1 (4) (2009): 140-169.

28. Duncan Thomas, Elizabeth Frankenberg, Jed Friedman, et al., "Causal Effect of Health on Labor Market Outcomes: Evidence from a Random Assignment Iron Supplementation Intervention" (2004), mimeo.

29. Michael Kremer and Edward Miguel, "The Illusion of Sustainability," *Quarterly Journal of Economics*, 122 (3) (2007): 1007-1065.

30. George Orwell, *The Road to Wigan Pier* (New York: Penguin, Modern Classic Edition, 2001), p. 88〔邦訳　オーウェル『ウィガン波止場への道』土屋宏之・上野勇訳、ちくま学芸文庫、1996、130-31 頁〕

31. Anne Case and Alicia Menendez, "Requiescat in Pace? The Consequences of High Priced Funerals in South Africa," NBER Working Paper W14998 (2009).

32. "Funeral Feasts of the Swasi Menu," *BBC News,* 2002, http://news.bbc.co.uk/2/hi/africa/2082281.stm で入手。

33. これらの統計はわたしたちの 18 カ国データセットからのもので、http://www.pooreconomics.com にあります。

34. Orwell, *The Road to Wigan Pier*, p. 81.〔邦訳　オーウェル『ウィガン波止場への道』ちくま学芸文庫、119-20 頁〕

35. http://www.harvestplus.org/ で入手。

第３章　お手軽に（世界の）健康を増進？

1. http://www.povertyactionlab.org/policy-lessons/health/child-diarrhea で入手。

2. Nava Ashraf, James Berry, and Jesse Shapiro, "Can Higher Prices Stimulate Product Use? Evidence from a Field Experiment in Zambia," NBER Working Paper W13247 (2007).

3. http://www.unicef.org/infobycountry/india_statistics.html で入手。

4. John Gallup and Jeffrey Sachs, "The Economic Burden of Malaria," *American Journal of Tropical Medicine and Hygiene* 64 (2001): 1, 85-96.

5. http://www.cdc.gov/malaria/history/index.htm#eradicationus で入手。

6. Hoyt Bleakley, "Malaria Eradication in the Americas: A Retrospective Analysis of Childhood Exposure," *American Economic Journal: Applied Economics* 2 (2) (2010): 1-45.

7. David Cutler, Winnie Fung, Michael Kremer, Monica Singhal, and Tom Vogl, "Early-Life Malaria Exposure and Adult Outcomes: Evidence from Malaria Eradication in India," *American Economic Journal: Applied Economics* 2 (2) (April 2010): 72-94.

8. Adrienne Lucas, "Malaria Eradication and Educational Attainment: Evidence from Paraguay and Sri Lanka," *American Economic Journal: Applied Economics* 2 (2) (2010): 46-71.

9. WHO and UNICEF, Progress on Sanitation and Drinking Water, 2010, http://whqlibdoc.who.int/publications/2010/9789241563956_eng_full_text.pdf で入手。

10. David Cutler and Grant Miller, "The Role of Public Health Improvements in Health Advances: The Twentieth-Century United States," *Demography* 42 (1) (2005): 1-22; および J. Bryce, C. Boschi-Pinto, K. Shibuya, R. E. Black, and the WHO Child Health Epidemiology Reference Group, "WHO Estimates of the Causes of Death in Children," *Lancet* 365 (2005): 1147-1152.

11. Lorna Fewtrell and John M. Colford Jr., "Water, Sanitation and Hygiene: Interventions and Diarrhoea," HNP Discussion Paper (2004).

12. World Health Organization, "Water, Sanitation and Hygiene Links to Health: Facts and Figures," 2004.

13. Dale Whittington, W. Michael Hanemann, Claudia Sadoff, and Marc Jeuland, "Sanitation and Water," Copenhagen 2008 Challenge Paper, p. 21.

14. http://www.who.int/features/factfiles/breastfeeding/en/index.html で入手。

15. R. E. Quick, A. Kimura, A. Thevos, M. Tembo, I. Shamputa, L. Hutwagner, and E. Mintz, "Diarrhea Prevention Through Household-Level Water Disinfection and Safe Storage in Zambia," *American Journal of Tropical Medicine and Hygiene* 66 (5) (2002): 584-589.

16. Ashraf, Berry, and Shapiro, "Can Higher Prices Stimulate Product Use?"

17. Jessica Cohen and Pascaline Dupas, "Free Distribution or Cost-Sharing? Evidence from a Randomized Malaria Prevention Experiment," *Quarterly Journal of Economics* 125 (1) (2010): 1-45.

18. Pascaline Dupas, "What Matters (and What Does Not) in Households' Decision to Invest in Malaria Prevention?" *American Economic Review: Papers and Proceedings* 99 (2) (2009): 224-230.

19. Obinna Onwujekwe, Kara Hanson, and Julia Fox-Rushby, "Inequalities in Purchase of Mosquito Nets and Willingness to Pay for Insecticide-Treated Nets in Nigeria: Challenges for Malaria Control Interventions," *Malaria Journal* 3 (6) (March 16, 2004).

20. Anne Case and Angus Deaton, "Health and Well-Being in Udaipur and South Africa," chap. 9 in D. Wise, ed., *Developments in the Economics of Aging* (Chicago: University of Chicago Press, for NBER, 2006).

21. Abhijit Banerjee, Angus Deaton, and Esther Duflo, "Wealth, Health, and Health Services in Rural Rajasthan," *AER Papers and Proceedings* 94 (2) (2004): 326-330.

22. Abhijit Banerjee and Esther Duflo, "Improving Health Care Delivery in India," MIT (2009), mimeo.

23. Jishnu Das and Jeffrey Hammer, "Money for Nothing: The Dire Straits of Medical Practice in Delhi, India," *Journal of Development Economics* 83 (1) (2007): 1-36.

24. Jishnu Das and Jeffrey Hammer, "Which Doctor? Combining Vignettes and Item Response to Measure Clinical Competence," *Journal of Development Economics* 78 (2) (2005): 348-383.

25. Abhijit Banerjee, Angus Deaton, and Esther Duflo, "Wealth, Health, and Health Services in Rural Rajasthan," *AER Papers and Proceedings* 94 (2) (2004): 326-330.

26. World Health Organization, *WHO Report on Infectious Diseases 2000: Overcoming Antimicrobial Resistance* (Geneva: WHO/CDS, 2000), 2.

27. Ambrose Talisuna, Peter Bloland, and Umberto d'Alessandro, "History, Dynamics, and Public Health Importance of Malaria Parasite Resistance," *American Society for Microbiology* 17 (1) (2004): 235-254.

28. Nazmul Chaudhury et al., "Missing in Action: Teacher and Health Worker Absence in Developing Countries," *Journal of Economic Perspectives* 20 (1) (2006): 91-116.

29. Kenneth L. Leonard and Melkiory C. Masatu, "Variations in the Quality of Care Accessible to Rural Communities in Tanzania," *Health Affairs* 26 (3) (2007): 380-392; および Jishnu Das, Jeffrey Hammer, and Kenneth Leonard, "The Quality of Medical

Advice in Low-Income Countries," *Journal of Economic Perspectives* 22 (2) (2008): 93-114.

30. Abhijit Banerjee, Esther Duflo, and Rachel Glennerster, "Putting a Band-Aid on a Corpse: Incentives for Nurses in the Indian Public Health Care System," *Journal of the European Economic Association* 6 (2-3) (2008): 487-500.

31. William Easterly, *The White Man's Burden: Why the West's Efforts to Aid the Rest Have Done So Much Ill and So Little Good* (New York: Penguin Group, 2006)〔邦訳 イースタリー『傲慢な援助』〕

32. これをはじめとする「不合理な考え方」の事象に関する Michael Specter の分析は彼の著書 *Denialism: How Irrational Thinking Hinders Scientific Progress, Harms the Planet and Threatens Our Lives* (New York: Penguin Press, 2010) を参照。

33. Jishnu Das and Saumya Das, "Trust, Learning and Vaccination: A Case Study of a North Indian Village," *Social Science and Medicine* 57 (1) (2003): 97-112.

34. Jishnu Das and Carolina Sanchez-Paramo, "Short but Not Sweet—New Evidence on Short Duration Morbidities from India," Policy Research Working Paper Series 2971, World Bank (2003).

35. Abhijit Banerjee, Esther Duflo, Rachel Glennerster, and Dhruva Kothari, "Improving Immunisation Coverage in Rural India: Clustered Randomised Controlled Immunisation Campaigns With and Without Incentives," *British Medical Journal* 340 (2010): c2220.

36. Mohammad Ali, Michael Emch, Lorenz von Seidlein, Mohammad Yunus, David A. Sack, Malla Rao, Jan Holmgren, and John D. Clemens, "Herd Immunity Conferred by Killed Oral Cholera Vaccines in Bangladesh: A Reanalysis," *Lancet* 366 (2005): 44-49.

37. シカゴ大学のリチャード・セイラー、カーネギー＝メロン大のジョージ・ローウェンステイン、UC バークレーのマシュー・ラビン、ハーバードのデヴィッド・ライブソンなどここに引用した研究者たちのおかげで、心理学研究が経済学に取り入れられるようになりました。

38. Richard H. Thaler and Cass R. Sunstein, *Nudge: Improving Decisions About Health, Wealth, and Happiness* (New York: Penguin, 2008)〔邦訳　セイラー＆サンスティーン『実践 行動経済学——健康、富、幸福への聡明な選択』遠藤真美訳、日経 BP 社、2009〕

39. 費用効率の比較分析については、アブドゥル・ラティーフ・ジャミール貧困アクション研究所のウェブサイト http://www.povertyactionlab.org/policy-lessons/health/child-diarrhea を参照。

40. Abhijit Banerjee, Esther Duflo, and Rachel Glennerster, "Is Decentralized Iron Fortification a Feasible Option to Fight Anemia Among the Poorest?" chap. 10 in

David Wise, ed., *Explorations in the Economics of Aging* (Chicago: University of Chicago Press, 2010).

41. Pascaline Dupas, "Short-Run Subsidies and Long-Run Adoption of New Health Products: Evidence from a Field Experiment," 草稿 (2010).

第４章　クラスで一番

1. Esther Duflo, *Lutter contre la pauvreté: Volume 1, Le Développement humain* (Paris: Le Seuil, 2010). 直近で行なったモロッコでの調査では、不在率はもっと低いものでした。

2. Edward Miguel and Michael Kremer, "Worms: Identifying Impacts on Education and Health in the Presence of Treatment Externalities," *Econometrica* 72 (1) (January 2004): 159-217.

3. The Probe Team, *Public Report on Basic Education in India* (New Delhi: Oxford University Press, 1999).

4. 以下を参照。*Higher Education in Developing Countries: Perils and Promises*, World Bank, 2000, http://siteresources.worldbank.org/EDUCATION/Resources/278200-1099079877269/547664-1099079956815/peril_promise_en.pdf で入手 ; *State of the World's Children, Special Edition 2009*, UNICEF, http://www.unicef.org/rightsite/sowc/fullreport.php で入手 ; および *Education for All Global Monitoring Report*, Annex (Statistical Tables), United Nations Educational, Scientific and Cultural Organization, 2009.

5. Nazmul Chaudhury, Jeffrey Hammer, Michael Kremer, Karthik Muralidharan, and Halsey Rogers, "Missing in Action: Teacher and Health Worker Absence in Developing Countries," *Journal of Economic Perspectives* (Winter 2006): 91-116.

6. Pratham *Annual Status of Education Report, 2005, Final Edition*, http://scripts.mit.edu/~varun_ag/readinggroup/images/1/14/ASER.pdf で入手。

7. "Kenya National Learning Assessment Report 2010," and "Uwezo Uganda: Are Our Children Learning?" どちらも http://www.uwezo.net で入手。

8. Tahir Andrabi, Jishnu Das, Asim Khwaja, Tara Vishwanath, and Tristan Zajonc, "Pakistan Learning and Educational Achievement in Punjab Schools (LEAPS): Insights to Inform the Education Policy Debate," World Bank, Washington, DC, 2009.

9. Andrew Foster and Mark Rosenzweig, "Technical Change and Human Capital Returns and Investments: Evidence from the Green Revolution," *American Economic Review* 86 (4) (1996): 931-953.

10. Robert Jensen, "Economic Opportunities and Gender Differences in Human Capital: Experimental Evidence for India," NBER Working Paper W16021 (2010).

11. Paul Schultz, "School Subsidies for the Poor: Evaluating the Mexican Progresa

Poverty Program," *Journal of Development Economics* 74 (1) (2004): 199-250.

12. Sarah Baird, Craig McIntosh, and Berk Ozler, "Designing Cost-Effective Cash Transfer Programs to Boost Schooling Among Young Women in Sub-Saharan Africa," World Bank Policy Research Working Paper No. 5090 (2009).

13. Najy Benhassine, Florencia Devoto, Esther Duflo, Pascaline Dupas, and Victor Pouliquen, "The Impact of Conditional Cash Transfers on Schooling and Learning: Preliminary Evidence from the Tayssir Pilot in Morocco," MIT, mimeo (2010).

14. Esther Duflo, "Schooling and Labor Market Consequences of School Construction in Indonesia: Evidence from an Unusual Policy Experiment," *American Economic Review* 91 (4) (2001): 795-813.

15. David Card, "The Causal Effect of Education on Earnings," in Orley Ashenfelter and David Card, eds., *Handbook of Labor Economics*, vol. 3 (Amsterdam: Elsevier Science B.V., 2010), pp. 1801-1863.

16. Chris Spohr, "Formal Schooling and Workforce Participation in a Rapidly Developing Economy: Evidence from 'Compulsory' Junior High School in Taiwan," *Journal of Development Economics* 70 (2003): 291-327.

17. Shin-Yi Chou, Jin-Tan Liu, Michael Grossman, and Theodore Joyce, "Parental Education and Child Health: Evidence from a Natural Experiment in Taiwan," NBER Working Paper 13466 (2007).

18. Owen Ozier, "The Impact of Secondary Schooling in Kenya: A Regression Discontinuity Analysis," University of California at Berkeley Working Paper (2010).

19. Tahir Andrabi, Jishnu Das, and Asim Khwaja, "Students Today, Teachers Tomorrow? The Rise of Affordable Private Schools," working paper (2010).

20. Sonalde Desai, Amaresh Dubey, Reeve Vanneman, and Rukmini Banerji, "Private Schooling in India: A New Educational Landscape," Indian Human Development Survey, Working Paper No. 11 (2010).

21. でもコロンビアのボゴタで、私立の中学校向けバウチャーを出したところ、抽選の応募者のなかでこの差は残っていました。当選者は標準テストで落選者よりも成績がよく、卒業見込みも 10 パーセントポイント高く、卒業試験の点数も高かったのです。Joshua Angrist, Eric Bettinger, Erik Bloom, Elizabeth King, and Michael Kremer, "Vouchers for Private Schooling in Colombia: Evidence from a Randomized Natural Experiment," *American Economic Review* 92 (5) (2002): 1535-1558; および Joshua Angrist, Eric Bettinger, and Michael Kremer, "Long-Term Educational Consequences of Secondary School Vouchers: Evidence from Administrative Records in Colombia," *American Economic Review* 96 (3) (2006): 847-862 を参照。

22. Desai, Dubey, Vanneman, and Banerji, "Private Schooling in India."

23. Abhijit Banerjee, Shawn Cole, Esther Duflo, and Leigh Linden, "Remedying

Education: Evidence from Two Randomized Experiments in India," *Quarterly Journal of Economics* 122 (3) (August 2007): 1235-1264.

24. Abhijit Banerjee, Rukmini Banerji, Esther Duflo, Rachel Glennerster, and Stuti Khemani, "Pitfalls of Participatory Programs: Evidence from a Randomized Evaluation in Education in India," *American Economic Journal: Economic Policy* 2 (1) (February 2010): 1-30.

25. Trang Nguyen, "Information, Role Models, and Perceived Returns to Education: Experimental Evidence from Madagascar," MIT Working Paper (2008).

26. Abhijit Banerjee and Esther Duflo, "Growth Theory Through the Lens of Development Economics," in Steve Durlauf and Philippe Aghion, eds., *Handbook of Economic Growth,* vol. 1A (Amsterdam: Elsevier Science Ltd./North Holland, 2005), pp. 473-552.

27. A. D. Foster and M. R. Rosenzweig, "Technical Change and Human Capital Returns and Investments: Evidence from the Green Revolution," *American Economic Review* 86 (4) (September 1996): 931-953.

28. Richard Akresh, Emilie Bagby, Damien de Walque, and Harounan Kazianga, "Child Ability and Household Human Capital Investment Decisions in Burkina Faso," University of Illinois at Urbana-Champaign (2010), mimeo.

29. Felipe Barrera-Osorio, Marianne Bertrand, Leigh Linden, and Francisco Perez Calle, "Conditional Cash Transfers in Education: Design Features, Peer and Sibling Effects—Evidence from a Randomized Experiment in Colombia," NBER Working Paper W13890 (2008).

30. Esther Duflo, Pascaline Dupas, and Michael Kremer, "Peer Effects, Teacher Incentives, and the Impact of Tracking: Evidence from a Randomized Evaluation in Kenya," NBER Working Paper W14475 (2008).

31. The Probe Team, *Public Report on Basic Education in India* (New Delhi: Oxford University Press, 1999).

32. Rema Hanna and Leigh Linden, "Measuring Discrimination in Education," NBER Working Paper W15057 (2009).

33. Steven Spencer, Claude Steele, and Diane Quinn, "Stereotype Threat and Women's Math Performance," *Journal of Experimental Social Psychology* 35 (1999): 4-28; and Claude Steele and Joshua Aronson, "Stereotype Threat and the Test Performance of Academically Successful African Americans," *Journal of Personality and Social Psychology* 69 (5) (1995): 797-811.

34. Karla Hoff and Priyank Pandey, "Belief Systems and Durable Inequalities: An Experimental Investigation of Indian Caste," World Bank Policy Research Working Paper No. 3351 (2004).

35. Paul Glewwe, Michael Kremer, and Sylvie Moulin, "Textbooks and Test Scores: Evidence from a Prospective Evaluation in Kenya," BREAD Working Paper (2000).

36. Eric Gould, Victor Lavy, and Daniele Paserman, "Fifty-Five Years After the Magic Carpet Ride: The Long-Run Effect of the Early Childhood Environment on Social and Economic Outcome," *Review of Economic Studies* (2010), 近刊.

37. Joshua Angrist, Susan Dynarski, Thomas Kane, Parag Pathak, and Christopher Walters, "Who Benefits from KIPP?" NBER Working Paper 15740 (2010); Atila Abdulkadiroglu, Joshua Angrist, Susan Dynarski, Thomas Kane, and Parag Pathak, "Accountability and Flexibility in Public Schools: Evidence from Boston's Charters and Pilots," NBER Working Paper 15549 (2009); Will Dobbie and Roland Fryer, "Are High Quality Schools Enough to Close the Achievement Gap? Evidence from a Social Experiment in Harlem," NBER Working Paper 15473 (2009).

38. C. Walters, "Urban Charter Schools and Racial Achievement Gaps," MIT (2010), mimeo.

39. Pascaline Dupas, Esther Duflo, and Michael Kremer, "Peer Effects, Teacher Incentives, and the Impact of Tracking: Evidence from a Randomized Evaluation in Kenya," *American Economic Review*, 近刊.

40. Trang Nguyen, "Information, Role Models and Perceived Returns to Education: Experimental Evidence from Madagascar," MIT Working Paper (2008).

41. Robert Jensen, "The (Perceived) Returns to Education and the Demand for Schooling," *Quarterly Journal of Economics* 125 (2) (2010): 515-548.

42. Michael Kremer, Edward Miguel, and Rebecca Thornton, "Incentives to Learn," *Review of Economics and Statistics,* 近刊.

43. Roland Fryer, "Financial Incentives and Student Achievement: Evidence from Randomized Trials," Harvard University, 草稿 (2010).

44. Abhijit Banerjee, Shawn Cole, Esther Duflo, and Leigh Linden, "Remedying Education: Evidence from Two Randomized Experiments in India," *Quarterly Journal of Economics* 122 (3) (August 2007): 1235-1264.

45. 生徒が最高の学校に通うか決めるにあたり、お金が絶対に検討条件とならないようにしてもこれを促進できます。そしてそれを実現する方法があるのです。チリはもっぱらバウチャー方式ですが、最貧の生徒は余計にバウチャーを与えられます。そしてバウチャーが使える学校はすべて（これは一握りのエリート校以外のすべての学校となります)、こうした生徒を追加費用なしで受け容れなくてはなりません。この制度が完全に機能するようにするためには、生徒とその両親はこうした選択肢があるということをもっと知らされる必要がありますし、定期的な標準試験の結果を定期的に検討して、もっとも優秀なのがどの学生かを全国どこでもきちんとわかるようにすべきです。

第５章　スダルノさんの大家族

1. Davidson R. Gwatkin, "Political Will and Family Planning: The Implications of India's Emergency Experience," *Population and Development Review* 5 (1): 29-59 (1979) での引用。この論文は、非常事態中の強制不妊化についてのここの記述の情報源です。

2. John Bongaarts, "Population Policy Options in the Developing World," *Science* 263 (5148) (1994): 771-776.

3. Jeffrey Sachs, *Common Wealth: Economics for a Crowded Planet* (New York: Allen Lane/Penguin, 2008)〔邦訳　サックス『地球全体を幸福にする経済学――過密化する世界とグローバル・ゴール』野中邦子訳、早川書房、2009〕

4. World Health Organization, *Water Scarcity Fact File,* 2009, http://www.who.int/features/factfiles/water/en/ で入手。

5. Thomas Malthus, *Population: The First Essay* (Ann Arbor: University of Michigan Press, 1978)〔邦訳　マルサス『初版 人口の原理』高野岩三郎・大内兵衛訳、岩波文庫、1962〕

6. Alywn Young, "The Gift of the Dying: The Tragedy of AIDS and the Welfare of Future African Generations," *Quarterly Journal of Economics* 120 (2) (2005): 243-266.

7. Jane Forston, "HIV/AIDS and Fertility," *American Economic Journal: Applied Economics* 1 (3) (July 2009): 170-194; および Sebnem Kalemli-Ozcan, "AIDS, 'Reversal' of the Demographic Transition and Economic Development: Evidence from Africa," NBER Working Paper W12181 (2006).

8. Michael Kremer, "Population Growth and Technological Change: One Million B.C. to 1990," *Quarterly Journal of Economics* 108 (3) (1993): 681-716.

9. Gary Becker, "An Economic Analysis of Fertility," *Demographic and Economic Change in Developed Countries* (Princeton: National Bureau of Economic Research, 1960).

10. Sachs, *Common Wealth.*〔邦訳　サックス『地球全体を幸福にする経済学』〕

11. Vida Maralani, "Family Size and Educational Attainment in Indonesia: A Cohort Perspective," California Center for Population Research Working Paper CCPR-17-04 (2004).

12. Mark Montgomery, Aka Kouamle, and Raylynn Oliver, *The Tradeoff Between Number of Children and Child Schooling: Evidence from Côte d'Ivoire and Ghana* (Washington, DC: World Bank, 1995).

13. Joshua Angrist and William Evans, "Children and Their Parents' Labor Supply: Evidence from Exogenous Variation in Family Size," *American Economic Review* 88 (3) (1998): 450-477.

14. Joshua Angrist, Victor Lavy, and Analia Schlosser, “New Evidence on the Causal Link Between the Quantity and Quality of Children,” NBER Working Paper W11835 (2005).

15. Nancy Qian, “Quantity-Quality and the One Child Policy: The Positive Effect of Family Size on School Enrollment in China,” NBER Working Paper W14973 (2009).

16. T. Paul Schultz and Shareen Joshi, “Family Planning as an Investment in Female Human Capital: Evaluating the Long Term Consequences in Matlab, Bangladesh,” Yale Center for Economic Growth Working Paper No. 951 (2007).

17. Grant Miller, “Contraception as Development? New Evidence from Family Planning in Colombia,” *Economic Journal* 120 (545) (2010): 709-736.

18. Kristof and WuDunn, *Half the Sky*〔邦訳　クリストフ&ウーダン『ハーフ・ザ・スカイ』〕

19. Attila Ambrus and Erica Field, “Early Marriage, Age of Menarche, and Female Schooling Attainment in Bangladesh,” *Journal of Political Economy* 116 (5) (2008): 881-930; および Esther Duflo, Pascaline Dupas, Michael Kremer, and Samuel Sinei, “Education and HIV/AIDS Prevention: Evidence from a Randomized Evaluation in Western Kenya,” World Bank Policy Research Working Paper 4024 (2006) などを参照。

20. *The Millennium Development Goals Report, 2010*, United Nations.

21. Mark Pitt, Mark Rosenzweig, and Donna Gibbons, “The Determinants and Consequences of the Placement of Government Programs in Indonesia,” *World Bank Economic Review* 7 (3) (1993): 319-348.

22. Lant H. Pritchett, “Desired Fertility and the Impact of Population Policies,” *Population and Development Review* 20 (1) (1994): 1-55.

23. Mizanur Rahman, Julie DaVanzo, and Abdur Razzaque, “When Will Bangladesh Reach Replacement-Level Fertility? The Role of Education and Family Planning Services,” working paper, Department of Economic and Social Affairs, Population Division, United Nations, http://www.un.org/esa/population/ で入手。

24. http://apps.who.int/ghodata/ で入手、表題は MDG 5, adolescent fertility.

25. Esther Duflo, Pascaline Dupas, Michael Kremer, and Samuel Sinei, “Education and HIV/AIDS Prevention: Evidence from a Randomized Evaluation in Western Kenya,” World Bank Policy Research Working Paper 4024 (2006).

26. Kristof and WuDunn, *Half the Sky*, p. 137 での記述参照〔邦訳　クリストフ&ウーダン『ハーフ・ザ・スカイ』203 頁〕

27. Pascaline Dupas,“Do Teenagers Respond to HIV Risk Information? Evidence from a Field Experiment in Kenya,” *American Economic Journal: Applied Economics* 3 (1) (January 2011): 1-36.

28. Erica Field, "Fertility Responses to Urban Land Titling Programs: The Roles of Ownership Security and the Distribution of Household Assets," Harvard University (2004), mimeo.

29. Nava Ashraf, Erica Field, and Jean Lee, "Household Bargaining and Excess Fertility: An Experimental Study in Zambia," Harvard University (2009), mimeo.

30. Kaivan Munshi and Jacques Myaux, "Social Norms and the Fertility Transition," *Journal of Development Economics* 80 (1) (2005): 1-38.

31. Eliana La Ferrara, Alberto Chong, and Suzanne Duryea, "Soap Operas and Fertility: Evidence from Brazil," BREAD Working Paper 172 (2008).

32. Abhijit Banerjee, Xin Meng, and Nancy Qian, "Fertility and Savings: Micro-Evidence for the Life-Cycle Hypothesis from Family Planning in China," working paper (2010).

33. Ibid.

34. Ummul Ruthbah, "Are Children Substitutes for Assets: Evidence from Rural Bangladesh," MIT Ph.D. dissertation (2007).

35. Seema Jayachandran and Ilyana Kuziemko, "Why Do Mothers Breastfeed Girls Less Than Boys? Evidence and Implications for Child Health in India," NBER Working Paper W15041 (2009).

36. Amartya Sen, "More Than 100 Million Women Are Missing," *New York Review of Books* 37 (20) (1990).

37. Fred Arnold, Sunita Kishor, and T. K. Roy, "Sex-Selective Abortions in India," *Population and Development Review* 28 (4) (December 2002): 759-784.

38. Andrew Foster and Mark Rosenzweig, "Missing Women, the Marriage Market and Economic Growth," working paper (1999).

39. Nancy Qian, "Missing Women and the Price of Tea in China: The Effect of Sex-Specific Income on Sex Imbalance," *Quarterly Journal of Economics* 122 (3) (2008): 1251-1285.

40. Some of the key research in this area was conducted by François Bourguignon, Pierre- André Chiapori, Marjorie McElroy, and Duncan Thomas.

41. Christopher Udry, "Gender, Agricultural Production and the Theory of the Household," *Journal of Political Economy* 104 (5) (1996): 1010-1046.

42. Esther Duflo and Christopher Udry, "Intrahousehold Resource Allocation in Côte d'Ivoire: Social Norms, Separate Accounts and Consumption Choices," NBER Working Paper W10489 (2004).

43. Franque Grimard, "Household Consumption Smoothing Through Ethnicities: Evidence from Côte d'Ivoire," *Journal of Development Economics* 53 (1997): 391-422.

44. Claude Meillassoux, *Anthropologie économique des Gouros de Côte d'Ivoire* (Paris:

F. Maspero, 1965).

45. Esther Duflo, "Grandmothers and Granddaughters: Old Age Pension and Intra-Household Allocation in South Africa," *World Bank Economic Review* 17 (1) (2003): 1-25.

第6章　はだしのファンドマネージャ

1. Jeemol Unni and Uma Rani, "Social Protection for Informal Workers in India: Insecurities, Instruments and Institutional Mechanisms," *Development and Change* 34 (1) (2003): 127-161.

2. Mohiuddin Alamgir, *Famine in South Asia: Political Economy of Mass Starvation* (Cambridge, MA: Oelgeschlager, Gunn and Hain, 1980).

3. Martin Ravallion, *Markets and Famines* (Oxford: Clarendon, 1987).

4. Seema Jayachandran, "Selling Labor Low: Wage Responses to Productivity Shocks in Developing Countries," *Journal of Political Economy* 114 (3) (2006): 538-575.

5. "Crisis Hitting Poor Hard in Developing World, World Bank Says," World Bank Press Release, 2009/220/EXC, February 12, 2009.

6. Daniel Chen, "Club Goods and Group Identity: Evidence from Islamic Resurgence During the Indonesian Financial Crisis," *Journal of Political Economy* 118 (2) (2010): 300-354.

7. Mauro Alem and Robert Townsend, "An Evaluation of Financial Institutions: Impact on Consumption and Investment Using Panel Data and the Theory of Risk-Bearing," working paper (2010).

8. B. P. Ramos and A. F. T. Arnsten, "Adrenergic Pharmacology and Cognition: Focus on the Prefrontal Cortex," *Pharmacology and Therapeutics* 113 (2007): 523-536; D. Knoch, A. Pascual-Leone, K. Meyer, V. Treyer, and E. Fehr, "Diminishing Reciprocal Fairness by Disrupting the Right Prefrontal Cortex," *Science* 314 (2006): 829-832; T. A. Hare, C. F. Camerer, and A. Rangel, "Self-Control in Decision-Making Involves Modulation of the vmPFC Valuation System," *Science* 324 (2009): 646-648; A. J. Porcelli and M. R. Delgado, "Acute Stress Modulates Risk Taking in Financial Decision Making," *Psychological Science: A Journal of the American Psychological Society/APS* 20 (2009): 278-283; および R. van den Bos, M. Harteveld, and H. Stoop, "Stress and Decision-Making in Humans: Performance Is Related to Cortisol Reactivity Albeit Differently in Men and Women," *Psychoneuroendocrinology* 34 (2009): 1449-1458.

9. Seema Jayachandran, "Selling Labor Low: Wage Responses to Productivity Shocks in Developing Countries," *Journal of Political Economy* 114 (3) (2006): 538-575.

10. Nirmala Banerjee, "A Survey of Occupations and Livelihoods of Households in West Bengal," Sachetana, Kolkata (2006), mimeo.

11. Mark Rosenzweig and Oded Stark, "Consumption Smoothing, Migration, and Marriage: Evidence from Rural India," *Journal of Political Economy* 97 (4) (1989): 905-926.

12. Hans Binswanger and Mark Rosenzweig, "Wealth, Weather Risk and the Composition and Profitability of Agricultural Investments," *Economic Journal* 103 (416) (1993): 56-78.

13. Radwan Shaban, "Testing Between Competing Models of Sharecropping," *Journal of Political Economy* 95 (5) (1987): 893-920.

14. Christopher Udry, "Risk and Insurance in a Rural Credit Market: An Empirical Investigation in Northern Nigeria," *Review of Economic Studies* 61 (3) (1994): 495-526.

15. Paul Gertler and Jonathan Gruber, "Insuring Consumption Against Illness," *American Economic Review* 92 (1) (March 2002): 51-70.

16. Marcel Fafchamps and Susan Lund: "Risk-Sharing Networks in Rural Philippines," *Journal of Development Economics* 71 (2) (2003): 261-287.

17. Betsy Hartman and James Boyce, *Quiet Violence: View from a Bangladesh Village* (San Francisco: Food First Books, 1985).

18. Andrew Kuper, "From Microfinance into Microinsurance," *Forbes*, November 26, 2008.

19. Shawn Cole, Xavier Gine, Jeremy Tobacman, Petia Topalova, Robert Townsend, and James Vickery, "Barriers to Household Risk Management: Evidence from India," Harvard Business School Working Paper 09-116 (2009).

20. Ibid.

21. Alix Zwane, Jonathan Zinman, Eric Van Dusen, William Pariente, Clair Null, Edward Miguel, Michael Kremer, Dean S. Karlan, Richard Hornbeck, Xavier Giné, Esther Duflo, Florencia Devoto, Bruno Crepon, and Abhijit Banerjee, "The Risk of Asking: Being Surveyed Can Affect Later Behavior," *Proceedings of the National Academy of Sciences*, 近刊 (2010).

22. Dean Karlan, Isaac Osei-Akoto, Robert Osei, and Christopher Udry, "Examining Underinvestment in Agriculture: Measuring Returns to Capital and Insurance," Yale University (2010), mimeo.

第７章　カブールから来た男とインドの宦官たち

1. Dean Karlan and Sendhil Mullainathan, "Debt Cycles," 執筆中 (2011).

2. Robin Burgess and Rohini Pande, "Do Rural Banks Matter? Evidence from the Indian Social Banking Experiment," *American Economic Review* 95 (3) (2005): 780-795.

3. Shawn Cole, "Fixing Market Failures or Fixing Elections? Agricultural Credit in

India," *American Economic Journal: Applied Economics* 1 (1) (2009): 219-250.

4. Scott Fulford, "Financial Access, Precaution, and Development: Theory and Evidence from India," Boston College Working Paper 741 (2010).

5. Irfan Aleem, "Imperfect Information, Screening, and the Costs of Informal Lending: A Study of a Rural Credit Market in Pakistan," *World Bank Economic Review* 4 (3) (1990): 329-349.

6. Julian West, "Pay Up—or We'll Send the Eunuchs to See You: Debt Collectors in India Have Found an Effective New Way to Get Their Money," *Sunday Telegraph,* August 22, 1999.

7. The Law Commission of India, Report Number 124, "The High Court Arrears—a Fresh Look" (1988), http://bombayhighcourt.nic.in/libweb/commission/Law_Commission_Of_India_Reports.html#11 で入手。

8. Benjamin Feigenberg, Erica Field, and Rohini Pande, "Building Social Capital Through Microfinance," NBER Working Paper W16018 (2010).

9. とはいえ肉体的な脅しが皆無とはいえません。あるマイクロファイナンス機関の融資担当者はわたしたちの研究助手の一人に、自分は絶対に昇進できないとこぼしていました。役職の高い人たちはみんな体が大きく、たくましく、恐ろしげな体つきをしているからです。

10. Microfinance Information eXchange, データは以下で入手：http://www.mixmarket.org.

11. "What Do We Know About the Impact of Microfinance?" CGAP, World Bank, http://www.cgap.org/p/site/c/template.rc/1.26.1306/ で入手。

12. Abhijit Banerjee, Esther Duflo, Rachel Glennerster, and Cynthia Kinnan, "The Miracle of Microfinance?: Evidence from a Randomized Evaluation," MIT, May 30, 2009, mimeo.

13. Dean Karlan and Jonathan Zinman, "Expanding Microenterprise Credit Access: Using Randomized Supply Decisions to Estimate the Impacts in Manila," Yale, 草稿 (2010).

14. Brigit Helms, "Microfinancing Changes Lives Around the World—Measurably," *Seattle Times,* April 7, 2010.

15. Erica Field and Rohini Pande, "Repayment Frequency and Default in Microfinance: Evidence from India," *Journal of the European Economic Association* 6 (2-3) (2008): 501-509; Erica Field, Rohini Pande, and John Papp, "Does Microfinance Repayment Flexibility Affect Entrepreneurial Behavior and Loan Default?" Centre for Micro Finance Working Paper 34 (2009); and Feigenberg et al., ibid.

16. Xavier Giné and Dean Karlan, "Group Versus Individual Liability: A Field Experiment in the Philippines," World Bank Policy Research Working Paper 4008

(2006); および Xavier Giné and Dean Karlan, "Group Versus Individual Liability: Long Term Evidence from Philippine Microcredit Lending Groups," working paper (2010).

17. Emily Breza, "Peer Pressure and Loan Repayment: Evidence from a Natural Experiment," working paper (2010).

18. Abhijit Banerjee and Kaivan Munshi, "How Efficiently Is Capital Allocated? Evidence from the Knitted Garment Industry in Tirupur," *Review of Economic Studies* 71 (2004): 19-42.

19. Abhijit Banerjee and Esther Duflo, "Do Firms Want to Borrow More? Testing Credit Constraints Using a Directed Lending Program," working paper (2004).

20. Dilip Mookherjee, Sujata Visaria, and Ulf von Lilienfeld-Toal, "The Distributive Impact of Reforms in Credit Enforcement: Evidence from Indian Debt Recovery Tribunals," BREAD Working Paper 254 (2010).

第８章　レンガひとつずつ貯蓄

1. Gary Becker and Casey Mulligan, "The Endogenous Determination of Time Preference," *Quarterly Journal of Economics* 112 (3) (1997): 729-758.

2. Stuart Rutherford, *The Poor and Their Money: Microfinance from a Twenty-First-Century Consumer's Perspective* (New York: Oxford University Press, 2001); および Daryl Collins, Jonathan Morduch, Stuart Rutherford, and Orlanda Ruthven, *Portfolios of the Poor: How the World's Poor Live on $2 a Day* (Princeton and Oxford: Princeton University Press, 2009)〔邦訳　モーダック他『最底辺のポートフォリオ――１日２ドルで暮らすということ』野上裕生監修、大川修二訳、みすず書房、2011〕

3. Pascaline Dupas and Jonathan Robinson, "Saving Constraints and Microenterprise Development: Evidence from a Field Experiment in Kenya," NBER Working Paper 14693, revised November 2010.

4. Simone Schaner, "Cost and Convenience: The Impact of ATM Card Provision on Formal Savings Account Use in Kenya," working paper (2010).

5. Esther Duflo, Michael Kremer, and Jonathan Robinson, "Why Don't Farmers Use Fertilizer? Experimental Evidence from Kenya," 未刊行 (2007); および Esther Duflo, Michael Kremer, and Jonathan Robinson, "How High Are Rates of Return to Fertilizer? Evidence from Field Experiments in Kenya," *American Economic Review* 98 (2) (2008): 482-488.

6. Esther Duflo, Michael Kremer, and Jonathan Robinson, "Nudging Farmers to Use Fertilizer: Theory and Experimental Evidence," *American Economic Review* 近刊, NBER Working Paper W15131 (2009).

7. Samuel M. McClure, David I. Laibson, George Loewenstein, and Jonathan D.

Cohen, "Separate Neural Systems Value Immediate and Delayed Monetary Rewards," *Science* 306 (5695) (2004): 421-423.

8. Nava Ashraf, Dean Karlan, and Wesley Yin, "Tying Odysseus to the Mast: Evidence from a Commitment Savings Product in the Philippines," *Quarterly Journal of Economics* 121 (2) (2006): 635-672.

9. Pascaline Dupas and Jonathan Robinson, "Savings Constraints and Preventive Health Investments in Kenya," UCLA (2010), mimeo.

10. Abhijit Banerjee and Sendhil Mullainathan, "The Shape of Temptation: Implications for the Economic Lives of the Poor," MIT (April 2010), mimeo.

11. たとえば Kathleen D. Vohs and Ronald J. Faber, "Spent Resources: Self-Regulatory Resource Availability Affects Impulse Buying," *Journal of Consumer Research* 33 (March 2007): 537-548 を参照。この論文で報告されているある実験では、大学生たちは白いクマのことを考えないようにして自分が何を考えているかを書き留めるように指示されました。実験後に 10 ドル与えられて、それを貯蓄するか各種品物を買うか選べるようにすると、クマについて考えないようにした人たちは、そうした制約なしに自由連想した生徒に比べてずっと多くの額を買い物に使いました。

12. Townsend のタイのデータとそこでの詳細な会計規則は Krislert Samphantharak and Robert Townsend, *Households as Corporate Firms: Constructing Financial Statements from Integrated Household Surveys*, Cambridge University Press Econometric Society Monograph No. 46 (2010) を参照。わたしたちは家計リソースを、家計バランスシートからの平均純資産と定義しています。純資産は全貯蓄、資本、家計資産から借り入れを差し引いたものです。

13. Dean Karlan and Sendhil Mullainathan, "Debt Cycles," 執筆中 (2011).

14. Abhijit Banerjee, Esther Duflo, Rachel Glennerster, and Cynthia Kinnan, "The Miracle of Microfinance?," MIT, 草稿 (2010). Bruno Crépon, Florencia Devoto, Esther Duflo, and William Parienté, "Evaluation d'impact du microcrédit en zone rural: Enseignement d'une expérimentation randomisée au Maroc," MIT, mimeo.

第９章　起業家たちは気乗り薄

1. C. K. Prahalad, *The Fortune at the Bottom of the Pyramid* (Philadelphia: Wharton School Publishing, 2004)〔邦訳　プラハラード『ネクスト・マーケット――「貧困層」を「顧客」に変える次世代ビジネス戦略』スカイライトコンサルティング訳、英治出版、2005〕

2. Tarun Khanna, *Billions of Entrepreneurs: How China and India Are Reshaping Their Futures—and Yours* (Boston: Harvard Business School Publishing, 2007).

3. Suresh de Mel, David McKenzie, and Christopher Woodruff, "Returns to Capital in Microenterprises: Evidence from a Field Experiment," *Quarterly Journal of Economics*

123 (4) (2008): 1329-1372.

4. David McKenzie and Christopher Woodruff, "Experimental Evidence on Returns to Capital and Access to Finance in Mexico," *World Bank Economic Review* 22 (3) (2008): 457-482.

5. Abhijit Banerjee, Raghabendra Chattopadhyay, Esther Duflo, and Jeremy Shapiro, "Targeting the Hard-Core Poor: An Impact Assessment," MIT (2010), mimeo.

6. Townsendのデータの説明としてはKrislert Samphantharak and Robert Townsend, "Households as Corporate Firms: Constructing Financial Statements from Integrated Household Surveys," University of California at San Diego and University of Chicago (2006), mimeo を参照。

7. ペルーでの調査はDean Karlan and Martin Valdivia, "Teaching Entrepreneurship: Impact of Business Training on Microfinance Clients and Institutions," *Review of Economics and Statistics*, 近刊。インドの調査は Erica Field, Seema Jayachandran, and Rohini Pande, "Do Traditional Institutions Constrain Female Entrepreneurship? A Field Experiment on Business Training in India," *American Economic Review Papers and Proceedings* 100 (2) (May 2010): 125-129.

8. Alejandro Drexler, Greg Fischer, and Antoinette Schoar, "Keeping It Simple: Financial Literacy and Rules of Thumb," London School of Economics, mimeo.

9. Suresh de Mel, David McKenzie, and Christopher Woodruff, "Are Women More Credit Constrained? Experimental Evidence on Gender and Microenterprise Returns," *American Economic Journal: Applied Economics* 1 (3) (July 2009): 1-32.

10. Andrew Foster and Mark Rosenzweig, "Economic Development and the Decline of Agricultural Employment," *Handbook of Development Economics* 4 (2007): 3051-3083.

11. David Atkin, "Working for the Future: Female Factory Work and Child Height in Mexico," working paper (2009).

12. Kaivan Munshi, "Networks in the Modern Economy: Mexican Migrants in the U.S. Labor Market," *Quarterly Journal of Economics* 118 (2) (2003): 549-599.

13. Cally Ardington, Anne Case, and Victoria Hosegood, "Labor Supply Responses to Large Social Transfers: Longitudinal Evidence from South Africa," *American Economic Journal* 1 (1) (January 2009): 22-48.

第10章　政策と政治

1. 1970年代にピーター・バウアーもこの議論をしました。たとえば Peter Thomas Bauer, *Dissent on Development* (Cambridge: Harvard University Press, 1972) を参照。

2. Ritva Reinikka and Jakob Svensson, "The Power of Information: Evidence from a

Newspaper Campaign to Reduce Capture," working paper, IIES, Stockholm University (2004).

3. たとえばランダム化対照試行についての Easterly の投稿を参照。http://aidwatchers.com/2009/07/development-experiments-ethical-feasible-useful/ で入手。

4. たとえば Jeffrey Sachs, "Who Beats Corruption," を参照。http://www.project-syndicate.org/commentary/sachs106/English で入手。

5. Daron Acemoglu and James Robinson, *Economic Origins of Dictatorship and Democracy* (New York: Cambridge University Press, 2005).

6. Daron Acemoglu and James Robinson, *Why Nations Fail*（近刊, Crown, 2012）.

7. たとえばTim Besley and Torsten Persson, "Fragile States and Development Policy"（草稿, November 2010）を参照。この論文は、脆弱な国は低開発国の重要な症状であり、そうした国は市民に基本サービスを提供できないと論じています。

8. Daron Acemoglu, Simon Johnson, and James Robinson, "The Colonial Origins of Comparative Development: An Empirical Investigation," *American Economic Review* 91 (5) (2001): 1369-1401.

9. Abhijit Banerjee and Lakshmi Iyer, "History, Institutions, and Economic Performance: The Legacy of Colonial Land Tenure Systems in India," *American Economic Review* 95 (4) (2005): 1190-1213.

10. Dwyer Gunn, "Can 'Charter Cities' Change the World? A Q&A with Paul Romer," *New York Times*, September 29, 2009; および "Charter Cities," http://www.chartercities.org を参照。

11. Paul Collier, *The Bottom Billion: Why the Poorest Countries Are Failing and What Can Be Done About It* (New York: Oxford University Press, 2007)〔邦訳　コリアー『最底辺の 10 億人——最も貧しい国々のために本当になすべきことは何か？』中谷和男訳、日経 BP 社、2008〕; および Paul Collier, *Wars, Guns, and Votes: Democracy in Dangerous Places* (New York: HarperCollins, 2009)〔邦訳　コリアー『民主主義がアフリカ経済を殺す——最底辺の 10 億人の国で起きている真実』甘糟智子訳、日経 BP 社、2010〕

12. William Easterly, "The Burden of Proof Should Be on Interventionists—Doubt Is a Superb Reason for Inaction," *Boston Review* (July-August 2009).

13. Rajiv Chandrasekaram, *Imperial Life in the Emerald City: Inside Iraq's Green Zone* (New York: Knopf, 2006), および Easterly による洞察に満ちた軍活動マニュアル批判（以下で入手：http://www.huffingtonpost.com/william-easterly/will-us-armys-development_b_217488.html）を参照。

14. William Easterly, "Institutions: Top Down or Botton Up," *American Economic Review: Papers and Proceedings* 98 (2) (2008): 95-99.

15. *The White Man's Burden,* p. 133〔邦訳　イースタリー『傲慢な援助』154 頁〕

を参照。

16. Ibid., p. 72.〔邦訳 85 頁〕

17. William Easterly, "Trust the Development Experts—All 7 Billion," *Financial Times*, May 28, 2008.

18. *The White Man's Burden*, p. 73〔邦訳 86 頁〕

19. Marianne Bertrand, Simeon Djankov, Rema Hanna, and Sendhil Mullainathan, "Obtaining a Driving License in India: An Experimental Approach to Studying Corruption," *Quarterly Journal of Economics* (November 2007): 1639-1676.

20. この話題についての彼のプレゼンテーションを参照。以下で入手：http://dri.fas.nyu.edu/object/withoutknowinghow.html.

21. Rohini Pande and Christopher Udry, "Institutions and Development: A View from Below," Yale Economic Growth Center Discussion Paper 928 (2005).

22. Monica Martinez-Bravo, Gerard Padro-i-Miquel, Nancy Qian, and Yang Yao, "Accountability in an Authoritarian Regime: The Impact of Local Electoral Reforms in Rural China," Yale University (2010), 草稿.

23. Benjamin Olken, "Monitoring Corruption: Evidence from a Field Experiment in Indonesia," *Journal of Political Economy* 115 (2) (April 2007): 200-249.

24. Abhijit Banerjee, Esther Duflo, Daniel Keniston, and Nina Singh, "Making Police Reform Real: The Rajasthan Experiment," 草稿論文，MIT (2010).

25. Thomas Fujiwara, "Voting Technology, Political Responsiveness, and Infant Health: Evidence from Brazil," University of British Columbia, mimeo (2010).

26. World Bank, *World Development Report 2004: Making Services Work for Poor People* (2003)〔邦訳 世界銀行『世界開発報告 2004——貧困層向けにサービスを機能させる』田村勝省訳、シュプリンガーフェアラーク東京、2004〕

27. Raghabendra Chattopadhyay and Esther Duflo, "Women as Policy Makers: Evidence from a Randomized Policy Experiment in India," *Econometrica* 72 (5) (2004): 1409-1443.

28. Leonard Wantchekon, "Clientelism and Voting Behavior: Evidence from a Field Experiment in Benin," *World Politics* 55 (3) (2003): 399-422.

29. Abhijit Banerjee and Rohini Pande, "Ethnic Preferences and Politician Corruption," KSG Working Paper RWP07-031 (2007).

30. Nicholas Van de Walle, "Presidentialism and Clientelism in Africa's Emerging Party Systems," *Journal of Modern African Studies* 41 (2) (June 2003): 297-321.

31. Abhijit Banerjee, Donald Green, Jennifer Green, and Rohini Pande, "Can Voters Be Primed to Choose Better Legislators? Experimental Evidence from Rural India," working paper (2009).

32. Abhijit Banerjee, Selvan Kumar, Rohini Pande, and Felix Su, "Do Informed

Voters Make Better Choices? Experimental Evidence from Urban India," working paper (2010).

33. Raymond Fisman, "Estimating the Value of Political Connections," *American Economic Review* 91 (4) (September 2001): 1095-1102.

34. Abhijit Banerjee, Esther Duflo, and Rachel Glennerster, "Putting a Band-Aid on a Corpse: Incentives for Nurses in the Indian Public Health Care System," *Journal of the European Economics Association* 6 (2-3) (2009): 487-500.

35. Abhijit Banerjee, Rukmini Banerji, Esther Duflo, Rachel Glennerster, and Stuti Khemani, "Pitfalls of Participatory Programs: Evidence from a Randomized Evaluation in Education in India," *American Economic Journal: Economic Policy* 2 (1) (2010): 1-20.

36. Esther Duflo, Pascaline Dupas, and Michael Kremer, "Pupil-Teacher Ratio, Teacher Management and Education Quality" (June 2010), mimeo.

37. Rikhil Bhavani, "Do Electoral Quotas Work After They Are Withdrawn? Evidence from a Natural Experiment in India," *American Political Science Review* 103 (1) (2009): 23-35.

38. Lori Beaman, Raghabendra Chattopadhyay, Esther Duflo, Rohini Pande, and Petia Topalova, "Powerful Women: Does Exposure Reduce Bias?" *Quarterly Journal of Economics* 124 (4) (2009): 1497-1540.

39. Ana Lorena De La O, "Do Poverty Relief Funds Affect Electoral Behavior? Evidence from a Randomized Experiment in Mexico," Yale University (2006), 草稿.

40. Leonard Wantchekon, "Can Informed Public Deliberation Overcome Clientelism? Experimental Evidence from Benin," New York University (2009), 草稿.

著者略歴

(Abhijit V. Banerjee)

カルカッタ大学，ジャワハラル・ネルー大学，ハーバード大学で学び，現在はマサチューセッツ工科大学（MIT）で経済学のフォード財団国際教授を務める．開発経済分析研究所（Bureau for Research and Economic Analysis of Development）元所長，NBERの研究員，CEPR研究フェロー，キール研究所国際研究フェロー，全米芸術科学アカデミーおよび計量経済学会のフェロー．グッゲンハイム・フェロー，アルフレッド・P・スローン・フェローも歴任．2009年初代インフォシス賞など受賞歴多数で，世界銀行やインド政府など多くの機関の名誉顧問を歴任している．

(Esther Duflo)

MIT経済学部で貧困削減開発経済学担当のアブドゥル・ラティーフ・ジャミール教授．パリの高等師範学校とMITで学び，博士号取得とともにMIT助教となって現在に至る．全米芸術科学アカデミーおよび計量経済学会のフェロー．2010年には40歳以下で最高のアメリカの経済学者に授与されるジョン・ベイツ・クラークメダル，2009年にはマッカーサー「天才」フェローシップ，2010年初代カルヴォ・アルメンゴル国際賞（Calvo-Armengol International Prize）など受賞歴多数．『エコノミスト』誌により若手経済学者ベスト8のひとりに選ばれ，2008年から4年連続で『フォーリン・ポリシー』誌の影響力の高い思想家100人に選ばれ続け，2010年には『フォーチュン』誌が選ぶ，最も影響力の高いビジネスリーダー「40歳以下の40人」にも選出．

2003年に，バナジーとデュフロはアブドゥル・ラティーフ・ジャミール貧困アクション研究所（J-PAL）を創設し，以来共同所長を務めている．J-PALはランダム化対照試行によって貧困削減にとって重要な問題に応えようとする教授たちのネットワークであり，科学的な証拠に基づく政策を推進することで貧困を削減することを目指している．2009年にJ-PALはBBVA「知識最先端」賞を開発協力部門で受賞した．

訳者略歴

山形浩生〈やまがた・ひろお〉1964年東京生まれ．東京大学都市工学科修士課程およびMIT不動産センター修士課程修了．大手調査会社に勤務，途上国援助業務のかたわら，翻訳および各種の雑文書きに手を染める．著書『たかがバロウズ本』（大村書店，2003）『新教養主義宣言』（河出文庫，2007）他．訳書 クルーグマン『クルーグマン教授の経済入門』（ちくま学芸文庫，2009），ケインズ『雇用，利子，お金の一般理論』（講談社現代文庫，2012）他．

アビジット・V・バナジー／エスター・デュフロ
貧乏人の経済学
もういちど貧困問題を根っこから考える
山形浩生訳

2012年 4 月 2 日　第 1 刷発行
2014年 1 月 20 日　第 9 刷発行

発行所　株式会社 みすず書房
〒113-0033　東京都文京区本郷5丁目 32-21
電話　03-3814-0131（営業）　03-3815-9181（編集）
http://www.msz.co.jp

本文組版　キャップス
本文印刷　中央精版印刷
扉・表紙・カバー印刷所　リヒトプランニング
製本所　誠製本

ISBN 978-4-622-07651-3
「びんぼうにんのけいざいがく」